양만 통일이 시작되었다

양안 통일이 시작되었다

중국 · 대만 교류 협력 정책 및 법제

▌ 이종훈 지음

한국학술정보㈜

□ 머리말

　중국·대만(兩岸)의 통일이 시작되고 있다. 경제 등 민간 분야에서는 외부 국가들이 생각하는 것보다 훨씬 빨리 진행되고 있다. 중국 대륙의 복안과 대만의 생각이 다르지만 어쨌든 60년 가까이 굳게 잠겨 있던 교류협력의 문이 2008년 11월 4일 삼통(三通) 전면 실시 합의 후 활짝 열린 것이다. 양안 간에 선박과 항공의 通航에 이어서 나온 단일시장의 움직임과 단일화폐 추진 등의 후속조치는 매우 빠르게 진행되고 있다. 수십 년 전부터 이루어져 온 양안주민들의 민간교류를 감안하면 양안경제는 이미 통합단계에 이르고 있다고 해도 과언이 아니다. 최근 중국이 한국의 IT업계를 견제하기 위하여 대만의 IT업계와 손을 잡은 것이 이를 반증하고 있다.

　하지만 양안 정부가 생각하는 통일방식은 다르다. 중국은 건국 이후 줄곧 '하나의 중국(一國兩制)'을 주장하고 있고, 대만은 '두 개의 중국(一中一台)'을 주장하고 있다. 그러나 이러한 통일에 대한 시각 차이도 경제통합 후 시간이 지나면 서서히 줄어들 것으로 전망된다. 1979년 덩샤오핑(鄧小平)의 개혁개방정책으로 중국경제가 지속적으로 발전해 온 결과이다. 중국은 2000년 이후 미국과 맞먹는 세계 최강의 경제력을 발휘하게 되면서 서방과의 외교에 자신감을 갖게 됐다. 이로 인해 중국의 통일정책이 무력통일이 아닌 교류협력을 통한 평화통일 방향으로 급속하게 전환되고 있는 것이다. 냉전의 이념대결도 양안의 경제활성화와 중화사상이라는 큰 틀 앞에서는 녹아내릴 수밖에 없는 것이 현실이라 하겠다.

대한민국은 남북한의 평화통일을 위해 지난 10년간 '햇볕정책'으로 북한의 개혁개방을 유도해 왔다. 하지만 북한 김정일 위원장의 와병과 3남 정운의 후계작업으로 인한 미사일 발사와 핵 재개발 등 북한의 강경조치로 남북한 관계는 극도로 악화되고 있다. 그동안 맺었던 '남북합의서'도 무력화되고, 개성공단 또한 폐쇄위기를 맞고 있다. 그러나 남북한 통일노력은 멈출 수 없는 역사적인 과제인 만큼 우리는 끊임없이 새로운 대안을 찾아나가야 한다.

필자는 하나의 방안으로 양안(兩岸)의 통일방안을 제안하고자 한다. 경제대국으로 성장한 중국이 대만과 단일경제시장을 만든 후 홍콩과 마카오처럼 정치적인 통일을 이루자는 '先 교류, 後 통일' 방안이다. 물론 양안주민의 기저에는 중화사상이 존재하는 것이 남북한과는 분명 다른 면이다. 그래서 우리도 남북한이 공유할 수 있는 '교류의 장'을 만들어 경쟁보다는 협력, 전쟁보다는 평화가 중요하다는 사실을 확산시켜 나가야 한다. 그것은 경제적으로 우위에 있는 한국이 선도해 나가는 방안을 만들어야 한다.

양안통일에 관한 연구는 그동안 국제정치 분야에서 간헐적으로 논문으로 나오거나 책으로 출판이 되어 왔으나, 대부분 미국경향의 분석모델을 사용한 것이어서 중국과 대만 내부의 현실 문제를 다루는 데는 한계가 있었다.

본서는 여타 접근과는 달리 양안 내부의 '교류협력 정책 및 법제' 분야에 중점을 두었다. 양안의 통일문제를 그들이 겪어 온 분단의 역사와 현재, 미래적 관점에서 다루었기에 보다 현실성이 있는 분석이라고 생각한다. 결국 분단은 당사자 간에 해결해야 할 과제이다. 그것이 어떤 형식으로 이루어지는지는 현재를 살아가는 모든 구성원들의 몫이다. 양안은 이제 이러한 현실적인 문제에 봉착해 있다. 통일 후 양안주민들이 각 분야의 법률적인 충돌로 인하여 발생하는 갈등을 최소화하기 위해 지혜를 짜내고 있다. 필자는 본서가 남북한 통일문제 해결에 한 방안으로 활용됨과 아울러 양안 (兩岸)을 보다 깊이 있게 이해하는 계기가 되었으면 한다.

2009년 8월

이 종 훈

◆ 차례 ◇

제1장 양안통일의 기저＝13

    1. 통일의 과제_15

    2. 통일의 가능성_18

제2장 양안의 교류협력 사상과 정책＝21

  제1절 양안의 교류협력 사상 – 24

    1. 중화사상_24

    2. 양안의 역사인식_27

    3. 중국의 교류협력 사상_30

    4. 대만의 교류협력 사상_32

  제2절 양안의 교류협력 정책 – 38

    1. 양안의 교류협력 요인_38

    2. 중국의 교류협력 정책_52

    3. 대만의 교류협력 정책_63

    4. 주변국의 정책_76

  제3절 소결 – 91

제3장 양안의 법제변화=93

제1절 중국의 법률 및 교류법제 - 96

　　1. 중국의 법규범체계_96

　　2 중국의 헌법변화_106

　　3. 중국의 대만교류법제_120

제2절 대만의 헌법 및 교류법제 - 140

　　1. 대만의 헌법_140

　　2. 대만의 중국교류정책_143

　　3. 대만의 중국관련법제_151

　　4. 대만의 대륙투자법제_167

제3절 소결 - 178

제4장 양안교류협력의 법적 충돌=181

제1절 헌정체제 충돌 - 185

　　1. 一國兩制 문제_185

　　2. 區域衝突法_191

제2절 법률충돌 문제 - 200

　　1. 법률충돌의 종류_200

　　2. 법률충돌의 해결방법_203

제3절 소결 - 211

제5장 양안통일이 한반도에 미치는 의제＝215

제1절 양안통일 의제 - 219

　1. 경제교류 활성화_219

　2. 교류협력 제도화_223

　3. 양안의 정치담판_232

제2절 한반도에 미치는 시사점 - 244

　1. 경제협력 활성화_244

　2. 교류협력 법제화_249

　3. 통일방안 체계화_256

제3절 소결 - 259

제6장 결론＝263

　1. 양안의 과제_265

　2. 양안통일의 전망_267

부록＝275

참고문헌＝285

제1장

양안통일의 기저

1. 통일의 과제

중국은 19세기 말 서구 열강들의 제국주의 영토 확장 속에 왕조의 무능과 국가권력의 부패가 극에 달해 나라를 침탈당하였고, 국가 내부는 국민당과 공산당 간의 내전을 겪은 후 지금까지 분단 상태로 남아 있다.

중국은 미·소 강대국의 이데올로기 싸움으로 인해 분단된 남북한과 소련의 위성국가 역할을 한 동독과는 달리 서구 열강의 제국주의에 맞선 내부의 다양한 독립투쟁운동이 1945년 8월 15일 해방 이후 이데올로기 투쟁인 내전으로 이어지면서 본토와 대만으로 분단된 역사를 갖고 있다.

그런 점에서 중국과 대만의 통일문제는 서로 상대국의 '국제적 법인격'을 인정하고, 양자관계를 국내관계로 간주하는 '특수관계'인 한국과 독일과는 상당한 차이를 보여 통일과정이 오래 걸릴 것으로 전망됐다.

그러나 중국과 대만은 덩샤오핑(鄧小平)의 개혁개방정책이 추진된 1970년대 말부터 실질적인 경제교류를 시작하면서 30년이 지난 오늘날 양안의 교역량은 전체 경제의 상당한 비중을 차지할 정도로 증가했다. 양안은 이제 경제적으로는 서로 뗄 수 없는 상호 의존적인 관계로 발전해 있다.

최근에는 중국의 급속한 경제발전과 1997년 홍콩 반환,[1] 1999년 마카오 반환[2] 등으로 중국의 국제적 위상이 크게 제고되면서 대만은 오히려 고립되는 양상을 띠고 있다. 경제력도 중국이 세계강국으로 부상할 만큼 급성장을 함에 따라 양안의 통일방안도 이제 중국 중심으로 변화될 수밖에 없을 것으로 판단된다. 그동안 대만이 고수해 온 '三不政策'도 이미 구시대의 유물로 지칭되면서 지금은 거의 폐기된 상태로 남아 있다.

대만은 장제스(蔣介石) 일가의 통치 이후 리덩후이(李登輝) 전 총통의 '兩國論'과 천수이볜(陳水扁) 전 총통의 '獨立論'으로 중국 대륙과 긴장관계를 겪기도 했으나 2000년대 중반 이후부터는 서로 조금씩 양보를 하며 평화적인 통일방안을 추구하고 있다. 특히 2008년 3월에는 국민당의 마잉주(馬英九) 총통이 당선됨으로써 양안의 무역 정상화와 직항로 개설 등에 적극적인 교류협력을 표방해 양안관계는 더욱 깊어질 것으로 전망된다.

중국은 대만과의 인적·물적 교류가 활성화되고, 경제협력이 더욱 강화되면 대만경제가 자연스럽게 중국경제에 편입되면서 통일의 토대를 쌓을 수 있다고 판단하고 있다.[3] 그 결과 2008년 11월 4일 양안 간에 '三通'의 전면실시에 합의하는 역사적인 사건이 이루어졌다. 이제 양안 간에 풀어야 할 과제는 통일만을 남겨두고 있다고 하겠다.

본서에서는 먼저 중국인들의 중화사상과 교류협력 사상을 알아

---

1) 중국은 영국에 조차된 홍콩을 대처 수상과의 담판결과 100년 만인 1997년 7월 1일 반환받았다.

2) 중국은 포르투갈로부터 마카오를 442년 만인 1999년 12월 20일 반환받았다.

3) "중국-대만 하나의 시장 탄생시킬까"(위클리조선), 2009호(2008. 6. 16).

보고, 이어 중국과 대만이 그동안 양안의 통일에 대비하여 주장해 온 '하나의 중국'에 대한 개념 차이를 분석한다. 이를 바탕으로 양안의 교류협력정책과 법제의 변화를 살펴봄으로써 양안의 통일논의 과정을 알아보고자 한다. 나아가 양안 지도자들이 추구해 온 통일방안과 이념을 분석하고, 미국과 일본・러시아 등 주변국들의 양안통일에 대한 시각과 정책도 알아본다.

또 본서는 기존의 사회・정치적 연구주제와는 달리 양안의 통일을 위한 교류협력과정을 법적・제도적 관점에서 분석하고, 이에 대해 국내외 전문가들의 견해를 종합함으로써 앞으로 한반도의 통일과정에 있어서도 노출될 수 있는 여러 가지 법률충돌 문제[4]와 법인이나 개인의 교역 및 투자과정에서 발생할 수 있는 民事와 商事상의 紛爭 등 애로사항을 해결하는 데 조금이나마 도움을 줄 수 있었으면 한다.

마지막으로 본서에서는 통일 이전에 준비해야 할 양안의 법률적인 충돌문제로는 어떠한 문제가 있고, 또 양안 학자들의 해결방안과 양안 지도자들의 정책 등 양안이 풀어 나가야 하는 통일의제, 즉 경제교류 활성화와 교류협력 제도화, 정치 담판에 대해 자세히 살펴보았다. 또 이 의제들을 실현하기 위한 양안의 노력들을 알아보고, 이러한 의제들이 한반도의 통일과정에 던져 주는 시사점과 향후 양안의 통일 가능성을 전망해 보고자 한다.

---

4) 兩岸은 헌정상 또는 법률 간의 충돌문제가 양안국민의 경제교류 및 실생활과 밀접한 관련이 있어 상호 해결방안에 대한 연구를 많이 해 왔다. 王泰銓・陳月瑞의 「兩岸關係法律」(2000), pp.87-100; 법무부, 「中國과 臺灣의 交流協力法制 研究」(2008), pp.156-163.

2. 통일의 가능성

본서는 궁극적으로 중국과 대만의 통일방안에 대한 연구인만큼 먼저 양안주민의 내면에 있는 중화사상에 대해 역사적으로 고찰하였다. 분단 이후 양안주민의 의식변화도 알아보고, 60년이 지난 오늘날 양안의 주민들은 통일에 대해 어떤 생각하고 있는지에 대해서도 고찰하고자 한다. 나아가 현재 양안통일의 원천이 되고 있는 중화사상은 중국인에게 과연 무엇이며, 양안 주민들에게 어느 정도 남아 있는지에 대해서도 알아보고자 하였다.[5]

또 양안의 교류협력정책과 교류협력법제 변화를 연구하기 때문에 먼저 양안의 법제 변화를 살펴보고, 나아가 양안정책과 당의 방침을 제시하는 양안지도자들의 기자회견 등 대외발표 내용과 중국의 '全人大'와 대만의 행정원 등에서 발표한 성명과 업적을 알아보았다.

그런 점에서 본서는 현장의 실증적인 조사보다는 분단 이후 양안지도자들에 대한 자료와 행정부의 발표문 등 관련 문헌을 통하여 교류협력법제 변화를 연구·분석하는 데 중점을 두었다. 또 양안통일의 대외적 변수로 작용하고 있는 미국·일본·러시아·한국 등 주변국들과의 관계는 어떻게 해결해 왔는지에 대해서도 관련 문헌과 지도자들의 발언 및 업적 등을 통해 알아보고자 한다.[6] 특히 중국의 사회주의 제도와 대만의 자본주의 제도라는 서로 이질

---

5) 黃國昌, 「中國意識與臺灣意識」(台北 : 五南圖書出版 1995), pp.79 - 101.

6) 兩岸의 衝突問題에 대해 외국의 정치학자들은 게임이론과 갈등이론, 정책결정이론 등 국제관계이론을 통해 해소방안을 모색하려고 시도했다. 蔡瑋, 「從國際關係理論探討解決兩岸困境之道」(中國大陸研究) 第41卷(1998. 6), pp.37 - 65.

적인 체제가 통일 논의 과정에서 마찰을 야기할 수밖에 없는 이념적 충돌문제와 법률적 충돌문제를 어떤 방법으로 풀어 왔는지에 대해서도 양안 법학자들의 견해를 중심으로 알아보았다.

그리고 '냉전시대의 종언' 이후 활성화된 양안의 交流協力에 대해 중국과 대만정부가 법적으로 어떠한 입법을 해 왔으며, 또 양안 정부가 이러한 입법 활동을 위해 어떠한 노력들을 보여 왔는지에 대해서도 관련 기관의 문헌연구와 관련 법률의 변화를 통해 분석해 보고자 했다.

나아가 중국과 대만의 통일과정에 가장 큰 충돌문제로 지적되는 헌정상의 충돌문제, 즉 양안의 정체성 문제를 어떻게 조율하면 좋을 것인지 그리고 '하나의 중국' 문제는 어떻게 해석되어야 하는지 등에 대해서도 양안 전문가의 의견을 직접 청취하거나 문헌연구를 통해 알아보았다. 또 양안의 주민과 기업이 교류협력 과정에서 겪을 수 있는 民商事的인 법률 충돌문제들을 양안 당국이 어떤 방법으로 해결하고, 또 법률적으로 어떤 제도를 만들어 충돌문제를 보완해 왔는지에 대해서도 알아보고자 했다. 또 양안통일의 법적 충돌 문제의 해결방안에 대해서도 외국의 사례와 양안 법학자들의 논문과 연구를 통하여 분석해 보았다.

그리고 양안 통일과정의 마지막 단계라고 할 수 있는 정치협상과 담판은 과연 가능한 것인지, 이를 뒷받침할 수 있는 법률적인 준비는 얼마나 이루어지고 있는지, 대만 주민의 여론은 어떻게 나타나고 있는지 등에 대해서도 대만 행정원 대륙위원회 고위간부의 직접 면담과 관련 문헌 등을 통하여 살펴보았다. 이와 함께 양안이 그동안의 적대관계를 청산하고, 협력관계를 유지하여 통일로 나아

가기 위해 추진할 수 있는 여러 방안과 제안에 대해 대만학자들의 견해를 알아보았다.[7]

또 兩岸統一이 정치·경제적으로 한반도와 동아시아는 물론 세계질서에 미치는 영향이 매우 큰 만큼 그 파급효과와 전망에 대해 전문가들의 의견을 청취하는 한편 관련 논문을 통해서도 분석하고자 했다. 또 양안의 교류협력이 한반도에 미치는 영향력을 분석하고, 나아가 중국과 대만의 통일을 위한 교류협력 과정이 남북한의 통일과정에 준용될 수 없는지 등의 시사점에 대해서도 분석해 보았다.

마지막으로 2008년 11월 초 중국의 海協會 회장과 대만의 海基會 이사장 사이에 전격적으로 이루어진 '三通'의 전면실시 합의에 관한 배경과 전망에 대해서도 알아보았다. 또한 대만이 제안한 '하나의 공동시장'과 중국이 제안한 '화폐단일화' 단계를 넘어서 향후 중국이 원하여 왔던 一國兩制의 방식이든 대만이 주장해 왔던 一國兩區의 방식이든, 아니면 홍콩·마카오 이상의 고도 자치권이 보장된 '특별행정구'가 되던 양안의 통일 가능성에 관해서도 전망해 보고자 하였다.

---

7) 臺灣은 양안의 통일과정에 있어 수세적인 입장에 있기 때문에 학자들의 통일방안이나 사전제안 사항이 많다. 李銘義, 「兩岸關係與中國研究」(台北 : 新文京開發, 2006), pp.113–117.

제2장

양안의 교류협력 사상과 정책

중국을 이야기할 때 중화사상을 빼놓고 논할 수는 없다. 하·
상·주 시대를 거치며 탄생했던 중화사상은 강력한 중앙집권국가
를 만들었던 秦始皇帝 시대에 들어 그 개념이 더욱 뚜렷하게 등장
했다. 주나라 이후 청나라까지 수백여 개의 나라가 부침을 거듭하
며 오늘날에 이르기까지 전통적인 중국인의 뇌리에는 중국이 '천하
의 중심'이고, 중국인은 '용의 자손'이라는 의식이 있었으며, 중화
인과 오랑캐를 구분하는 '華夷之辨' 문화가 팽배했다.[8]

외국인들이 양안관계를 전망할 때 보통 이러한 역사성 속에 판
단을 하고 전망을 한다. 수천 년의 중국 역사가 그러했듯이 양안의
분단도 그럴 것이라고 생각하기 때문이다. 중국인들이 중화사상을
주장하는 한 외국인들의 입장에서는 그렇게 해석하는 것이 당연하
다고 생각된다.

분단 초기 양안의 정치지도자들이 각각 '하나의 중국'을 주장해
온 것도 같은 맥락으로 해석된다.[9] 양안이 주장하는 개념은 다르지
만 자신들이 서로가 '龍의 자손'이라는 생각에서 비롯된 것 같다.
하지만 현실은 강자에게 이익이 돌아가는 법으로 지금은 중화인민
공화국이 嫡子임이 드러나고 있다.

건국 초기 대만이 고속 성장한 경제력을 믿고 중국과의 통일에

---

8) 黃國昌, 「中國意識與臺灣意識」(台北 : 五南出版, 1995), pp.12 - 13.
9) 분단초기 양안이 주장한 '하나의 중국'은 서로 무력으로 통일을 이룰 수 있다는 판단에 의해
주장했지만 지금은 중국은 '一國兩制'를, 대만은 '一國兩區'를 주장하고 있다.

적극적으로 나섰으나, 지금은 입장이 뒤바뀌어 스스로 '兩國論'과 '獨立論'을 주장하고 있는 실정이다. 물론 대만 내부의 정치적인 역학관계에서 나온 정책이지만 대외적으로 위상이 축소된 대만의 궁여지책이라고 평가하는 시각도 있는 것은 분명하다. 그래서 본 장에서는 이러한 흐름 속에 양안주민들의 교류협력사상과 역사에 대한 인식을 살펴보고, 정치지도자들의 통일 방침과 그에 따른 정책의 변화 그리고 미국과 일본·러시아·한국 등 주변국들의 양안정책도 알아보고자 하였다.

제1절 양안의 교류협력 사상

1. 중화사상

중국인들은 고대부터 자신이 살고 있는 중국을 세계의 중심으로 생각해 왔다. 황하문명에서 비롯된 한족은 '龍의 자손'으로 자부해 왔고, 천자로 불린 황제는 하늘이 부여한 '유일한 문화'의 가치를 관장하는 통치자로 생각해 왔다. 중국인은 전통적으로 중국이 곧 천하라고 여겨 왔던 것이다. 그래서 黃色을 존귀함의 표현으로 생각하여 황제는 황색의 옷을 입었다. 이러한 의식을 중국인들은 '中華思想'이라고 불러 왔으며 중화 이외의 민족을 華夷로 판단해 왔다. 옛날부터 다른 나라 사람들도 은연중에 이를 받아들여 온 것이 사실이다.[10] 현대에 들어서도 이러한 현상은 중국이 발전하면 할수록 더욱 두드러지게 나타날 것으로 전망된다.

전통적으로 '中國'이라는 의미는 주권국가의 개념이 아닌 지리적으로 세계의 중심에 있다는 관념, 문화적으로는 黃河文明의 발상지로서 선진문명을 지니고 있다는 중심의 개념으로 사용됐다. 역사적으로 '中國'이라는 개념이 처음 출현한 것은 주(周)나라 시경(詩經)에서이다. 문화적 의미로는 유교적 가치에 대한 인식의 차이, 지리적으로는 중원에 포함되어 있어도 주나라의 봉건질서를 따르지 않는 국가는 오랑캐라고 규정했다.

그리고 후대에는 공자의 유가적 질서를 중심으로 천하관이 형성되면서 당시 지리적 이점과 정치적·문화적·경제적인 발전을 기반으로 대외적 우월감을 내세우기 위해 주변국들을 오랑캐로 부르며, 자신의 나라를 세계의 중심이라고 하는 중화사상에 젖게 되었다.[11]

中華思想은 다른 국가들이 볼 때 중국인들의 民族主義로 해석될 수 있다. 1921년 중국공산당 창당 이후 1949년 중화인민공화국이 탄생하고, 마오쩌둥의 '文化大革命'[12]이 종결을 고한 1970년대 후반까지는 중국 국민에게 중화사상이 단절됐던 것은 사실이다. 그러나 최근 중국에는 덩샤오핑의 개혁개방정책 실현 이후 사회주의 시장경제에 집중하면서 경제발전을 이룩하게 되자 新民族主義라 불리는 新中華思想이 일어나고 있다. 중국이 남북한의 통일에 따른 영토주권 시비에 대비하여 고구려 역사를 왜곡하는 이른바, 동북공정(東北工程)[13]을 은밀히 진행하는 것도 바로 신민족주의의 발

---

10) 黃國昌, 앞의 책, pp.11 - 16.

11) 이익희·임대근 등, 『한권으로 읽는 중국』(서울: 일빛, 2004), p.454.

12) 마오쩌둥이 대약진운동의 실패로 사회주의혁명에 대한 불안감이 일자 혁명정신을 재건하기 위해 4인방과 홍위병을 동원해 10년(1966 - 1976)간 펼친 공산주의 사상운동을 말한다.

로인 신중화사상의 작용으로 풀이된다. 이러한 현대적 신중화사상의 내면은 옛 전통의 중원개념과 중화사상에서 뿌리를 찾을 수 있다. 결국 중국은 강대한 경제력을 바탕으로 인민의 숙원과제인 양안의 통일을 이루고 나면 동아시아의 패권국가는 물론 세계 최강대국의 길을 걸으려고 할 것이다.

그러나 최근의 신중화사상은 동북아시아에서 우경화의 길로 치닫고 있는 일본의 新軍國主義[14]와의 충돌로 이어지지 않을까 하는 우려를 낳고 있는 것도 사실이다. 이와 같은 기류 속에 남북통일을 갈망하는 한국은 중국의 신중화사상과 일본의 신군국주의가 우리에게 어떤 영향을 미치는가를 면밀히 분석하고, 국익에 도움이 되는 방안을 시급히 마련해야 할 것이다.

현재 중국은 지난 10여 년간의 경제성장을 바탕으로 대만의 마잉주 총통과의 화해협력무드, 그리고 2008년 8월 베이징올림픽의 성공적인 개최를 계기로 양안통일은 물론 세계 최강국으로서의 새로운 위상을 다져 나가고 있는 것은 분명하다. 하지만 중국은 고속성장의 후유증으로 환경, 위생 분야를 등한시해 온 것은 분명하다. 2008년 9월 중순 터져 나온 중국산 멜라민 분유사태로 일본과 대만 등 세계 각국이 피해를 입는 등 국제신인도가 크게 실추된 점은 향후 중국의 세계 최강대국 행보에 걸림돌로 작용할 것은 분명하다. 하지만 중국은 이를 만회하기라도 하는 듯 2008년 11월 4일

---

13) 동북공정(東北工程)은 중국이 자국의 국경 안에서 일어난 모든 역사를 중국 역사로 편입하려는 연구이다. '東北邊疆歷史與現狀系列研究工程'의 줄임말이다. 중국은 고구려사와 관련한 동북 3성에 대한 역사왜곡으로 주변국들로부터 新民族主義, 覇權主義라는 비판을 받고 있다.

14) 제2차 세계대전의 전범국가인 일본의 군국주의는 1945년 8월 무조건 항복으로 사라졌으나, 고이즈미 전 총리 시절 이후 자위대의 군대로의 전환 등 일본의 세계강국 이미지를 회복하기 위해 현재 아소 내각까지 군사력 증진에 중점을 두어 주변국들로부터 우려를 받고 있다.

대만과 극적으로 합의한 '三通' 전면실시는 바로 이러한 신중화사상의 발로에서 비롯된 것이 아닌가 하는 시각도 있다.

2. 양안의 역사인식

중국은 과반세기 이상을 대륙과 대만으로 분리된 상태로 서로 다른 체제하에서 살아왔다. 그동안 양안은 이념의 차이로 인해 무력해방 등의 극한적 대치상황과 평화통일 노력 등의 여러 과정을 겪으면서 각자의 발전을 위해 노력해 왔다. 21세기로 접어든 지금 양안은 과거 중화민국이 줄곧 지향해 온 三民主義[15]적인 통일이나, 대륙의 社會主義式의 일방적인 통일은 어려운 것이 입증된 만큼 서로가 인정하는 홍콩과 마카오와 유사한 '一國兩制' 또는 '特殊國與國' 등의 다양하고 민주적인 통일방식을 위해 노력하고 있다.

양안은 새로운 시대를 앞두고 통일에의 의지를 다시금 다지고 있다. 전체 중국의 통일은 이제 양안정부와 주민 앞에 놓인 21세기 가장 중요한 과업이라고 할 수 있다. 중국은 제국주의의 침탈과 분단 그리고 냉전의 쓰라린 경험을 통해서 활성화된 경제와 강대한 군사력을 기반으로 한 국력만이 통일을 뒷받침해 줄 수 있는 유일한 보장이라는 것을 잘 알고 있다. 그래서 중국은 덩샤오핑[16]의 개혁개방정책에 힘입어 지난 30년 동안 경제발전에 힘을 집중해 왔다. 하지만 중국은 제국주의 열강의 핍박으로 19세기 들어 신장(新

---

15) 쑨원(孫文)이 주창한 중국 근대혁명의 기본 이념으로 '民族의 자유, 民主, 均富를 통한 民生'의 3가지 이념을 말한다.

16) 중국 改革·開放의 아버지 周恩來와 정치이념적인 同志이며 '黑猫白猫論'을 주장하였다.

疆), 헤이룽쟝(黑龍江) 이북 30여만 평의 국토를 제정러시아에 빼앗긴 경험이 있다. 1898년 영국은 홍콩을 앗아 갔고, 1899년 포르투갈은 마카오를 점령했으며, 1895년 일본은 대만을 빼앗아 갔다. 당시 중국의 영토는 열강들에 의해 사분오열되었고 반식민지로 침략의 고통을 계속 받아야 했다.

1840년 아편전쟁으로부터 시작된 100여 년의 중국 근대사는 인민들의 한과 피눈물이 얽힌 굴욕의 역사였다. 이 굴욕의 역사를 장제스 정권은 씻지 못했다. 역사적으로 볼 때 과거 중국은 통합과 분열을 반복하면서 오늘에 이르렀다. 특히 한족 외에 이민족의 침입에 나라를 빼앗긴 사례도 많아 대만과의 통일문제는 漢族 간의 재결합으로 인한 중국 역사의 복원과 중화사상에 의한 민족통합이라는 역사인식론이 부각될 수 있을 것으로 관측된다.

현실적으로 중국은 1949년에 중화인민공화국이 건립된 이후 마오쩌둥의 문화대혁명 시기를 넘기고, 덩샤오핑에 의한 실사구시 정책에 눈을 돌리면서 오늘날의 부국 경제를 이룰 수 있게 되었다.

1990년대 초 동서독의 통일에 따른 '공산주의의 종언'[17]을 지켜본 중국은 덩샤오핑의 정책이 인민과 국가의 이익에 이롭다는 결론을 내리고, 지금까지 사회주의 시장경제를 충실히 견지해 오고 있다.

중국은 1997년 7월 1일 영국으로부터 홍콩을 반환받으면서 과거의 굴욕을 씻고, 지금은 대만과의 통일문제에 국가의 모든 힘을 집중하고 있다. 중국은 2000년 들어서도 '하나의 중국과 대만문제'라는 제목의 통일백서를 발간하고, 대만이 평화통일을 위한 대화를

---

17) 제2차 세계대전 이후 美蘇가 경쟁하던 냉전시대가 1990년대 초 동서독의 통일과 소련의 해체 등으로 공산주의가 失敗作임이 확인되자 정치학자들은 이를 '공산주의의 종언'이라고 명명했다.

무기한 거부할 경우 무력을 사용할 수 있다는 점을 경고하였다.[18] 중국의 이와 같은 경고는 당시 대만의 천수이벤 총통이 중국 대륙의 경제성장과 양안상인들의 경제교류, 여당의 정치여론 악화 등 현실적인 면을 무시하고, 단순히 민진당의 인기추락을 만회하기 위해 '독립론' 주장으로 국내의 비판여론을 국외로 돌리려는 의도가 있었던 것으로 파악했기 때문이다. 중국이 천수이벤 총통의 '독립론'을 國家分裂행위로 적시하고 더 이상의 확산을 사전에 차단한 것도 이 때문으로 풀이된다.

이러한 중국의 강경대응은 지금까지 중국의 주요한 대외정책들이 역대 지도자 간의 합의에 의하여 국가 이익에 득이 되는 방향으로 결정되어 왔다[19]는 점에서 매우 중요한 조치로 받아들여진다. 경제발전 등 여러 분야에서 자신감을 얻은 중국이 의도적으로 한 발언으로도 해석될 수 있다.

대만은 현재 대륙에 비판적이며 대만독립을 주장했던 천수이벤 총통이 물러나고, 대륙에 비교적 우호적인 국민당의 마잉주 총통체제로 정권이 바뀌었다. 마잉주 총통은 2008년 5월 20일 취임 직후 후진타오 중국 주석에게 대륙과의 '하나의 공동시장'을 제안하는 등 양안의 화해협력과 공동번영을 제안했다. 향후 이 제안에 대해 중국의 지도자들이 집단지도 권력체제하에서 어떤 해결방안을 선택해 나갈지 관심을 갖고 지켜볼 대목이다.

현재 양안의 평화와 교류협력 분위기는 예사롭지 않은 것으로

---

18) 「文匯報」(香港, 2000. 2. 22).

19) Kenneth Lieberthal and Michel Oksenberg, "Policy Making in China: Leaders, Structures, and Process"(Princeton, N. J.: Princeton University Press, 1988).

판단된다. 중국과 대만이 동북아정세와 국제질서의 변화 속에 전체 중국의 이익을 찾아야 한다는 문제가 공통과제로 떠오를 때 과연 그들이 현실적으로 어떤 선택을 할 것인지 궁금하다. 대만에는 현 체제를 그대로 유지해야 한다는 사람들이 많지만 최근에는 중화사상의 기치 아래 서로에게 득이 되는 홍콩·마카오와 같은 '일국양제(一國兩制)'[20) 방식 등 어떠한 방식의 통일에도 전격 합의할 가능성을 배제할 수 없다[21)는 대만학자들의 의견도 나오고 있어 눈여겨봐야 할 대목이다.

3. 중국의 교류협력 사상

근래 중국의 대외행위는 중국의 역사적 전통과 함께 공산주의 혁명의 경험 그리고 냉전의 경험 등과 밀접한 관련을 갖고 전개되어 왔다. 역사적으로는 다중문명의 합일이라는 중화사상과 한민족의 특수성을 바탕으로 한 민족주의가 양안통일의 근원으로 자리를 차지할 것으로 판단된다. 과거 왕조시대에는 항상 중원을 다스리는 황제의 국가라는 기치를 내세워 주변국을 오랑캐 국가라며 업신여긴 한편 다른 일면에서는 사대사상을 퍼트려 중국의 지위를 넘보지 못하게 하는 이중전략을 구사해 왔다.

---

20) 일국양제(一國兩制)는 중국이 사회주의를 유지하면서 영국으로부터 반환된 홍콩처럼 자본주의 시장경제를 그대로 존속하며 독립적인 행정권을 인정하는 제도. 중국은 1982년 헌법 개정에서 이 정책을 명문화하여 개혁·개방정책의 지속을 대내외에 천명했다.

21) 이 관점은 양안의 지도자들이 분단에 대해 '事實分治와 法律分治, 平和統一 前提, 순수한 內政問題'로 인식하게 하면 장래 第3次 國共政治會談에서 政治談判으로 통일이 해결될 수 있다는 대만학자들의 주장도 있다. 臺灣行政院大陸委員會, "第3次國共政治談判-背景·需求·問題", 「學術硏討會論文集」(1996. 10. 16), pp.11-12.

오늘날에도 중국은 아시아의 맹주임을 확인하려는 작업을 지속적으로 추진하여 왔다. 이는 핵무기의 확보와 군사력 증강 등에서 잘 알 수 있으며, 지금은 막강하게 성장한 경제력으로 미국과 맞서는 유일한 세계국가의 위상을 갖춰 가고 있다. 그런 점에서 중국은 현재 대만과의 통일문제에 있어 우위의 입장을 선점했다고 보고, 예전의 성급함이나 무력에 의존하는 생각은 자제하고 있다. 급속하게 성장한 경제력을 바탕으로 경제통합 이후 兩岸 간 평화무드가 조성되고 인적·물적 교류가 더욱 확대되면 자연스럽게 '一國兩制'의 통일방안이 실현될 것으로 보고 있기 때문이다.

중국은 역사적으로 열국이 성행하여 대륙의 분할과 통합 등 '정치통치권'의 쟁취를 위한 반복을 거치면서 대륙의 역사를 만들어 왔다. 비록 실제 통치권과 지리적인 판도가 다를 때도 있었지만, 중국인의 마음속에는 대륙의 분할과 통합의 역사인식은 남아 있다.[22] 오늘날 양안의 분열정치는 중국 내부의 역사적 인식으로는 중국 내전기간 공산당과 국민당 간의 권력투쟁으로 보는 것이 당연하지만 한편으로는 국제정치세력의 영향과 이데올로기 투쟁의 산물로 받아들여지고 있는 것도 사실이다. 종국적으로 중화문화를 바탕으로 하지만 사상이 같아질 수 없는 '三民主義 中國'과 사대주의에 기초한 '共産主義 中國'의 투쟁과정에서 공산주의가 승리하여 오늘에 이르게 된 것은 분명한 사실이다.[23] 이러한 흐름은 역사발전상 되돌릴 수 없는 현실이다.

1921년 7월 1일 상하이에서 코민테른(Comintern)[24] 대표 마링

---

22) 曺伯一, 「中國與中國之適應與衝突」(台北 : 政大東亞研究所, 1995), pp.148-149.
23) 姜新立, "兩岸의 民主統一과 一國兩制", 「臺灣大學政治學系討論會論文集」(1999), p.3.

(Maring)과 마오쩌둥(毛澤東)을 비롯한 각 지역 대표 13명은 중국공산당 제1차 전국대표대회를 개최하였다. 이 대회에서 천두슈(陳獨秀: 1879 - 1942)를 초대 총서기로 선출하고 노동자계급의 조직화에 힘쓸 것을 결의했다. 제1차 국공합작이 결렬되자 공산당은 1927년 8월 1일 저우언라이(周恩來: 1898 - 1976)·주더(朱德)·허룽(賀龍)을 중심으로 난창에서 무장봉기를 일으켰다. 1928년 난창 봉기군은 징강(井岡)산으로 들어가 마오쩌둥의 부대와 합류했는데, 이것이 바로 홍군(紅軍)의 시작이었다. 마오쩌둥은 이후 창사(長沙)·푸젠(福建)지역에 소비에트운동의 근거지를 설립하고, 1931년 11월에는 각 지역을 통합하기 위해 루이진(瑞金)에서 제1차 소비에트 대표대회를 개최하였다. 그리고 중화소비에트 임시정부를 수립하여 주석에 마오쩌둥, 부주석에 샹잉(項英)과 장궈타오(張國燾)가 선출되었다. 중국공산당은 1934년 7월, 「北上抗日宣言」을 발표하고, 10월에는 루이진을 버리고 포위망을 돌파하여 북상하기 시작했다. 다음 해인 1935년 10월 산시 성(陝西省) 옌안(延安)에 도착함으로써 1년에 걸친 12,500㎞의 大長征에 성공하여 혁명의 중심 근거지를 마련하였다.[25)]

4. 대만의 교류협력 사상

1905년 러일전쟁이 일본의 승리로 돌아가자 청나라 정부는 일본의 승리를 '입헌군주제'의 승리로 간주하고, 신정운동(新政運動)을

---

24) 코민테른(CommunistInternational)은 1919년 3월 레닌에 의해 창설된 국제공산당 조직체로 역사유물론을 숭상하고, 계획경제와 좌익노조를 통한 사회주의혁명을 지향한다.
25) 이익희·임대근 등, 앞의 책, pp.231 - 232.

벌여 1906년 '예비입헌'조칙을 내리고, 1908년에 '흠정헌법대강(欽定憲法大綱)'을 공포하였다. 이는 일본의 메이지헌법을 모방한 황제 중심의 헌법으로 과거제 폐지와 신식학교 설립 등 개혁정책을 시행했으나, 왕조의 몰락시기인 개화기에 청나라 정권을 유지하려는 전반서화(全般西花)라는 내부적 비판이 잇따랐다.[26]

이러한 가운데 청말 시기 중국에서는 열강들과의 전쟁과 더불어 일본의 대륙침탈 등 혹독한 근대화 과정을 겪으면서 제국주의에 맞설 수 있는 나라의 힘과 독립심을 고취시키려는 내부의 개혁운동과 국민들의 자강운동이 잇따라 일어났다. 1905년 쑨원(孫文)[27]이 일본 동경에서 최초의 정당인 '中國革命同盟會'를 결성하여 만주족 축출을 구호로 1910년 신해혁명(辛亥革命)을 일으킨다. 1911년 쑨원이 상하이로 돌아오자 각 성의 대표들은 쑨원을 중화민국의 임시총통에 추대하고, 1912년 1월 1일 난징(南京)에서 중화민국의 건국을 선언하였다. 1912년 총통에서 물러난 쑨원은 국민당을 결성하여 근대화운동을 주도해 오다 1915년 반봉건·반민주를 제창한 5·4운동을 계기로 1917년 중화혁명동맹회를 중국국민당으로 개칭한다.

1924년 국민당과 공산당, 코민테른은 의견이 합치되어 국민당 제1회 전국대표대회를 광저우에서 개최하고, 연소(聯蘇), 용공(容共: 공산당과 제휴), 부조농공(扶助農工: 농민과 노동자를 도움)의

---

26) 이익희·임대근 등, 앞의 책, p.239.

27) 쑨원(孫文: 1866 - 1925)은 중국 혁명의 아버지라 불린다. 三民主義를 주창했다. 이민족인 청나라 왕조를 무너뜨려 漢나라의 정신을 회복해야 한다는 민족주의, 민주국가 수립을 지향하는 민권주의, 사회경제조직을 개혁하고 토지균등으로 농민해방을 이룩하자는 민생주의의 실현을 위해 중화민국을 건립하는 신해혁명(辛亥革命)을 주도했다.

3대 정책과 국공합작을 결의했다. 이때 국민혁명간부를 육성하기 위한 황포군관학교가 설립되고, 장제스가 교장에 취임하였다. 1925 년 3월 12일 쑨원이 사망하자 국민당은 좌우로 분열되었다. 1925 년 국민당은 혁명정부를 광저우에 수립하고, 왕징웨이(王精衛)를 주석에 추대했다. 국민혁명군 총사령관이 된 장제스는 중산함(中山艦)을 통해 당권과 군권을 강화하여 1926년 7월 북벌을 개시하였다.

북벌군은 10월에 우한(武漢)을 점령한 데 이어 11월에는 난창(南昌)을 점령하였다. 1927년 2월에는 항저우(杭州)를 점령하고, 3월에는 난징을 공략하여 상하이에 육박하는 등 북벌이 성공적으로 진행되자 국민당 좌파와 공산당은 장제스의 반대에도 불구하고 정부를 우한으로 이전하였다.

장제스는 4월 들어 상하이(上海), 푸젠(福建), 저장(折江) 등지의 좌익 노동조합의 탄압을 개시한다. 4월 18일 난징정부를 수립한 데 이어 용공정책의 파기를 선언하면서 국민당 좌파는 장제스의 난징정부에 복귀하고, 공산당은 무장폭동을 준비하게 되면서 제1차 국공합작은 결렬되게 되었다.[28]

1931년 9·18사변으로 만주를 점령한 일본은 1932년 1월에 상하이를 공격하고, 3월에 만주국(1932 - 1945)을 건국함으로써 만주 지배를 본격화했다. 하지만 장제스는 안으로는 공산당 토벌을 계속하고 일본과는 타협을 꾀하였다. 1935년 2월 베이징에서 수천 명의 학생들이 내전반대, 언론자유 등을 주장하는 시위를 계기로 전국 각지에서도 항일 구국운동이 일어났다. 1936년 12월 공산당 토벌독려를 위해 시안(西安)을 방문한 장제스가 동북지역을 근거지로

---

28) 이익희·임대근 등, 앞의 책, pp.235 - 238.

하고 있던 군벌 장쉐량(張學良)에게 구금당하는 시안사변(西安事變)[29]이 발생했다. 장쉐량은 내전중지와 항일공동 행동 등의 8개항을 요구했으나 장제스는 이를 계속 거부하다 시안(西安)을 방문한 저우언라이(周恩來) 공산당 부주석과의 회담 끝에 동의하였다. 1937년 중일전쟁이 본격화되면서 9월 22일 제2차 국공합작 협정안[30]이 발표되었다.

이후 항일투쟁 과정에서 공산당은 노동계급과 하층계급에 대한 영향력을 확대하는 데 힘을 쏟은 반면 순수한 항일투쟁에 전념한 장제스의 국민당은 1945년 8월 일본의 무조건 항복 이후 군사력에서 열세를 보이게 됐다.[31]

이로 인해 전세가 역전된 국민당 군대는 1949년 초 공산당 군대에 패해 대만으로 패퇴함으로써 오늘날 대만과 대륙의 관계에 이르게 되었다. 대만은 1949년 장제스의 국민당이 본토에서 쫓겨 와 대만정부를 건국한 이후 그의 아들 장징귀의 사망 때까지 줄곧 '本土收復'의 통일론을 주장해 왔으나, 대만 주민들 사이에는 1950년대부터 '대만독립' 활동이 시작되었다. 1952년에 '대만독립무장대'가 설립되었고, 이후 1964년 9월 20일에는 당시 대만대학 펑밍민

---

29) 시안사변(西安事變): 1936년 12월 11일 제6차 공산당 토벌을 위해 서안에 왔던 장제스를 당시 서부토벌군 부사령이었던 장쉐량이 장제스를 감금한 사건. 이후 국민당과 공산당 간에 제2차 국공합작이 이루어져 국민당군은 몰락의 길을 걷는다. 高木圭藏, 「鄧小平」(1979), pp.79 - 80.

30) 첫째, 난징정부를 재편하고 다른 당파를 받아들여 구국에 임한다. 둘째, 일제의 내전을 정지한다. 셋째, 상해에서 체포한 전국구국연합회 지도자를 즉각 석방한다. 넷째, 일체의 정치범을 석방한다. 다섯째, 민중의 집회·결사 등 정치적 권리와 자유를 보장한다. 여섯째, 민중의 애국운동의 자유를 보장한다. 일곱째, 쑨원의 유촉을 확실히 실행한다. 여덟째, 구국회의를 즉각 소집한다는 등 8개항으로 되어 있다. 김희영, 「이야기 중국사」 제3권(청아출판사, 1991), p.452.

31) 1945년 9월 통계에 따르면 당시 공산당은 당원이 120만 명, 군대 127만 명, 민병 268만 명이었다. 張海鵬, "蔣介石也主張過 一國兩制", 「海峽評論」(1995. 11), p.54.

(彭明敏) 교수가 '臺灣自求宣言'이라는 전단을 배포하였다.

1970년 1월 15일 일본에서 대만독립당이 설립되었는데, 이 조직은 무력혁명을 고수하며, 설립한 날부터 각종 테러와 파괴활동을 진행해 왔다. 그런 이유로 이 조직의 핵심 멤버들은 대만 당국의 블랙리스트에 올라 대만 입국이 금지되고 있었다. 80년대 말부터 이 조직의 핵심들은 점차적으로 대만에 진입하여 자기들의 정치주장과 목적이 일치하는 대만의 최대 야당인 민진당과 결합하였으며, 민진당은 1988년 4월 제2차 대표대회에서 '본 당은 조건이 있는 대만독립을 주장한다'는 결의안을 채택하였다.

국민당 정권은 '대만독립' 활동을 초기단계부터 없애려 했으나 실패하고, 민진당[32])에 의해 대만독립 주장이 제기된 것이다. 대만의 주류세력을 이룬 국민당 정부는 공산당에 대해 국민당이 국공내전의 패배로 인해 대만으로 이주함으로써 탄생한 비정상적 정권으로 간주하는 한계를 갖고 있다. 그러나 지금은 양안의 분단이 60년이나 되고, 중국 대륙의 경제가 엄청나게 발전함에 따라 현실적으로 공산당을 인정하는 분위기가 확산되고 있다.

대만 주민들은 대륙과의 통일을 각각의 입장에서 해석하고 이해하는 경향이 짙다. 대만의 대외적인 통일정책이 정권이 바뀔 때마다 달라지는 것도 바로 구성원들의 다양성과 역사성에서 기인한다고 하겠다. 리덩후이(李登輝)의 '양국론'과 천수이벤(陳水扁)의 '독립론'이 바로 그러하다고 하겠다. 향후 양안의 통일과정도 이러한 대만 구성원들의 다양한 목소리를 어떻게 담아내느냐에 따라 진행속도가 달라질 것으로 전망된다.

---

32) 민진당(民進黨)은 국민당에 맞선 대만 최대 야당으로 2000년 천수이벤을 총통으로 배출했다.

2008년 3월 대만에서는 국민당의 마잉주 후보가 정권을 획득했고, 중국 대륙의 공산당은 후진타오(胡錦濤) 체제로 이어졌다. 대만은 제3차 國共合作이라 불릴 만큼 획기적인 방안, 즉 兩岸의 '하나의 공동시장' 등 예전보다 훨씬 포괄적이고 급속한 경제교류와 협력, 평화통일의 길을 모색하는 방안을 파격적으로 대륙에 제안하였다. 그러나 대만 내부에서는 아직도 민진당을 주축으로 한 야당 세력들이 '台獨'을 주장하며, 마잉주 총통의 급격한 교류협력에 반발하는 사람들이 많아 성급한 양안 통일논의는 국민들에게 역풍을 맞을 것으로 관측된다. 그래서 국립대만대 법과대학의 王泰銓 교수[33]는 "양안은 오랫동안 분단된 상태로 존재하면서 현 체제가 굳어져 왔기 때문에 현 상태로 점진적인 경제교류를 통해 상호 발전을 이루고, 중국이 대만 주민에 대해 평화통일의 신뢰를 확실하게 구축한 뒤 대만 주민들의 동의를 얻게 되면, 그때쯤 자연스럽게 통일을 논의해도 늦지 않다."는 입장을 고수하고 있다. 대만 행정원 대륙위원회[34] 류더쉰(劉德勳) 특임 부주임 위원은 2008년 10월 주민들의 이러한 분위기를 반영하듯 "양안의 三通四流는 조만간 양안의 고위급 회담에서 결정될 예정이지만 통일논의를 위한 정치회담은 현재 집권자가 결정할 것이 아니라 차세대의 몫이다."라고 밝힌 바 있다. 양안 간의 三通합의는 류더쉰 부주임의 설명대로 이루어졌지만 정치협상은 대만 주민들의 여론이 부담으로 작용하여 서로가 유보해 둔 상태이다.

---

33) 대만의 대표적 중국법 학자인 王泰銓 교수는 민진당의 정책을 지지하며, 양안관계에 대해 미래보다는 현재의 시각을 중요시한다. 그런 점에서 현 상태 유지를 주장하고 있다.

34) 행정원 대륙위원회는 대만 입법원이 1991년 1월 18일 '대륙위원회 조직조례'를 3차례 수정과정을 거치면서 통과시켜 탄생한 정부조직으로 우리나라 통일부에 해당한다.

대만의 교류협력사상은 대륙의 사상과는 달리 대만 국민 대부분이 지지하는 경제교류 및 투자활성화에 이어, 양안주민들의 자유스러운 왕래와 교류가 선행된 후 상호 간의 신뢰가 형성되면 통일논의도 가능하다는 생각이 지배적이라고 하겠다. 이에 반해 중국 공민 대다수는 "대만은 경제적으로나 국제적으로나 중국에 비할 바가 아니어서 일개의 성급 도시로 一國兩區는 있을 수 없다."고 생각하고 있다.

결론적으로 중국이 현재 사회주의체제라고 하더라도 이제는 과거처럼 일방적인 지시나 명령으로 공민들의 지지를 이끌어 내거나 중요문제를 해결할 수 있는 시기는 지나가고 있는 것으로 평가되고 있다. 이 점은 중국 지도부도 '天安門事件' 등의 교훈을 통해 알고 있는 만큼 향후 양안 통일문제는 중국 공민들의 의견도 반영되어야 할 것으로 예측된다.

제2절 양안의 교류협력 정책

1. 양안의 교류협력 요인

(1) 정치적 요인

중국의 장쩌민 주석은 양안의 통일은 해결해야 할 과제가 많다고 말한 바 있다. 1999년 대만의 리덩후이(李登輝) 총통은 독일 기자와의 면담에서 양안의 통일방안에 대해 '特殊的國家與國'을 주장하여 중국과 대만의 교류가 파국으로 치닫는 등 최대 위기를 몰고 온 바 있다. 그러나 양안 간에는 이러한 위기를 극복할 법적인 규정도 없었고, 또 국가 간에 이를 중재할 창구도 없었다. 한동안 이 위기는 양안 간의 무력충돌 등 긴장상태를 지속시켰고, 국제사회에도 좋지 않은 영향을 미쳤다. 따라서 이러한 위기문제는 양안 간의 정치협상을 통해서만 해결될 수 있다는 지적이다.[35]

양안은 1980년대 들어 무력대치 상황이 평화교류 분위기로 변하면서 '先 교류 後 정치' 협의의 영향으로 인한 '三通四流'와 사무성 교류 등으로 정치협상이 가능한 단계로 진입하였다. 이 시기는 냉전 이후 대내외 정치 환경이 변하면서 양안도 통일논의를 위한 정치협상용 창구개설과 기구 조정 등의 현실적인 조치가 필요한 시기였다. 대만은 민주화 이후 경제발전을 이루면서 1995년에 리덩후이 총통이 개인적으로 미국을 방문하여 '양국론'을 주장하고, 국제적으로 중국에 비해 불평등 대우를 받는 데 대한 불만을 제기하며 미국의 지원을 요청했다. 중국은 1996년 들어 대만 총통선거를 1년 앞두고 대만해협에서 대대적인 군사훈련을 감행하는 등 리덩후이의 양국론을 '양안의 분치' 의도로 판단하고 사전에 차단하는 조치를 취했다.

또 1996년 클린턴 미국 대통령의 중국 방문 시 상호 간의 국제협력을 제의한 데 이어, 장쩌민 중국 총서기가 답방형식으로 미국을 방문하여 중미 간의 교류협력과 함께 '新三不政策'의 동의를 촉구했다. 주요내용은 다음과 같다. 첫째, 미국은 대만 관련 기관의

---

35) 趙建民, "3次 國共政治談判", 「台灣大學學術討論會」(1999), pp.1 - 2.

대만독립을 위한 노력을 반대한다. 둘째, 미국은 대만의 '2個 中國' 또는 '一中一台' 주장에 대해 지지하지 않는다. 셋째, 대만의 UN 가입 반대 등이다.

1998년 미국의 클린턴 대통령은 중국을 방문해 미국의 이익을 위해 '新三不政策'을 수용하고, 이에 항의하는 대만의 의견을 묵살했다. 이후 대만은 국제적으로 위기에 몰리자 1999년 중국에 '特殊的國家與國' 자격으로 APEC참여를 제안했으나, 중국이 APEC 외교장관 회의에서 '주권국가' 대표만이 참가가 가능하다고 주장해 대만의 참여를 거부하였다. 홍콩과 마카오, 대만은 특별지역으로 비주권국가이며 정치상 대표는 중국이라는 것이다.

이후 미국은 중국과 대만의 관계를 '홍콩방식'으로 해결할 수 있는 '一國三制'의 국제공간으로 인식하고, '대만은 중국의 일부분'으로 법률상 독립진행은 어렵다는 성명을 발표했다. 이로써 대만은 국내외적으로 상당히 고립된 환경에 처하게 된다. 당시 대만은 고립된 국제관계와 경색된 양안관계를 해결하기 위해 중국에 양안의 정치회담을 제안한다. 이 정치회담은 2단계로서 1단계는 海基會와 같은 양안의 교류질서와 교류이행을 위한 해결기구 설립 등 사무적으로 협상방법을 준비하는 ≪國家統一綱領≫ 이행과정단계이고, 2단계는 ≪國家統一綱領≫을 이행하고 상호 협력하는 단계로 일정한 조건하에서 양안이 '직접협상기구'를 설치하자는 것이었다.

이 협상의 조건으로 대만은 첫째, 중국이 양안의 대등분치를 승인할 것, 둘째, 대륙의 평화통일방침을 천명할 것, 셋째, 대륙이 국제사회에서의 중화민국의 실체를 인정할 것, 넷째, 국내 각 정당과 계파들이 참여한 가운데 양안의 정치 담판이 이루어져야 한다는

공동인식의 필요성을 내놓았다.[36]

이에 대해 대만학자들은 공동인식이 형성되면 양안통일은 정치담판으로 해결할 수 있다고 판단하고,「一個中國」·「結束敵對」·「主權問題」 3개의 가능의제를 주장하기도 했다.「一個中國」은 국제사회에서 대만의 주권문제와 활동공간과 관련이 있기 때문에 중국이 대만의 실체를 어느 정도 인정하느냐에 달려 있다. 이 문제에 대해 중국은 현재 경제력이나 군사력 등 모든 면에서 앞서 있기 때문에 一國兩制에 의한 '하나의 중국'을 고집하지 않고 유연성 있게 대처할 것으로 전망된다.

「結束敵對」는 쌍방이 공동으로 동의해야 할 의제이다. 중국 전국인민대표대회 상무위원회는 1979년 1월 1일 발표한 ≪대만동포에게 고함≫에서 '평화통일' 방침을 밝힌 바 있다. 또 중국의 海協會 상무 부주임 唐樹備는 1991년 4월 '양안교류 5대원칙'을 밝히면서 적대해소라는 용어를 사용한 바 있다. 또 중국은 1993년 대만문제와 중국에 대한 통일(臺灣問題與中國的統一)백서에서 평화담판을 밝힌 데 이어 1995년 30일 장쩌민 주석이 발표한 ≪江八點≫에서는 적대종결을 위한 담판진행을 천명한 바 있다.

「主權問題」는 대만독립과 밀접한 관련이 있어 서로 협력을 해야 할 중대한 의제이다. 이 문제에 대해서는 담판과정에서 직접 민주선거에 의한 공민투표와 기본법 등의 제정을 통해 대만독립의 범위도 정할 수 있을 것으로 대만학자들은 주장한다.[37]

하지만 이러한 세 가지 문제에 대한 사회적 합의와 정치지도자

---

36) 趙建民, 앞의 논문, pp.7 - 9.
37) 趙建民, 위의 논문, pp.10 - 13.

간의 담판을 이루어 내려면 지난 60년간 분단 상황이 빚어낸 양안 주민들의 생활방식의 차이와 대만의 민주제도와 중국 대륙의 공산당 일당 영도사회에서 제정된 사회주의법과 제도와의 충돌문제를 어떻게 극복해 나가느냐는 것은 매우 힘든 과제로 분석되고 있다.

결론적으로 양안통일은 쌍방의 공동달성 인식과 상호존재 승인, 무력행위 폐기 등에 대한 사전문제가 해결되고, 양안 국민들이 「一個中國」·「結束敵對」·「主權問題」라는 세 가지 統一議題에 대해 긍정적으로 동의하면 양안 지도자들이 정치담판으로 해결할 수 있는 시기가 빨리 다가올 것으로 전망된다. 이를 위해 양안은 정치회담 전에 다양한 접촉과 많은 대화 창구를 통하여 서로 이해의 폭을 넓혀 나가고, 또 회담결과에 대한 불이행 등의 상호불신을 해소할 수 있도록 공동노력을 해 나가면 양안의 통일은 생각보다 더욱 빠르게 진전될 수 있을 것으로도 전망된다.

특히 중국사회의 지배체제가 과거에는 일당 독재와 개인의 권력에 따라 좌우되는 권력지상주의에서 지금은 인민과 국가가 공동으로 발전하는 법치사회를 지향하는 법률지상주의로 변화하고 있는 만큼 양안의 통일을 위한 정치적인 요인은 매우 긍정적이라 하겠다.[38]

그런 점에서 장쩌민의 ≪江八點≫은 덩샤오핑 사후 여러 방면에서 양안관계 발전에 긍정적인 영향을 미치는 지침서 역할을 하였다. 주요 이유는 다음과 같다. 첫째, 중국대륙의 정치경제와 사회체제의 전형이 되었다. 즉 중국은 덩샤오핑 이후에도 경제개혁정책을 지속적으로 이어 가면서 대만정책을 중시하였다. 전국인민대표대회의 정책결정과 입법기능을 확충하였고, 사회주의 시장경제체제의

---

38) 조동제·문준조, 「中國 社會主義市場經濟法制變革에 관한 研究」(2004), pp.28 - 29.

확립과 공민의 사회화 등 여러 방면에서 전형이 되었다는 것이다. 둘째, ≪江八點≫은 국제정치의 변화요인이 되었다. '하나의 중국' 과 '외세개입 거부'라는 양안통일의 원칙을 재천명하면서 양안의 경제교류와 무역을 더욱 활성화하고, 지적재산권 등 미국과의 무역 분쟁 해결을 위해 중국무역총협회의 위상도 격상시켰다. 셋째, 양 안담판의 신질서를 확립시켰다. 장쩌민의 ≪江八點≫ 발표 후 대 만은 렌잔 행정원 원장이 협상시대가 도래했다고 선언할 만큼 호 응이 좋았다. 반관반민기구인 '海基會'와 '海協會'의 접촉이 늘어 나면서 정치협상과 담판이 규범화되는 등 양안관계가 안정과 호혜 평등시대로 진일보하였다. 넷째, 양안의 경제적 합작 효과를 낳았 다. 렌잔과 장쩌민의 경제협력 성명 이후 대만의 대륙투자가 늘어 나고, 상하이 포동지구의 아·태 중심 개발계획이 발표되는 등 양 안의 경제발전 계획이 상당하게 논의되었다. 다섯째, 대만 내부의 민의수렴의 계기가 되었다.

≪江八點≫ 이후 대만정부는 중대형기업의 경영자를 대상으로 양안교류가 타이베이의 실질적 해운중심 도시로의 성장에 도움이 되고, 양안직항 허용의 경제적 효과 등에 대한 민의조사를 하는 계 기가 되기도 했다. 그러나 민진당은 그동안 중국의 대만독립과 분 치에 대한 '불승인주의'를 비판하면서 ≪江八點≫의 규정을 개정 할 것을 요구하기도 했다.[39]

---

39) 宋國誠, "江八點與後鄧時期的兩岸關係", 「中國大陸研究」 第38券(1995. 5), pp.9 - 13.

(2) 경제적 요인

兩岸은 통일을 위하여 지난 60년 동안 각 정치지도자에 따라 긴장과 평화 등 굴곡은 있었지만 민간차원의 경제교류 등으로 지속적인 노력을 해 왔고, 이러한 교류협력은 앞으로도 계속될 것이다. 지금까지 양안의 통일노력은 정치보다는 경제교류가 더 큰 효력을 보여 주고 있다.

냉전시대를 거쳐 1970년대 말 뒤늦게 개혁개방에 나선 중국의 경제발전에는 먼저 성장한 대만경제가 많은 역할을 해 왔으며, 앞으로는 중국 대륙이 대만의 경제발전에 큰 기여를 할 수 있을 것이다. 중국은 개혁개방정책을 통해 사회주의 시장경제를 채택했다. 국가의 거시적 경제계획, 재정, 세금징수 등의 수단을 통하여 인민의 물질과 문화생활의 수요를 만족시키고, 향상시키는 것을 기본 출발점으로 하여 국가의 종합적 경제력을 증강시키는 데 목적을 두고 있다. 그런 점에서 양안의 경제교류는 대륙의 경제자유화는 물론 대만의 안전, 그리고 양안관계의 긍정적인 변화 등 평화통일의 중요한 변수로 작용하는 것은 분명한 사실이다.[40)]

중국과 대만의 경제무역교류는 1978년 덩샤오핑의 개혁개방정책의 천명에도 불구하고 80년대 중반까지 중국의 통일정책을 불신하는 대만의 대내외적인 정책과 양안의 통일방안에 대한 입장 차이로 소규모 간접무역에 그쳤다. 대만 당국이 兩岸 간 민간차원의 경제무역교류가 점차적으로 증가하여 중국경제가 성장하면 대만에 유리한 통일방안이 위협받지 않을까 하는 우려로 인해 三不政策을

---

40) 蕭全政, "兩岸經貿形勢之變化", 「台灣大學學術討論會論文集」(1999), p.21.

고수해 왔기 때문이다.

하지만 양안의 경제교류는 대만의 이러한 입장을 감안한 덩샤오 핑의 남순강화(南巡講話) 등 대만기업에 대한 잇따른 우대정책 발표와 중국정부의 지속적인 평화공세로 1987년 11월 이후 상당한 정도로 진전되었다. 이때부터 대만 경제인들이 대륙에 가서 본격적인 투자와 무역을 하면서 양안의 무역 총성장률과 중국의 대만에 대한 수출입이 크게 늘어나게 되었다.

중국 국무원은 1988년 7월 대만인의 투자에 관한 첫 행정법규인 ≪대만동포투자장려에 관한 규정≫(關于鼓勵臺灣同胞投資的規定) 을 제정·시행하면서 푸젠 성(福建省) 마웨이(馬尾), 싱린(杏林), 지메이(集美), 하이창(海滄)에 대한 '臺商投資區'를 설치하였다. 1994년 3월에는 전국인민대표대회 상무위원회에서 ≪中華人民共和國臺灣同胞投資保護法≫이 통과되어 대만경제인들의 대륙투자에 대한 권익을 보호하는 법제화가 이루어졌다.[41]

1998년 말 兩岸의 무역 총액은 110억 달러로 1979년 개혁개방 당시 7,700만 달러에 비해 1,300배나 증가하는 놀라운 성장세를 보였다.[42] 개혁개방이 가속화되면서 중국에는 1999년 4월 말까지 외국투자기업 32만 9천여 개의 회사가 유지되었고, 외자이용액은 계약기준 5,839억 달러, 실행기준 2,777억 달러에 달하는 등 지난 10년 동안 중국의 외자유치는 큰 성장을 이루면서 6년 연속 외자유치 규모에 있어 세계 2위를 기록했다.

1999년 9월 말까지 중국의 외환보유액은 1,515억 달러로 1998년

---

41) 법무부, 앞의 책(2008), pp.110 - 111.
42) 蕭全政, 앞의 논문, pp.1 - 2.

에 비해 65억 5천만 달러나 증가되었다. 1999년 말 양안의 총무역액 규모는 258억 4천만 달러로 1990년에 비해 5배나 성장을 하였고, 2002년에는 395억 달러, 2006년에는 881억 달러로 급증하였다. 중국은 이러한 경제성장을 바탕으로 2001년 12월 11일 國家主體로서 WTO에 가입했다.[43] 이어 대만도 2002년 1월 1일 '독립관세지역'으로 WTO에 가입하여 양안의 경제무역은 더욱 탄력을 받게 됐다. 중국 국무원 대만사무판공실은 2005년에 ≪대만동포투자기업의 개발성금융자금 합작에 관한 협의≫(關于支持臺灣同胞投資企業發展開發性金融合作協議)를 공포하여 대만투자기업에 전문적인 금융서비스를 제공하고 투자환경을 개선하였다. 중국 당국은 2006년 4월에는 ≪양안교류협력 촉진을 위한 대만동포에 대한 15개항의 정책조치≫(促進兩岸交流合作惠及臺灣同胞的15項政策措置)를 발표함에 따라 대만농산품의 중국시장 진입 등 양안 경제협력의 영역을 확대하였다.[44] WTO 가입 이후 중국과 대만의 개방품목이 확대되면서 양안의 경제는 고속성장을 이루게 되었고, 2002년부터 2006년까지 5년 동안 대만의 대륙에 대한 무역수지흑자는 2,476억 달러에 달하였다. 지난 16년간 양안 간의 무역금액 규모는 <표 2-1>과 같다.

2006년 말 기준으로 중국의 외환보유고는 3,000억 달러를 상회하면서 세계 1위가 되었으며, 핵심전자기술부문이나 첨단조선분야를 제외하고는 거의 한국의 기술을 추월하고 있다. 중국은 베이징과 상하이를 비롯해 영국으로부터 반환받은 홍콩, 그리고 심천을

---

43) 법제처, 「중국의 개방관련 법제 자료집」 제1집(2001), pp.125-135.
44) 법무부, 앞의 책(2008), pp.113-114.

기반으로 다롄과 톈진 등 황해권 신흥공업도시 곳곳에 개발구를 허가하여 전국을 발전시킬 계획을 갖고 있다. 그 결과로 중국 동북 3성의 관문항이자 조선공업도시인 다롄은 이미 조선산업에서도 세계 5－6위권의 역량을 갖고 있고, IT 등 첨단 하이테크산업단지와 인재육성에 힘을 쏟으며 황해경제권45)의 중심도시로 성장하고 있다.

〈표 2－1〉 兩岸經貿 統計表46)

(단위: 백만 달러)

대만 행정원 대륙위원회 추산 Estimates by Mainland Affairs Council, ROC			
기간	수출	수입	총액
1990	4,394.6	765.4	5,160.0
1991	6,928.3	1,126.0	8,054.3
1992	9,696.8	1,119.0	10,815.8
1993	12,727.8	1,015.5	13,743.3
1994	14,653.0	1,858.7	16,511.7
1995	17,898.2	3,091.3	20,989.5
1996	19,148.3	3,059.8	22,208.1
1997	20,518.2	3,915.3	24,433.5
1998	18,380.1	4,110.5	22,490.6
1999	21,221.3	4,526.3	25,747.6
2000	26,144.0	6,223.3	32,367.3
2001	24,061.3	5,902.0	29,963.3
2002	29,446.2	7,947.4	37,393.6
2003	35,357.7	10,962.0	46,319.7
2004	44,960.4	16,678.7	61,639.1
2005	51,773.2	19,928.3	71,701.5
2006	63,662.4	24,783.1	88,445.5
2007	63,322.4	24,783.1	88,105.5

* 출처: 海基會, "兩岸貿易統計表"(兩岸經貿), 9월호(2008).
行政院大陸委員會(兩岸統系月報), NO.170.

---

45) 인천과 평택 등 우리나라 서해안 도시와 다롄, 옌타이, 톈진, 칭다오, 등 중국의 동해안 도시가 형성하는 경제권역을 말한다. 다롄은 2020년 황해경제권의 중심도시를 꿈꾸고 있다.

46) 臺灣 海峽交流基金會, "兩岸經貿統計表", 「兩岸經貿」 9月號(2008), p.56.

이에 힘입어 중국과 한국, 일본, 싱가포르, 대만 등 동아시아는 세계물동량의 40%를 담당할 만큼 경제력이 성장해 이제 세계경제의 중심이 미국에서 동아시아로 이동하고 있다는 예측까지 나오고 있다. 물론 그 중심은 중국이 될 것이라고 여러 학자들은 전망하고 있다.[47)

결국 중국은 대만과의 통일을 위해서라도 경제대국화를 가속화할 것이며, 대만과의 교류협력을 지속적으로 증대해 나갈 것이다. 그런 점에서 2008년 3월 취임한 대만의 마잉주 총통의 親중국정책은 적정한 때를 맞춰 나온 것이어서 양안의 평화통일 미래를 밝게 하고 있다. 대만경제의 親중국화가 이루어지면 중국은 대만·홍콩의 경제권만 해도 GDP 2,900억 달러의 홍콩과 GDP 6,600억 달러의 대만을 합쳐 9,500억 달러의 초광역경제권이 형성되는 시너지효과를 거둘 수 있다. 이것은 GDP 9,900억 달러의 한국과 맞먹는 수준이고, 1조 6천억 달러인 일본의 절반 이상에 해당하는 수준이어서 중국과 대만이 합치면 그 영향력은 실로 엄청날 것으로 전망된다.

따라서 '하나의 중국'을 표방하는 중국의 경제력은 향후 대만과 통일을 이루는 시점에 홍콩·마카오의 경제력을 합쳐 아시아의 맹주는 물론 미국과 맞먹는 경제대국으로 성장할 것은 분명해 보인다. 이를 예측하는 듯 대만의 새로운 총통이 된 국민당의 마잉주 총통은 대만경제의 지속적인 성장과 대륙으로부터의 안전보호를 위해 중국 대륙과의 '三通' 해결을 비롯한 '하나의 공동시장'을 제안하는 등 지금까지의 간접무역에서 벗어나 직접무역을 통한 경제교류와 협력을 기정사실화하고 있어, 향후 중국과 대만이 연합하여

---

47) 김원길, 「21세기 중국 사로잡기」(인천: 참벗, 2003), pp.242-243.

만든 단일 경제시장은 양안통일의 큰 축이 될 것으로 전망된다.

(3) 국제환경 요인

냉전시대 이후, 세계는 소련의 해체로 미·소 兩極體制에서 미국이 유일한 초강국으로 국제질서와 경제, 군사, 과학기술 분야를 주도하게 되었다. 미국은 세계 각 지역에 군사적으로 주요한 거점을 확보하고, 그 지역의 안전을 보장하며 미군의 주둔을 계속 유지해 왔다. 1995년 미국 국방부 Joseph Nye 차관보는 취임사에서 "향후 20년 동안 미국은 아태지역의 안전과 미국의 평화를 위해 군사적 역량을 계속 유지해 나갈 것"이라고 밝힌 바 있다.[48] 미국은 1997년 全球安全評議(Global Security Assesment)에서 두 가지 가설을 발표했다. 첫째, 미국은 정치, 경제, 군사적 패권을 계속 유지해 나간다는 것이다. 둘째, 아태지역 반미국가와 중동지역, 유럽 등 어느 지역에서라도 세계 중심의 역할을 적극적으로 하여 패권국가로서 위상을 강화한다는 것이다. 중국은 90년대 말까지 이러한 미국의 세계적 위상과 경제력 때문에 아태지역에서도 큰 역할을 하지 못했다. 특히 1999년 들어서는 대만 리덩후이 총통의 '特殊的國家與國' 주장으로 중국의 대만해협 무력위협과 미국의 개입으로 인한 긴장관계를 비롯해 남북한 서해해전 발생 등으로 아태지역의 질서가 큰 혼란에 빠졌으나, '美日집단방위체제'[49] 발동 등 미국의

---

48) Joseph, S. Nye, Jr. "Strategy for East and the U.S-Japan Security Alliance", Defence Issue, Vol.10, 35(March 29, 1995).

49) 탈냉전 이후 중국의 위협을 일본의 군사적 역할로 대항하고, 일본의 군사대국화 등 독자구상을 견제하기 위해 미국이 1996년 '미일안전보장선언' 이후 맺은 美日안보동맹을 말한다.

평화해결 주도와 중국의 대만 포용정책으로 일단락이 되었다.

하지만 중국은 2000년 이후 개혁개방정책의 성과가 대내외적으로 나타나고, 경제가 급성장하게 되자 동아시아의 패권은 물론 세계에서도 미국과 맞서기 시작했다. 그런 만큼 국내외 정치, 경제, 사회 등 주변 환경이 급격하게 변화함으로써 중국의 대외관계도 훨씬 복잡하게 전개되고 있다. 중국은 UN과 국제통화기금(IMF) 및 아세안지역포럼(ARF) 등 거의 모든 국제기구에 가입하고 있고, 여전히 5개의 UN안보이사회 상임이사국의 일원이다.

또 세계 3대 핵무기 보유국이며 세계 5대 무기수출국이기도 하다. 중국이 홍콩·마카오의 회수에 이어 대만까지 통일을 이루게 되면 2020년쯤에는 세계 최대 경제대국으로 부상할 것이라는 의견도 대두되고 있다.[50]

중국은 미국에 도전할 수 있는 유일한 강대국으로 부각되고 있고, 이대로 경제성장을 계속해 나가면 동아시아를 포함해 새로운 세계질서의 안정과 번영을 결정지을 수 있는 중요한 행위자가 될 것이다. 중국이 실제로 세계 강대국으로 부상했는가에 대해서는 이론이 있지만,[51] 21세기 신국제질서 구축에 중국의 행보는 큰 주목을 받고 있는 것은 변함없는 사실이다.

양안의 통일은 당장 한반도를 비롯한 동북아국가 질서에 큰 변화를 몰고 올 것임은 자명하다. 2008년 8월 베이징올림픽 개최가 바로 그러하다. 1억 달러를 들여 준비한 올림픽 개막식의 화려함과

---

50) Samuel S. Kim, "China as a Great Power," Current History, Vol.96, No.611, 51(September 1997), pp.246-251.

51) David Shambaugh, "Chinese Hegemony over East Asia by 2015", The Korea Journal of Defense Analysis, Vol.9, No.1, 25(Summer 1997).

웅장함에 세계가 압도당하고, 당초 우려와는 달리 올림픽이 성공적으로 마무리되면서 13억 인구가 하나가 되어 염원해 왔던 백 년의 꿈을 실현시켜 나갈 수 있게 되었다.[52]

지구촌 국가들은 중국의 위상을 실감하고 있고, 후진타오 총서기는 올림픽 폐막 다음 날 한국을 방문하여 한·중 정상회담을 갖는 등 높아진 위상을 더욱 다져 나가고 있다. 올림픽개최를 계기로 중국 내부는 더욱 뭉칠 것이고, 대만과의 통일논의도 이전보다 훨씬 우호적으로 진행해 나갈 것으로 전망된다. 지금까지 동북아는 한-일-대만 vs 중-북한의 세력구도였으나 언젠가 중국과 대만이 통일을 하게 되면 이 구도는 미-일 vs 중-대만-북한의 구도로 크게 요동을 치면서 한국의 입지가 모호해질 것으로 우려된다. 한국의 참여정부가 지난 5년 동안 '親中反美' 정책으로 일관하면서 50년 동맹관계였던 미국과의 신뢰관계가 소원해진 것도 하나의 원인으로 작용할 것이다.

그런 점에서 한국은 세계강국으로 부상하고 있는 중국과의 관계설정을 어떻게 하고, 또 소원해진 미국과의 동맹관계를 얼마나 복원하느냐에 따라 국제적인 위상이 달라질 것으로 보인다. 이 문제는 앞으로 이명박 정부가 풀어 나가야 할 과제이다. 냉전시대 이후 세계는 다변주의 즉, 2개 이상의 국가 간에 장기 합작이나 제도적 교류, 보편성의 행위규범 준수, 국제문제의 공동해결 등 집단자위 체제로 해결방식이 변하고 있다.[53]

---

52) "13억人의 '둥지', 세계를 품다"(조선일보, 2008. 8. 9).

53) John Ruggie는 多邊主義 3大 特徵으로 "개인주의 불가, 보편성의 원칙, 호혜확산성"을 들고 있다. 楊永明, "亞太安全情勢變化與 兩岸關係", 「台灣大學學術討論會論文集」 (1999), pp.22 - 23.

중국은 앞으로 21세기 세계강국을 꿈꾸기 위해서라도 국제사회에서 자국과 경제교류 및 유대관계를 맺는 어떤 나라와도 우호적인 외교정책을 펼쳐 나갈 것이며, 미국과도 당분간 우호적인 입장을 취하면서 국제사회에서의 패권경쟁을 계속해 나갈 것으로 전망된다. 다만 중국과 대등한 관계를 펼칠 수 있는 러시아가 얼마나 빠른 속도로 경제성장을 이뤄 낼 것인가 하는 문제와 이로 인한 동아시아권역 내 新국제질서의 태동은 중국의 양안통일과정과 패권국가로의 성장에 큰 변수로 작용할 것은 분명해 보인다.

다행히 러시아가 성장하면 동아시아의 질서는 '양강 이중'(兩强: 중국·러시아, 二中: 한국·일본)구도로 큰 변화를 보이는 것은 물론 국제질서에도 많은 변화가 예상되는 만큼 중국은 러시아의 경제성장 이전에 대만과의 통일을 서두르는 한편 북한과의 관계도 선점해 나갈 것으로 예측된다.

2. 중국의 교류협력 정책

중국공산당은 1949년 중화인민공화국 건국 이래 지금까지 대만해협을 사이에 두고 벌어진 여러 갈등을 대만문제의 해결이라며, 국내문제 차원으로 인식해 왔다. 그러나 현재 중국 지도부의 인식은 시대상황의 변화에 따라 마오쩌둥 시기의 강경노선과는 다소 차이를 보이고 있다.

중국은 대만문제 해결에 민족의 동질성 회복이라는 점을 계속 고수하고 있으며, 이를 실현하는 방법도 무력해방 정책에서 평화통일 정책으로 점점 바뀌어 왔다. 그러나 중국은 대만정부도 '하나의 중국' 원칙을 준수하고, 양안문제의 해결을 내부문제로 받아들여야 한다고 인식하고 있다. 중화인민공화국 수립 이후 중국 정부가 추진해 온 대만에 대한 통일정책은 무소불위의 권력을 휘둘렀던 마오쩌둥을 비롯해 덩샤오핑, 장쩌민, 후진타오로 이어지는 최고 지도자들의 정치철학에 따라 변화를 겪어 오고 있다.[54] 다행스럽게도 덩샤오핑 이후 중국의 지도자들은 대만과의 통일논의를 평화통일 방침 아래 지속적으로 진행해 와 고무적이라고 하겠다.

(1) 무력해방 정책(1949년~1978년)

1949년부터 1978년 말까지 약 30년간 진행된 이 시기는 金門島 포격전을 대표적인 사례로 꼽는다. 마오쩌둥이 절대권력을 행사했던 이 시기에는 '우리는 기필코 대만을 해방시킬 것이다'라는 슬로건이 당시 중국인들의 사명으로 일관되게 추진되어 왔다. 냉전시대였던 이 시기에 미국의 봉쇄 30년 동안 중국 대륙에 살아왔던 인민들은 모두 이 슬로건을 믿었고, 대만과의 통일은 무력해방밖에 없다고 생각했었다.

1949년 10월 1일 중화인민공화국이 건립되었고, 장제스 군대는 대륙에서 대만으로 쫓겨났다. 중국은 대만 해방의 준비로 남동 연해에 국민당이 점유하고 있는 크고 작은 섬들을 일일이 해방하였다. 이 가운데 샤먼(厦門)에서 동쪽으로 약 10㎞ 떨어진 곳에 위치한 진먼도는 대만의 군사적 요충지였다. 모양이 아령같이 생긴 진

---

54) 중국공산당은 역시 대국답게 총서기가 주석을 겸하고 있음에도 북한과 쿠바와는 달리 1인 지배보다는 집단지도체제에 의해 국가를 영도하는 사회주의의 전형을 보이고 있다.

먼도의 총면적은 149.3㎢로 사면이 바다이기 때문에 수비는 용이하지만 공격을 하기에는 매우 힘들었다. 장제스는 이 군사적 요새를 사수하기 위하여 대군을 주둔시키고 있었다. 중국은 대만을 해방하려면 진먼도를 먼저 해방하여야 한다고 생각하였다.

1949년 10월 중국 인민해방군이 실시한 '진먼도 공격전'은 성과를 거두지 못하였고, 그 후 한국전의 발발로 대만해방문제는 잠시 보류되었다. 그 당시 진먼도(金門島)와 마주도(馬祖島)에 대한 국제사회의 관심은 매우 컸다. 중국 대륙과 진먼, 마주 간의 충돌확대가 국제 간섭을 초래할 수 있으며, 국지전에 이어 세계대전도 발발할 수 있다는 것이 국제사회의 근심거리였다.

한국전쟁이 끝난 후 푸젠(福建) 연해 일대에서 대륙과 대만 사이에는 치열한 공중전과 해전이 여러 차례 발생하였다. 1954년 11월 대만의 '태평호' 군함이 격침되자 미국은 이에 큰 관심을 표하였으며, 12월 2일 미국과 대만은 마침내 「中美共同防禦條約」[55]을 맺었다. 이 방위조약은 중국을 자극하여 1958년 8월 23일 '2차 진먼도 격전'으로 이어졌다. 50년대부터 시작된 냉전시기에 대만해협 일대에서 대륙과 대만의 공방전은 100여 차례에 달한다. 국민당은 해협연해 일대의 섬들이 하나하나 해방군에 공략되자 마지막으로 진먼도와 마주도를 사수하기 위해 미국의 지원 아래 진먼도에 10만 군대를 주둔시켰다. 중국공산당은 미국의 군사간섭에 경고를 주고 국민당군의 기세를 꺾기 위해 1958년 8월 23일 오후 5시 30분 인민해방군의 수백문 대포를 30㎞나 되는 해안선을 따라 형성했으

---

55) 냉전시기 미국과 대만이 맺은 이 공동방어조약은 미국이 1979년 1월 1일 중국을 중화인민공화국을 대표하는 유일한 합법국가로 인정하고, 중국과 정식수교를 하면서 공식 폐기된다.

며 일시에 발포하였다.

며칠 동안 실시된 포격에 위협을 느낀 국민당 정부는 미국의 도움을 다시 요청하게 되었다. 미국은 해방군의 엄밀한 해로봉쇄로 인해 진먼도(金門島)와 마주도(馬祖島)의 사수는 힘들다고 판단하고, 두 섬의 주둔군을 철수하여 대만 본토와 펑후열도[56]를 집중적으로 수비할 것을 장제스에게 요구하였다.

여기에는 대만해협을 분계선으로 대륙과 대만은 제각기 통치권을 행사해야 한다는 미국의 '일중일대만(一中一台)' 중국 분단 음모가 깔려 있었다. 이런 음모를 파악한 중국은 미국의 '두 개의 중국' 음모를 차단하기 위해 국방부장 펑더화이(彭德懷)를 통하여 1958년 10월 25일 《대만동포들에게 보내는 편지》를 발표하였다. 이 서신에서 중국은 '중국은 하나다'라는 입장을 다시 확인하면서 외세의 간섭이 없는 조국통일을 호소했다. 중국은 이날부터 진먼도(金門島)의 물자보충에 편의를 위해 짝수의 날은 진먼도를 포격하지 않는다고 선포했고, 이후 중국 인민해방군은 20년 동안 홀수 날에만 진먼도를 포격하는 역사가 시작되었다. 이 원칙은 1978년 12월 31일까지 진행되었다.

(2) 평화교류 정책(1979년~1994년)

중국의 대만에 대한 통일정책 변화는 1978년 11월 덩샤오핑(鄧小平)이 한 미국 기자를 접견하는 석상에서 "평화적 통일이 실현되면 대만은 非사회주의경제와 사회제도를 유지할 수 있다."고 공개

---

56) 1894년 청일전쟁에서 승리한 일본은 1895년 4월 17일 랴오둥반도, 타이완과 함께 펑후열도를 청국으로부터 할양받아 1945년 8월 해방 때까지 통치하였다.

적으로 발언한 데서 기인한다.

이것은 양안관계와 중국통일의 새 시대가 열린다는 것을 시사했다는 점에서 매우 중요한 담화라고 하겠다. 덩샤오핑의 담화가 있은 지 두 달 후 1979년 1월 1일 중국의 최고 입법기구이자 권력기구인 전국인민대표대회 상무위원회는 역사적인 ≪대만동포들에게 보내는 편지≫(告臺灣同胞書)[57]를 발표하였다. 중국은 여기서 처음 대만에 공식적인 '평화적 조국통일'을 제시했다.

이른바 '通商, 通郵, 通航'의 역사적인 '三通' 교류방안을 제의한 것이다. 이 제의는 중국의 대만정책에 중대한 조정과 변화가 일어났다는 것을 세계에 알리는 것이며, 양안의 군사대치 상태를 해소하고 향후 양안의 결속과 교류를 위하여 필요한 여건과 안전한 환경을 마련하겠다는 점을 중국의 최고 지도자가 강조했다는 점에서 매우 큰 의미를 갖고 있다고 하겠다.

그 후 '평화적 통일'은 양안 분단문제 해결의 화두가 되었으며, 양안관계는 새 시대를 맞이하게 되었다. 동시에 1979년 1월 1일 중화인민공화국 국방부는 "진먼(金門)도와 마주(馬祖)도에 대한 대륙 측의 포격을 그날로부터 중지한다."고 세계에 선포하였다. 이에 따라 중국 푸젠(福建) 연해에 대한 대만의 포격도 중지되었으며, 이때부터 양안은 '평화적 시대'라는 새로운 장이 열리면서 양안 기업 사이에 간접무역이 시작되었다. 중화인민공화국 건국 32주년 전날인 1981년 9월 30일 예젠잉(葉劍英) 전인대 상무위원장은 중요한 담화를 발표하고, 평화통일의 방침을 골자로 하는 중국 평화통일의 청사진을 그렸다. ≪葉九條≫의 핵심사항은 조국통일을 위한

---

57) 덩샤오핑 집권 이후 중국 「全人大」가 대만에 처음 공식적으로 보낸 평화적 메시지를 말한다.

중국공산당과 중국국민당의 대등 담판을 실시하고, 양안의 '三通四流'를 실시하는 것이다. 四流는 경제교류와 문화교류, 과학기술교류, 체육교류 및 친척 방문관광을 포함하고 있다. 이어 1995년 1월 30일 중국공산당 장쩌민 총서기는 양안관계의 발전과 통일을 위한 '8항 주장' 즉,≪江八點≫을 발표했다.[58]

첫째, '하나의 중국' 원칙을 견지하며, 대만독립 언행을 절대적으로 반대한다. 이 원칙하에 대만은 민간차원에서 외국과 경제·문화 관계를 발전할 수 있다. 둘째, 대만과 외국과의 민간적인 경제교류와 발전에는 반대하지 않지만 국제적인 생존을 위해 공간 확대를 하는 활동에는 반대한다. 셋째, 양안 간의 적대상황을 청산하기 위한 담판 및 협의체결을 건의한다. 넷째, 평화통일을 지향하지만 통일에 대한 외국세력의 간섭과 대만독립 세력을 막기 위해 무력사용 포기를 승낙하지 않는다. 다섯째, 양안 경제교류와 합작을 대대적으로 발전하여 양안의 공동번영을 도모한다. 대만기업들의 투자를 권장하는 정책을 장기적으로 실시한다. 여섯째, 양안이 공동으로 중국문화의 계승과 발전을 추진할 것을 건의한다. 일곱째, 중국은 대만동포의 생활방식을 존중하고, 대만 각 계층의 통일문제에 대한 의견교환을 원한다. 여덟째, 우리는 대만 당국의 리더들이 적당한 신분으로 방문하는 것을 환영하며, 우리도 초청으로 대만에 갈 용기가 있다.[59] 중국 사람의 일은 중국 사람들 자체가 하는 것이며, 어떠한 국제장소도 이용할 필요가 없다는 등 8개 조항이다.

---

58) 「人民日報」(1995. 1. 30).

59) 施華, "江澤民·李登輝何時會晤－'江八點'及臺灣回應", 「九十年代」(香港: 臻善有限公司, 1995. 3), pp.52－53.

대만의 신문들은 "중국의 통일과 번영은 중국인의 공동염원이다" 라는 사설을 발표하며 환영하였다.

이것은 1949년 대륙과 대만이 분단된 이래 양안관계가 완화되면 서 나타난 최초의 조국통일 고조이다. 장쩌민 총서기의 '8항 주장' 은 새로운 시기, 새로운 정세에 맞게 제출된 것으로 양안과 해외동 포들의 광범위한 지지를 받았으며 중국 통일의 새로운 장을 열었 다. 이후 중국은 평화통일의 한 조치로 대만기업들의 대륙투자를 대대적으로 권장하였다.

개혁개방정책 이후 대륙경제는 비약적으로 발전하여 많은 외국 기업을 성공적으로 유치하였으며, 외국기업들도 많은 이윤을 얻었 다. 이러한 가운데 일부 대만기업들은 제3국 투자자 명의로 중국에 투자하기 시작하였다. 1983년 중국 남방에서 최초의 대만 기업이 나타났으며, 그 후 몇 년간은 대륙에 많은 투자를 하였다. 이 시기 대만 당국은 방임적인 태도를 취하여 오다가 1987년 11월 대만동 포의 대륙 친척방문을 정식으로 개방하여 양안관계 발전에 새로운 장을 열었다. 이때부터 대만 기업인들은 친척방문 명의로 대륙에 들어와 현지조사에 나서거나 본격적인 투자 상담을 하였다.

이에 호응하여 중국 국무원은 1988년 7월 대만 기업에 더 많은 특혜를 주는 《대만동포 투자권장에 관한 규정》(臺灣同胞投資獎 勵的規定)을 제정하면서 최초의 대륙투자 붐이 일어났다. 중국 측 경제무역부문의 통계에 의하면 1988년 말 대륙에 투자한 대만기업 의 프로젝트는 437개나 되고, 금액은 계약기준 6억 달러에 달했다. 1990년 10월 6일 대만 당국은 《대대륙지역 간접투자와 기술합작 관리방법》(對大陸地域間接投資和技術合作管理方法)을 공포함으로써 대만기업들의 새로운 대륙투자 붐이 일어났다.

1991년까지 대륙에 투자한 대만 프로젝트는 2,838개가 되고, 총 금액은 계약기준 22.8억 달러에 달했으며, 실행기준으로는 6.88억 달러에 달했다. 1992년 봄 덩샤오핑의 역사적인 '남순강화(南巡講 話)'[60]가 발표된 후 중국은 새로운 경제개혁의 고조가 일어났다. 이것은 중국 경제발전에 새로운 활력을 주입시켰으며, 새로운 개혁 개방 조치로 이어졌다. 이로 인해 3차 산업의 발전은 가속화되었으 며, 대만기업과 외국기업에 일부 내수시장과 서비스 부문의 투자를 개방하는 것으로 중국 경제는 더욱더 성장할 수 있는 여건을 만들 었다. 1992년 대륙에 투자한 대만기업의 프로젝트는 6,430개에 계 약기준 55억 달러에 실행기준 10억 5천만 달러로 그 전 수년간의 투자 총액보다 훨씬 많은 것으로 나타났다. 중국에 투자한 외국기 업 순위에서 대만은 홍콩 다음으로 2위를 기록하였다. 이러한 대만 의 대륙투자 증가는 당시 중국의 통일정책이 평화적으로 바뀌고 있고, 대만도 국제사회 여론의 압력에 따라 1987년 이후 중국과의 교류협력에 본격적으로 임하면서 가능해진 결과이다.

(3) 무력해방 및 평화교류 병행(1995년~현재)

대만에서는 1994년부터 대만독립 세력이 강렬하게 대두되어 양 안관계는 급속히 악화되었다. 특히 1995년 6월 리덩후이[61]의 미국

---

60) 남순강화(南巡講話)는 덩샤오핑이 집권 이후 대만과의 평화통일을 이루기 위해 중국의 남쪽 지방을 순회하면서 경제의 개방과 개혁을 강조한 연설을 말한다.

61) 리덩후이(李登輝)는 장제스와 장징궈(張經國)에 이어 대만의 총통(1988~2000)을 지낸 인물. 순수한 대만 출신의 1세대 정치지도자로 兩國論을 주장했다.

방문과 그의 연설에서 지속적으로 흘러나오는 '一中一台', '二個의 中國'은 양안의 긴장관계에 불을 더 붙였다. 리덩후이의 미국방문으로 양안의 사무회담은 중지되었고, 제2차 '汪辜會談'도 중지되었다. 이에 양안관계는 급속히 냉각되었고, 대륙에서는 무력해방의 여론이 다시 대두되었다. 중국은 1996년 초 방대한 군사연습을 진행하였다. 3월 8일과 15일, 20일 중국 인민해방군은 대만해협과 동해와 남해에서 단거리 미사일을 발사하는 등 해군 및 공군 연합작전, 3군 상륙작전 등 다양한 군사 실전연습을 3차례나 진행하였다. 1999년 8월에는 대만을 가상적으로 하는 입체 상륙작전 연습을 푸젠 성(福建省)에서 진행하였다.

하지만 대만기업들은 이러한 군사적인 긴장관계 속에서도 중국에 많은 투자를 계속하면서 중국경제가 빠르게 개방되는 촉매역할을 했다. 1999년 1월까지 대만의 대륙에 대한 투자금액은 32%나 늘어났고, 1999년 상반기 양안교류 인원도 150만 명으로 전년보다 크게 증가하였다. 1999년 9월 말 대만기업의 대륙에 대한 총투자액은 200억 달러에 달하였다. 또 대륙으로부터의 무역흑자는 단기 110억 달러에 누계흑자는 1,000억 달러에 이르는 등 양안의 본격적인 교류 이후 대륙은 대만의 최대시장 역할을 해 왔다.

2000년 들어 천수이볜 대만총통이 취임한 이후 대만 내부에서 독립 움직임이 지속적으로 일어나자, 중국은 대만에 대해 무력해방의 강경정책을 펴는 등 양안의 긴장관계가 깊어지는 가운데서도 양안 기업의 무역과 교류는 허용하여 대만기업의 중국 투자도 계속 늘어났다. 이로 인해 1991년부터 2006년까지 중국에 대한 대만의 총투자규모는 35,542건에 548억 9,880만 달러로 크게 증가했다.

이 투자금액은 대만이 미국과 홍콩, 필리핀, 싱가포르, 한국 등 외국에 투자하는 규모보다 훨씬 비중이 높아진 것이다. 대만의 대륙 및 대외국가에 대한 투자금액은 <표 2-2>와 같다.

<표 2-2> 대만의 대외투자통계 - 국가(지구)별[62]
Taiwan Approved Outward Investment by Country(Area)

(단위: 백만 달러)

	1991~2006년		
	건수	금액	비율(%)
중국대륙	35,542	54,898.5	54.54
영국령 중앙아메리카 (British Central America)	1,798	18,449.9	18.33
미국	4,489	7,629.5	7.58
싱가포르	391	3,477.4	3.45
홍콩	862	2,483.4	2.47
베트남	324	1,353.1	1.34
일본	398	1,102.2	1.10
파나마	52	1,090.1	1.08
태국	264	991.9	0.99
필리핀	121	499.0	0.50
한국	119	239.7	0.24
독일	124	132.9	0.13
기타	1,686	8,305.7	8.25
합 계	46,170	100,653.2	100.00

* 출처: 臺灣 經濟部 投資審議委員會 統計表
법무부, 「中國과 臺灣의 交流協力 法制研究」, 2008, p.137.

대만의 대륙 투자비중은 2006년 말 현재 54.5%로 영국령 중앙아메리카 18.3%보다 3배에 이르고, 미국 7.6%의 7배, 홍콩 3.5%보다는 17배나 달하고 있다. 이는 중국의 원자재 가격과 중국동포의

---

62) 臺灣 行政院大陸委員會, 「兩岸統計月報」 No.169, 표 13(我國對外投資統計 - 國家別) 참조.

노동력이 다른 국가보다 훨씬 경쟁력이 있어 대만경제에 도움을 주기 때문으로 분석된다.

2005년에는 대만 국민당 주석 롄잔이 대륙을 방문[63]하여 후진타오 중국공산당 총서기와 회담을 하는 등 다양한 평화교류 움직임이 전개되었다. 이 회담에서 양당은 첫째, 양안은 '九二共識', 즉 1992년 양안회담에서 합의한 '하나의 중국' 원칙을 견지하는 기초 위에 평등협상의 관계를 가능한 한 빨리 회복하여 양안관계의 건전한 발전을 추진하기로 하였다. 둘째, 국공 양당은 양안의 적대적 상태를 공식으로 종료하고, 평화합의를 체결하여 양안의 안정발전과 군사적 상호 신뢰시스템을 구축하기로 하였다. 셋째, 양당은 긴밀한 경제협력관계를 구축하고, 전면적·직접적·쌍방적인 三通을 포함한 해상·항공 직항로를 개방하며, 양안 간의 협상이 정상화된 후 양안 공동시장 문제를 우선적으로 논의한다. 넷째, 양당은 다양한 양안교류 조치 등을 논의하는 정기적인 소통경로를 건립한다는 점에 합의했다.[64]

이후 중국은 천수이볜 정부를 상대로 강온 양면의 다소 완화된 대만정책을 펴 왔다. 대만은 2008년 3월 총통선거에서 친인척 비리와 개인비리로 인기가 추락한 천수이볜이 몰락하고, 국민당의 마잉주(馬英九)가 총통으로 당선되면서 양안관계는 화해와 협력의 분위기로 옮아가고 있다.

2005년 국민당 주석 롄잔과 공산당 후진타오 총서기와의 대륙회

63) 2005년 4월 29일 대만의 국민당 주석 롄잔의 중국 대륙방문은 국민당이 1949년 공산당에 패하여 대만으로 이주한 후 60년 만에 처음으로 대륙 땅을 밟은 역사적인 사건이다.

64) "中國共産黨總書記胡錦濤與中國國民黨主席連戰會談新聞公報"(2005. 4. 29); 법무부, 앞의 책(2008), p.147.

담에서 합의한 '하나의 중국'이 앞으로 어떤 모습으로 나타날지 세계는 주목하고 있다. 이제 중국은 무력을 통한 대만 해방정책을 폐기하고, 교류협력을 통한 평화통일 정책을 강화할 것으로 전망된다. 21세기 세계화 시대에는 종교적 갈등 외에 분단을 이유만으로 전쟁을 벌이기에는 명분이 서지 않고, 또 세계 각국의 비난여론을 감당하기도 힘들기 때문이다.

따라서 중국은 2000년 이후 세계대국으로 급성장하고 있는 경제력을 중심으로 대만의 경제통합부터 시도해 나갈 것으로 분석된다. 경제통합이 이루어지면 양안주민들의 생활방식은 동일화될 것이고, 이후 교류협력은 보다 자유롭게 이루어질 것이라는 판단이다. 그런 뒤에 양안의 통일은 시간문제라는 생각을 중국 지도부는 하고 있을 것이다. 다만 양안의 통일방식과 속도는 양안 정치지도자의 의지와 주민들의 여론에 달려 있다고 하겠다.

3. 대만의 교류협력 정책

1949년 내전에서 패배한 대만의 기본인식은 대륙 본토의 회복이었다. 이것은 중화민국 초기 어떠한 대의명분보다 중시된 국가의 기본목표이며, 체제의 이념지표이다. 그러나 대만은 1979년 이후 중국의 제시를 무조건 거부만 해서는 대륙의 평화적인 공세에 효과적으로 대처할 수 없고, 국제적으로도 외교협력을 끌어내기 힘들다고 판단하여 대륙정책을 전환하였다.

이러한 정책의 변화는 1980년대 후반 급격하게 확대된 양안 간의 교류협력과 아시아 각 국가에 불어닥친 민주화의 열풍이 대만의 정치적인 구조 개편에도 영향을 미친 것이다. 이후 대만의 통일정책은 현실을 인식하고, 다원적인 의사표현을 수렴하는 방향으로 전환하였다. 이러한 인식은 장징궈(張經國)의 사망으로 인해 대만 내부의 정치적 상황이 국민당의 위상전환 문제를 야기하게 되면서 대만의 대륙문제에 대한 인식을 전환하는 계기가 되었다. 이후 리덩후이 정부는 총통 직속으로 「國家統一委員會」[65]를 설치하였다.

1991년 2월 23일에는 새로운 대륙정책과 통일문제를 명시한 ≪國家統一綱領≫이 국가통일위원회 제3차 전체회의에서 통과된 데 이어 다음 날에는 대만 행정원 회의에도 통과되었다.[66] 대만의 ≪國家統一綱領≫에서는 중국은 반드시 통일되어야 한다는 점이 강조되었고, "대륙과 대만은 모두 중국의 영토로서 통일과업을 완수하는 것은 중국인의 공동책임이다."라고 밝히고 있다. 또 대만과 대륙은 '대등한 정치실체'라고 명시해 대만의 대륙정책 방향과 양안 관계를 규범화하였다. 대만정부는 대륙이 대만에 대한 무력사용의 포기와 대만의 정치적 실체를 인정하는 동시에 중국의 정치적 민주화와 경제적 자유화 그리고 사회적 다원화에 전력을 다하고, 대만지구 인민의 권익을 보장받는 전제하에서만 양안 통일문제를 구체적으로 논의할 수 있다는 네 가지 입장을 보이고 있다.[67] 이 ≪國家統一綱領≫은 대만의 대륙정책에 있어 기본적인 방침일 뿐만

---

65) 대만의 국가통일위원회는 1991년 양안관계 발전을 도모하고, 중국통일을 촉진하기 위해 총통부 자문기관으로 설치됐다. 이듬해 국가통일위원회는 '하나의 중국'원칙 아래 중국의 대만에 대한 정치실체 인정과 양안의 교류접촉·협상통일 등 3단계 통일방안을 통일강령에 담았다.

66) 문흥호, 「홍콩반환 이후 양안관계 변화와 전망」(1996), p.122.

67) David Shambaugh, "Taiwan's Security: Maintaining Deterece Amid Political Accountability", The China Quarterly, No.148(December 1996), pp.12-84.

아니라 매우 중요한 문건으로 작용한다. 대만의 ≪國家統一綱領≫
은 추진단계를 3단계로 구분하고, 단계별로 주요정책 방향을 규정
하고 있다. 1단계는「交流互惠」단계로 중국이 대만의 정치실체를
부정하지 않으면서 평화통일 해결방식을 모색한다면 양안의 민간
교류 활성화는 물론 경제교류확대에 적극 나서 중국의 개혁개방을
돕겠다는 것이다. 2단계는「互信合作」단계로 양안이 대등한 입장
에서 공식적인 접촉창구를 확립하고, 대만의 국제조직 참여 및 활
동을 보장하면 三通(通郵, 通航, 通商)의 허용 등 직접교류를 할
수 있다는 것이다. 3단계는「協商統一」단계로 양안통일 협상기구
를 설립하고, 경제통합 및 民主・自由・均富의 三民主義 실현을
위한 헌정체제 개정연구 등 공동 통일대업을 논의할 수 있다는 점
을 명시하고 있다.[68]

중국의 북경 당국은 대표적 관영언론인 人民日報를 통하여 "臺
灣은 아직 三民主義를 폐기하기가 어려운 것 같다."는 정치적 평
가를 한 데 이어 홍콩의 文匯報를 통하여서도 ≪國家統一綱領≫
의 民主・自由・均富의 목표를 적시하며, 자본주의 실패로부터 사
회주의로의 복귀의사를 나타낸 것이라는 고도의 정치적 분석 코멘
트를 냈다.[69] 대륙학자인 任品生은「國統綱領」에 대해 대만이 중
국의 자극을 피하면서 공동의 인식을 증진하고, 양안관계를 완화하
며 경제발전의 이익을 추구하자는 뜻으로 분석했다.[70]

양안관계는 1980년대 이후 대만이 국내여론 변화와 경제력을 바

---

68) 黃昆輝,「大陸政策與兩岸關係」, 行政院大陸委員會(1993), pp.3－9.

69) 邵宗海,「兩岸關係」(台北：五南圖書出版, 2007), pp.694－695.

70) 任品生, "論台灣國統綱領與兩岸關係發展",「中華會」(1992. 12), p.156.

탕으로 중국의 개혁개방에 따른 거듭된 관계개선 제의를 수용함으로써 변화를 맞아 왔다는 점을 고려하면 앞으로도 양안관계의 진척 여부는 대만의 정치·경제적 변화가 주요한 변수로 작용할 가능성이 높다[71]고 하겠다.

(1) 리덩후이 양국론

국민당의 영원한 지도자였던 장제스가 1975년 사망한 뒤 대만을 이끌어 온 장징궈마저도 1988년 1월 사망하자 리덩후이가 국민당 후보로 총통선거에 출마하여 1990년 정식으로 총통에 선출됨에 따라 대만은 '대만사람'이 대만을 통치하는 시대로 들어갔다. 취임 초 리덩후이는 대만독립의 뜻을 감추고 조심스럽게 행동하였다. 1991년 2월 대만은 대내외적인 상황변화와 양안관계를 새롭게 규정할 수 있는 ≪國家統一綱領≫[72]을 발표하였다. 이것은 三民主義에 의한 통일방안보다는 현실적인 입장에서 통일문제를 직시하자는 것이다. 통일은 단기적인 목표가 아니라 장기적인 목표이기 때문에 원칙을 갖고 점진적으로 접근하자는 의도이다.

≪國家統一綱領≫에 명시된 대만의 통일원칙은 다음과 같다. 첫째, 대만과 대륙은 모두 중국 영토로서 국가통일의 촉진은 중국인의 공동책임이다. 이것은 '하나의 중국'을 의미하며, 1992년 8월 1일 국가통일위원회 제8차 회의에서 재확인되었다. 다만 중국이 주

---

71) 문흥호, "양안관계연구", 정재호 편, 『중국정치연구론』(서울: 나남출판, 2000), p.238.

72) 臺灣의 國家統一綱領은 民國 80년(1991년) 2월 23일 國家統一委員會 제3차 회의를 통과하고, 동년 3월 14일 行政院 제2223차 회의를 통과하여 시행되었다. 石之瑜, 『兩岸關係槪論』(台北: 揚智, 1999), p.294.

장하는 '중화인민공화국'이 아닌 1912년 설립된 '중화민국'을 기반으로 하는 것이다. 둘째, 중국의 통일은 전 인민의 복지로 귀결되어야 하며 당파 간의 싸움이 아니다. 이것은 '一國二地區'로 존재하는 현실 상황을 인정하고, 각자가 경제개혁을 통하여 인민들의 생활수준을 향상시킴으로써 통일기반을 조성해야 한다는 것이다. 셋째, 중국의 통일은 중화문화를 발양하는 것이며, 대만의 정치·경제·사회제도가 중국 공산정권에 편입되어서는 안 된다는 것이다. 넷째, 중국통일의 시기와 방식은 대만지구 인민의 권익을 존중하고, 대만지구 인민의 안전과 복지보장을 전제로 이성·평화·호혜·평등의 원칙에 의하여 단계적으로 달성해야 한다는 것이다.[73] 이로써 알 수 있듯이 대만의 ≪國家統一綱領≫은 중국의 '일국양제' 방식의 흡수통일론에 반대하고 교류를 통하여 단계적으로 통일을 이루어 나가자는 의도로도 해석된다.

리덩후이의 대만독립 의도는 냉전시대의 영향으로 대만이 대륙에 침탈당했다는 황가 집안의 정치인으로서 중공에 대한 반발 심리와 대만은 중화민국으로서 영속되어야 한다는 역사적 당위성과 자존심의 발로로 보인다.[74] 이러한 리덩후이의 독립에 대한 의도는 1991년 행정원 대륙위원회가 설치된 이후 정책화되어 시행되기 시작하였다.[75] 중국은 리덩후이의 '一國兩區'식 방안이 실제로는 '두 개의 중국'을 추구하는 분리주의 정책이라며 비난을 하면서도 이를 포용하기 위해 1993년 3월 싱가포르에서 개최된 대만의 「海峽交

---

73) 법무부, 앞의 책(2008), p.44 - 46.
74) 石之瑜, 앞의 책, pp.181 - 182.
75) 위의 책, pp.150 - 151.

流基金會」와 중국의 「海峽交流協會」의 '제1차 汪辜會談'76)에서 다루어진 양안 간 여러 문제를 다양한 방식으로 수용해 왔다. 그러나 리덩후이의 대만독립 사상은 1994년 4월 일본작가와의 담화에서 처음 공식적으로 나타났다. 장쩌민의 대만정책 8개항 즉, ≪江八條≫에 대한 화답으로 1995년 4월 8일 리덩후이 총통 명의의 6개 조항, ≪李六條≫로 불리는 신대륙정책을 발표하였다. 그 주요 내용은 "중국의 一國兩制 방식을 거부하고, 一國兩治의 기초 위에 통일의 방법을 찾아야 한다."는 것이다. 그동안 대만의 대륙정책의 최고지도원칙이라 인식해 온 ≪國家統一綱領≫과 배치되는 주장을 했다.

그리고 1999년 7월 9일 리덩후이는 양국론을 주창하면서 대만독립 세력의 장본인이 되었다. 이어 대만 행정원 대륙위원회는 1999년 8월 2일 양안관계를 '特殊的國家與國'의 관계로 리덩후이의 정책을 뒷받침했다. 리덩후이의 이러한 변신은 국제사회에 큰 충격을 주었다. 즉 중국의 위협과 대만의 대응 그리고 지역국가들의 우려 및 대만 내 각 정당의 각기 다른 주장 등은 대만의 안보환경에 구조적 변화를 조성하였다.

한편 이 시기 리덩후이는 대만의 국제적 지위강화를 국정의 최우선 과제로 두고, "중국을 승인한 국가와도 외교관계를 수립한다."는 쌍중승인(雙重承認)정책을 공식적으로 표명하였다.77) 리덩후이 정부가 대외정책을 강화하게 된 배경은 첫째, 국제사회에서 고립타

---

76) 제1차 汪辜會談은 첫째, 양안공증서 사증협의, 둘째, 양안 掛號函건 보상협의, 셋째, 양안회담제도화 협의, 넷째, 양안경제 및 문화교류 등 공동의제를 위한 4개항을 협의하였다.

77) The Government Information Office, Taipei - Washington Relation and the Roc's Pragmatic Diplomacy(1995), pp.1 - 15.

파를 요구하는 대만 내 여론을 해소하고 지지기반을 강화하려는 의도로 해석된다. 둘째, 대만의 정치적 실체에 대한 국제사회의 인식전환을 통해 국제적 지위를 강화하는 수단으로 활용하고자 한 것이다. 리덩후이 정부는 이를 위한 구체적 방안으로 UN가입, 대미관계강화, 아프리카·동남아 국가와의 외교 강화에 주력해 왔다. 결국 리덩후이의 양국론은 양안관계의 틀을 대내외적으로 자주성과 독립성, 대등성 속에서 인식할 수 있도록 하자는 의도가 담긴 것이다.[78] 하지만 리덩후이의 양국론은 국제사회에서 중국 주권에 대한 도전이자 중미관계에 대한 도전으로 받아들여졌다. 미국도 '하나의 중국'이라는 사실을 승인하고, 국제적으로 여러 차례 공식 발표한 바 있다.

따라서 중국은 리덩후이의 양국론이 그동안 미국과 중국 간의 '하나의 중국'에 대한 암묵적인 인식이 깨트려지고, 양안관계를 더욱 악화시켜 미국이 양안관계에 개입하게 되는 것을 우려하였다. 리덩후이의 양국론은 양안과 아태지역의 긴장과 불안정국을 초래하면서 양안의 평화적 대화를 군사적 대치상태로 몰고 갔으며, 평화통일 진행을 방해하는 결과를 초래하였다. 이로 인해 지금까지 쌓아 온 양안의 상호신뢰와 교류시스템을 원점으로 되돌렸다고 하는 평가까지 나오고 있다.

그러나 대만의 입장에서는 리덩후이의 양국론이 중국에 대해 위협을 가하는 것이 아니라 단지 양안관계의 기본자리를 매기는 입장을 밝힌 것이라며 긍정적인 평가를 하기도 했다. 이는 리덩후이의 양국론이 나온 이후 대만 내 여론조사에서 60% 이상의 국민이

---

78) 법무부, 앞의 책(2008), p.53.

현재의 양안관계의 법률과 현실의 차이를 정확히 반영한 것이라고 응답한 데서 잘 나타나기도 했다.[79)]

(2) 천수이벤 독립론

천수이벤(陳水扁)은 2000년 5월 20일 중화민국 제10대 총통에 취임할 당시 "중국공산당이 대만에 대해 무력을 동원할 의사가 없는 한 본인은 임기 내에 독립을 선포하지 않는다(不會宣布獨立). 국호를 변경하지 않는다(不會更改國論). 양국론을 헌법에 추가하는 것을 추진하지 않는다(不會推動兩國論立憲). 현상을 변경하는 통일이나 독립에 대한 투표를 추진하지 않는다(不會推動改變現狀的通獨公投). 또한 국가통일강령과 국가통일위원회 폐지문제는 없을 것(沒有廢除國通綱領與國統會的問題)임을 보장한다."는 四不一沒有(네 가지는 불가하고, 한 가지는 없다.)정책을 밝혔다.[80)]

그러나 대만 내부에서 대만독립의 움직임이 거세지자 천수이벤 총통은 대만독립으로 가는 첫 수순을 밟았다. 2002년 8월 3일 천수이벤 총통은 일본 도쿄에서 열린 세계대만동향연합회(世界臺灣同鄉聯合會) 제29기 연례회의에 화상치사를 통해 세 가지의 '一邊一國論'을 제창하였다. 첫째, 대만은 자신 스스로 민주·자유·인권·평화의 길을 걸을 것이다. 둘째, 대만은 다른 무엇의 일부분이 아니고 다른 누구의 일개 省도 아니며, 제2의 홍콩·마카오가 될 수 없는 하나의 주권독립 국가이다. 셋째, 중국의 '하나의 중국' 원

---

79) 법무부, 앞의 책, pp.56 – 57.
80) 법무부, 위의 책, p.56.

칙과 '一國兩制'는 대만의 현상을 바꾸는 것으로 우리는 받아들일수 없다는 것이다. 대만은 '一邊一國論'에 대해 1912년 중화민국 건국 이후 지금까지 국가의 법통이 중단되지 않은 한편 중국은 1949년 중화인민공화국 건국 이래로 그 통치권이 대만에 미친 적이 없기 때문에 양안은 두 개의 정치실체가 통치하고 있는 것이며, 대만은 절대 중국의 일부분이 아니라는 것이다. 그리고 대만은 제2의 홍콩·마카오 또는 중화연방으로 바뀔 수 없으며, 대만의 미래에 대해서는 오직 2,300만 명의 公民만이 선택하고 결정할 권한을 가진다고 밝히면서 양안의 진정한 협력은 중국 대륙이 '하나의 중국'이나 '일국양제'의 정치적 틀을 버리고, 대만에 대한 무력위협과 국제적 압박을 포기해야 가능하다고 주장했다.[81]

천수이볜 총통의 독립행보는 중국과 미국의 경고가 잇따른 가운데 이루어진 것이어서 향후 대만정국은 물론 양안관계의 갈등이 예상되었다. 후속 조치로 천수이볜 총통은 2006년 2월 27일 국가안전보장 고위급회의 후 기자회견을 열어 「국가통일위원회」의 활동을 중단하고, ≪國家統一綱領≫의 적용을 종식시킨다고 선언하였다.[82]

또 천수이볜 총통은 국가통일위원회의 예산은 더 이상 편성되지 않을 것이며, 소속위원들도 원래 자리로 복귀하게 될 것이라고 밝혔다. 이에 대해 외신들은 "대만의 최고 통일정책기구인 국가통일위원회와 국시인 국가통일강령을 폐지함으로써 사실상 대만독립을 위한 구체적인 움직임에 돌입한 것"이라고 분석했다. 천 총통의 이

---

81) 법무부, 앞의 책, pp.57 - 60.
82) 行政院大陸委員會, 「政府大陸政策重要文件」(2007. 11), p.26.

와 같은 결정은 주권재민의 민주원칙에 기초한 것이고, 중국이 군사적 위협을 지속적으로 가하면서 ≪反分裂國家法≫[83] 등 비평화적인 방법으로 대만해협의 현상을 일방적으로 변경하려는 시도를 해 왔기 때문에 취해진 조치라고 밝혔다.

중국정부는 천수이볜 총통의 국가통일위원회 활동중단과 통일강령 종식선언에 대해 신화통신 보고를 통하여 "대만의 독립을 절대 용납하지 않겠다."는 성명을 즉각 발표했다. 특히 중국은 대만이 2000년 이후 대만독립을 향한 실질적인 움직임을 보이는 데다 2004년을 전후하여 대만독립을 향한 법리적 가능성을 검토하면서 국민투표나 헌법개정 등의 방식을 불문하고 대만독립을 주장하는 목소리가 잦아지자 법률적 제재를 통하여 대응할 필요성을 인식하게 된 것이다.

미국도 "천 총통의 독립론에 전례 없이 강경하게 경고하면서도 앞으로 전개될 상황을 우려하고 있다."고 외신들은 전했다. 미국정부의 한 관리는 ≪國家統一綱領≫ 폐지문제는 2,300만 명 대만인의 이익뿐 아니라 3억 명의 미국민 이익과도 관련된 문제라며, 미국의 정책은 변화하지 않고 있는데 미국과 대만 간의 사이가 벌어진다면 이 일은 대만이 자초한 것이라고 못을 박았다. 전문가들은 중국지도부가 대만 야당지도자들의 중국 대륙방문 이후 유연한 태도를 취해 왔으나, 앞으로 강경노선으로 돌아설 가능성이 높다고 진단했다. 특히 미국은 대만이 독립을 돌출적으로 선언할 때 중국이 2007년 3월 제정한 ≪反分裂國家法≫에 의거하여 무력침공 규

---

83) 중국은 2005년 3월 14일 제10기 전국인민대표대회 제3차 회의에서 「反分裂國家法」을 통과시켰다. 대만의 독립의지 억제를 위해 구체적 근거를 제정한 법이다. 법무부, 앞의 책, p.69.

정을 적용할 것이냐는 것도 주목할 사안으로 보고 있었다.

천수이볜 총통의 독립주장에 대해 대만의 재야 정당인 국민당의 주석 롄잔은 "이는 경제와 안정·평화의 환경이 필요한 대만에 대한 재앙을 가져올 것이며, 2,300만 명 대만동포의 안전과 평화에 엄청난 위협을 가져올 것이다."라고 비판하였다. 대만의 학계에서도 천 총통의 주장에 대해 비판을 제기했다. 현행 대만 ≪헌법≫ 제4조 영토조항은 "中華民國의 영토는 그 고유의 강역(彊域)이며, 국민대회의 결의 없이는 변경할 수 없다."고 규정하고 있다. 또 증조헌법(增條憲法)[84] 제2조 제11항은 自由地區와 大陸地區 간 인민의 권리의무관계 및 기타 사무의 처리는 법률로써 특별히 정한다고 규정하고 있다. 따라서 대만이 주권독립국가라는 주장은 헌법상 근거가 없는 것이며, 대만은 헌법상으로는 '중화민국의 자유지구'로, 법률적으로는 '대만지구'라고 해석되어야 한다는 주장이다. 그러므로 대만의 '一邊一國論' 주장은 현행 헌법체계와 맞지 않다는 것이다.[85]

천수이볜 총통은 권좌에서 물러난 지금 친인척 비리에 이어 개인비리로 대만검찰의 조사를 받고 있다. 천 총통은 결국 국민들로부터도 외면당하여 사법기관에 의해 구속된 한편 국민당 보수세력의 부패에 염증을 느낀 대만 국민들의 포퓰리즘적인 지지로 권력을 쥐었던 대만 좌파세력에게 큰 위기를 안겨 주고 있다.

---

84) 대만의 헌법개정은 우리나라와 같이 기존 헌법 조문을 바꾸는 방식이 아니라 증조조문(增條條文)이라는 형식으로 원래 조문을 그대로 두고 개정된 내용을 추가하고 있다.

85) 邵宗海,「陳水扁"一邊一國"主張的分析與兩岸關係的影響」(2004), pp.12－13.

(3) 국민당의 교류협력론

중국 대륙으로부터 쫓겨 온 국민당은 한국전쟁 이후 냉전시기를 거치면서 장제스의 '대륙수복' 통일론을 최고의 가치로 설정하였다. 그러나 장제스 사망 이후 아들인 장징궈가 집권하고, 중국도 마오쩌둥의 사망으로 덩샤오핑이 집권하면서 양안관계는 화해의 분위기를 타게 된다. 이후 양안 간의 교류가 증가하는 가운데 1991년 총통으로 선출된 리덩후이가 《國家統一綱領》을 제정하여 대만의 자존감을 살리고, 평화통일을 이루는 방향으로 전환하였다. 대만의 《國家統一綱領》의 4가지 중점사항은 첫째, 중국적 통일과 '하나의 중국' 견지, 둘째, 무력사용 반대, 평화통일 견지, 셋째, 통일을 전제로 대만지구 인민의 권익존중, 넷째, 평화통일의 지속추진을 준수하는 것으로 규정되어 있다.[86] 하지만 대만 출신인 리덩후이 총통은 본성인의 자존심을 대변하기 위하여 1995년에 양국론을 주장해 중국과의 관계가 경색되기도 했다.

이어 2000년 민진당의 천수이볜 총통이 집권하면서 대만 독립론이 대두돼 동북아의 긴장과 함께 중미관계도 경색이 우려되었다. 그러나 양안문제로 국제정세가 경색되는 것을 원치 않는 미국과 중국의 의도가 일치하면서 천수이볜의 독립론도 리덩후이의 양국론처럼 대륙의 거대한 영향력 앞에 힘을 잃고 지금은 중국의 눈치를 살피는 상황에 직면했다. 현재 대만에는 대륙에서 건너온 국민당 간부들과 당원들이 많이 거주하고 있지만 이들은 예전처럼 대륙수복은 아니지만 경제통일로 인한 인적교류의 확대를 원하고 있

---

86) 邵宗海, 앞의 책(2007), pp.86-87.

다. 결국 중국이 이들과의 교류를 통해 대만의 독립론을 잠재우고 평화통일의 길을 모색한다면 국민당의 통일론은 다시 힘을 얻을 것으로 보인다.

대만의 독립론을 주장하며 국민적 인기를 얻어 총통에 당선된 천수이볜은 친인척 비리와 개인 비리가 잇따라 드러나면서 지금 국민들로부터 외면당하고 있다. 중국으로서는 통일론을 주장하기에 좋은 기회이지만 국제적인 시선이 복잡하게 얽혀 있고, 대만 국민이 참여하는 다음 총통선거에서 어떤 성향의 인물이 선출되느냐에 따라 통일문제는 상황이 달라질 것이다.

2008년 3월 대만 국민은 총통선거에서 국민당의 마잉주를 총통으로 선택했으며, 지금 대만은 급속하게 중국과의 화해와 협력의 분위기로 가고 있다. 그 결과 2008년 8월 베이징올림픽을 앞두고 대만 주민들이 중국 직항로를 이용하여 본토를 방문했고, 이에 화답해 중국 주민들의 대만관광이 허용되었다. 2005년 3월 당시 국민당 주석 롄잔이 중국을 방문했을 때 후진타오 중국공산당 총서기와 발표했던 합의사항을 그대로 이행하고 있다는 느낌이다.

마잉주 대만총통은 중국과의 전쟁위협을 피하기 위해 우방국이었던 미국·일본과 일정거리를 두는 '자주·등거리 외교'를 표방하면서 원칙적으로 '하나의 중국'에 동의하는 정책을 펴고 있어, 향후 대만과 중국의 급속한 경제협력과 통일논의가 주목된다. 그러나 마잉주의 '하나의 중국'은 중국이 주장하는 '하나의 중국'과는 개념이 다르다. 그의 '하나의 중국'은 헌법상의 '一中'을 의미하고, 中華民國을 함의하는 것이다.[87]

---

87) 邵宗海, 앞의 책(2007), p.162.

2005년 7월 국민당 주석에 선출됐던 마잉주 총통은 1992년 「國家統一委員會」[88] 당시 '九二共識'과 '하나의 중국' 원칙을 주장했다. 그래서 마잉주는 1992년 ≪양안인민관계조례≫(兩岸人民關係條例) 제정에도 적극적으로 찬성했다. 그는 중국 대륙과의 경제협력과 문화교류의 강화를 원했고, 양안인민의 권익보장을 위해 區際法律衝突 문제의 해결에도 적극적이었다. 그런 점에서 마잉주는 비평화적 방식의 양안관계 해결과 單邊主義를 배격했다. 2005년 9월 마잉주는 대만 둥센(東森)TV와의 회견에서 "국민당이 집권하면 2년 내에 三通直航을 완성하겠다."고 밝힌 바 있다. 하지만 마잉주는 양안통일에 대해 '하나의 중국'의 원칙을 고수하면서 아직 양안간의 협상과 국내여론 등 여건이 성숙되지 않아 현 상태를 유지해야 한다는 입장이다.[89]

4. 주변국의 정책

중국은 1992년 2월 대만을 비롯해 中沙群島, 東沙群島, 西沙群島, 南沙群島, 釣魚台群島 등에 대한 중국 영유권을 주장하는 ≪영해연구법≫(領海連區法)을 공포하였다. 이어 1992년 10월 장쩌민 총서기는 제14차 전국인민대표대회에서 '保衛國家領土, 領空, 領海主權과 해양이익, 조국통일과 평화안전'의 사명을 보고했다.[90]

---

88) 1979년 국민당 상무위원회에 의하여 입법과정도 없이 설치된 대만의 국가통일자문기구로 1980년 國家統一綱領 등을 제정하였다.

89) 邵宗海, 앞의 책(2007), pp.163 - 168.

90) 江澤民, "加快改革開放和現代化建設步伐" 「北京: 新華月報」(1992. 11), p.15.

이는 1991년 소련해체와 냉전시대 종언 이후 아태 정국이 영토 확장에서 해양 확장으로 급속하게 바뀌면서 미국이 미일안보조약과 호주, 한국, 필리핀, 태국 등의 국가에 안전협정의 중요성을 재차 강조하는 등 아태지역의 해양권 강화에 관심을 집중시켰기 때문이다.

중국은 이후 대만해협에서 대규모 군사훈련을 실시하여 해양권 강화와 대만통일에 대한 의지를 보여 왔고, 미국은 대만관계법에 의거하여 대만의 안전보장을 위해 항공모함을 급파하는 등 동맹체제의 의무를 다하였다.

중국은 미일안보조약이 미국의 아태지역 패권을 지속시키는 데 주축이 되고 있다는 사실을 인식하고, 1990년대 이후 미국과 일본이 주도해 온 아태 해양권에 경쟁하기 위해 세 가지 전략을 마련한다. 첫째, 아태지역의 새로운 힘을 구축하기 위해 해양발전계획을 강화한다. 둘째, 미일과의 아태지역 해양권 강화 과정에서의 충돌도 불사한다. 셋째, 1997년 장쩌민 주석과 빌 클린턴 미국 대통령과의 정상회담에서 밝힌 '건설적 전략관계'에 의거하여 해상안전을 기제로 한 해상권 경쟁을 본격화한다는 것이다.[91] 이러한 중국의 아태지역에 대한 해상권 강화는 무엇보다 대만과의 통일에 있어 중요한 거점 확보 전략에 따른 것으로 판단된다. 그런 후 중국은 대외적으로는 대만과의 평화통일 방침을 강조하는 한편 일본과는 동해 해역의 釣魚台群島에 대한 주권귀속경쟁[92]을 벌였고, 미국과는 서로 부담을 주지 않으려는 '건설적 전략관계'를 지속시키는 이

---

91) 張雅君, "中共與美·日的亞太海洋權競爭", 「臺北 : 中國大陸研究」(1998. 5), pp.6－7.
92) 중국은 영토의 개념을 자연연장원칙에 따라 대륙의 해저가 끝나는 대륙붕을 주장하고 있고, 일본은 해양중간선의 획분을 주장하고 있다. 李大光·尤小東, "東北亞地區安全形勢及基走向", 「國防」(1997. 6), p.21.

중전략을 구사하고 있다.

(1) 미국의 정책

제2차 세계대전이 진행 중인 1942년 7월 미국은 전후 대만의 앞
날에 대해 논의한 적이 있었다. 그들은 전후 대만에 대해 3가지 가
능성을 분석하였다. 즉 독립과 자치, 중국에 반환, 신탁통치였다.
1943년 12월 1일 미국, 영국, 중국 3개국 수장의 회담결과를 공포
한 '카이로선언'[93]은 대만과 만주에 대한 중국의 주권을 확정하고,
대만은 중국에 반환돼야 한다고 선포하였다.

하지만 미국은 냉전시기에는 대만이 극동지역에서 미국의 중요
한 전략적 요충지이기 때문에 대만을 쉽게 중국에 반환해서는 안
된다고 주장하였다. 이후 미국의 중국에 대한 대외정책은 양안통일
을 원하지 않는 기조를 분명히 하였다. 1949년 1월 19일 미국 국
가안전위원회가 제출한 '대만에 대한 미국의 입장보고'에서 미국정
부는 처음 정식 공문으로 대만을 본토와 분리시키는 것을 기본목
표로 확정하였다. 그러나 1950년 6월 27일 트루먼 미국 대통령이
대만주권은 중국의 것이라고 예전과 상반되는 성명을 발표한 한편
다음 해 4월 10일에는 ≪대만관계조약≫(台灣關係條約)[94]을 맺음
으로써 '하나의 중국'에 대한 모호한 정책을 실시하였다. 미국의 대
만에 대한 대외정책은 수차례 오락가락하는 모순된 변화가 있었다.

---

93) 제2차 세계대전이 연합군 승리로 굳어진 1943년 11월 22일부터 5일간 미국의 루즈벨트 대
   통령과 영국의 처칠 총리, 중국의 장제스 주석이 일본이 강점한 국가의 독립과 반환을 논의한
   이집트 카이로회담 결과를 발표한 선언이다.
94) 미국이 한국전쟁 당시 공산주의의 확산을 막기 위해 대만과 맺은 우호조약이다.

미국은 1954년부터 1978년까지 대만과의 ≪共同防禦條約≫ 아래 1950년대 있은 중국의 대만해협에 대한 봉쇄와 무력공세에 항공모함을 급파하여 대만을 지원하는 등 중국의 무력공세를 적극 저지하는 의무를 다하였다. 이것은 미국이 냉전시기에 중국의 대만 공산화를 우려하며, 대만을 통해 동아시아권역에 중국의 공산주의 확산을 막으려는 의도가 깔려 있었던 것이다.

미국은 냉전 이후 중국의 경제개혁과 경제정책의 변화에 대해 상당한 관심을 갖게 됐고, 대만정책도 냉전시기와는 다르게 판단하게 되었다. 냉전시기 미소 양극체제에서 중국을 지렛대로 활용하던 미국은 1971년 중국과의 '핑퐁외교'로 미중관계를 개선하고, 1979년에는 정식으로 국가 간 교류를 수립했다. 국교수립에 대한 중국의 3대 원칙은 첫째, '하나의 중국'의 중국적 입장을 인정하고 대만과 단교를 한다. 둘째, 중화인민공화국을 중국의 유일한 합법정부로 인정하고, 미국과 대만 간의 공동방어조약을 종결한다. 셋째, 대만으로부터 미군 철수이다. 미국은 중국과의 관계개선을 위하여 대만과의 정부 간 공식관계를 비공식관계로 전환하는 ≪台灣關係法≫[95])을 제정하여 국회동의를 받았다.[96]) 미국은 1978년 덩샤오핑 집권 이후 중국이 개혁개방정책을 펴는 등 중국정부의 '평화통일'과 '하나의 중국' 방침이 잇달아 천명되자 이를 인정하는 태도를 보이기 시작했다.[97])

중국이 경제발전으로 강대해지면 대만과의 통일논의에 유리한

---

95) 대만관계법은 냉전시기인 1980년대까지 미·중·소 3각 관계에서 미국의 이익을 극대화하려는 전략으로 1979년 제정한 미국 국내법이다.

96) 朴國炯, "論台灣關係法與台海危機", 「海峽評論」(1996. 7), p.28.

97) "美國認知臺灣是中國的一部分", 「中國建交公報」第7号(1979).

위치를 점유한다는 것은 당연한 이치이기 때문이다. 또 미국은 더이상 중국과의 적대적 관계는 자국에 이익이 되지 않는다고 판단하고, 경제력으로 세계를 이끌어 가겠다는 정책의 변화를 추구한다. 그리고 중국의 경제개혁으로 인한 경제발전이 세계에 새로운축으로 부상하게 되면서 미국은 중국과의 평화적인 교류에 눈을돌리며 대만정책에 변화를 추구하게 된다.[98]

세계 각국의 관심이 국가안전을 위한 군사경쟁에서 경제부국으로 전환되면서 미국도 자국의 이익에 맞게 대외정책을 변화시키게된 것이다. 이후 1994년 클린턴 정부의 한 관계자는 대만정책평가(臺灣政策評估)에서 지금까지 미국이 양안에 대해 견지해 온 '하나의 중국' 정책이 장래 중국적 입장을 인정하는 방향으로 전환될 수있다고 기고했다. 1997년 10월 미국의 클린턴 정부는 중국의 '하나의 중국' 정책을 고수하는 가운데 대만의 민주번영과 미중·미대만·중대만 3각 관계의 성장을 천명하는 '미중 연합성명'을 발표했다. 이어 미국은 1998년 북경에서 있은 미중 고위급회담에서 "대만의 三不政策은 유지돼야 하지만 대만의 독립과 대만의 '一中一台'는 지지하지 않는다."는 3개항의 원칙을 천명하는 '미중 연합성명'을 발표했다.[99]

1999년 9월 미국의 클린턴 대통령과 중국의 장쩌민 총서기는 뉴질랜드 오클랜드에서 개최된 APEC 정상회담을 통해 중국의 '하나의 중국' 원칙과 양안대화, 평화해결 지지 등 '3대 지주'를 재확인함으로써 미국의 대만에 대한 정책변화 가능성을 확인했다. 이러한

---

98) 張宏毅, "中國的發展與美國的對華政策走向", 「海峽評論」(1996), pp.20-21.

99) "當前美國對兩岸的政策與可能變化", 「臺灣大學討論會論文集」(1999. 10. 16), pp.25-27.

미국의 대만정책의 변화는 1990년대 이후 중국경제가 급성장하면서 동북아 및 세계질서에 큰 변화가 예상되자 옛 동맹국이었던 대만의 '一中一台'와 '대만독립' 주장을 지지하지 않는 이중적인 태도를 취했다는 비판도 받고 있다. 그 이유는 미국이 중국과 대만의 통일을 진정으로 원하지 않는 데다 중국과의 교섭과정에서 항상 대만카드를 내놓을 수 있는 이점이 있기 때문이다.

미국은 냉전시대 이후에도 세계패권 국가로서의 독주를 계속하겠다는 심리를 갖고 있기 때문에 양안의 통일 움직임에 불안을 느껴 온 게 사실이다. 미국은 머지않은 앞날에 미국의 정치·경제·군사패권에 도전할 수 있는 나라는 중국뿐이라고 생각하고 있다. 미국은 중국의 통일과 강대해짐을 원하지 않는다. 그래서 양안에 대한 이중적 정책으로 통일을 억제하려는 것이다. 그렇다고 미국은 대만의 독립을 원하는 것도 아니다. 미국은 양안의 분단상태가 지속되는 것이야말로 동아시아권역에서 패권을 유지하는 데 최소의 비용으로 최대의 효과를 거둘 수 있다고 판단하기 때문이다.

대만의 리덩후이가 '양국론'을 주장했지만 미국 클린턴 정부가 이를 지지하지 않고, 중국의 '하나의 중국'[100) 정책에 힘을 실어 주는 성명을 발표한 주된 이유도 바로 미국의 양안에 대한 이중정책의 일환이다. 미국이 대만문제로 중국과 전면전을 치를 생각이 없는 한 '양국론'의 실행은 없을 것이다.

대만문제는 당사자인 중국과 대만뿐만 아니라 중미관계에 있어서도 가장 민감하고 중요한 문제이다. 어쩌면 미국의 대만정책과

---

100) 대만은 중국의 '평화통일', '하나의 중국' 원칙이 중화인민공화국을 중국 전체를 대표하는 국가라고 대내외적으로 천명하는 책략이자, 중화민국의 존재를 부정하는 책략으로 판단하고 있다. 行政院大陸委員會, 「關於中共 '一個中國' 策略分析」(1996. 12), p.2.

중국 내정에 대한 간섭은 오늘날까지 대만문제가 해결되지 못하는 중요한 요인 중의 하나일 수 있다. 그만큼 양안의 통일은 세계정세와 주변국들의 역학관계 변화에 의해 큰 영향을 받아 온 것은 사실이다. 따라서 미국은 양안의 통일문제에 대해 항상 자신의 실리를 찾는 방향으로 결론을 내릴 것으로 판단된다.

(2) 일본의 정책

일본은 미일동맹체제를 공고히 하여 동북아지역에서의 안보강화와 시장의 안정적 확보 등을 통한 국가이익을 최우선 정책목표로 삼고 있다. 안보 측면에서 일본은 미일동맹체제하에서 안전보장을 모색하면서도 경제력을 바탕으로 정치·군사대국의 지위를 확보하고자 한다.

이와 관련하여 1994년 9월 고노 요헤이(河野洋平) 전 외상은 유엔총회 기조연설을 통하여 유엔안전보장회의 이사회 상임이사국[101] 진출의사를 명시적으로 표명하고, 거부권이 있는 상임이사국의 지위확보를 위해 유엔회원국에 대한 외교적 활동을 적극적으로 추진하였다.

일본은 구소련 붕괴 이후에도 러시아의 극동 군사력을 여전히 위협적인 것으로 인식하고, 1997년 11월 하시모토 류타로(橋本龍太郎), 당시 일본총리가 러시아를 방문해 우호적인 협력관계를 모색했다. 이후 1998년 4월 옐친이 일본을 방문한 데 이어 11월에는

---

101) 국제연합(UN)의 한 기관으로 회원국의 평화와 안전을 담당하는 기구로 상임이사국은 현재 러시아, 미국, 영국, 중국, 프랑스, 5개국이다. 안전보장이사회의 결정은 유엔헌장에 의거해 회원국들이 반드시 따라야 한다. 본부는 뉴욕에 있다.

오부 게이조 일본총리의 러시아 방문으로 이루어진 정상회담에서 북방 4개 섬(쿠릴열도 남단 4개 섬)과 관련한 양국의 국경선 문제를 협의할 소위원회를 설치하는 데 합의했다.

러·일 양국 정상은 회담 후 모스크바선언을 채택함으로써 양국의 협력관계를 새로운 차원으로 끌어올린 것으로 평가했다. 일본은 중국과의 외교활동에도 적극적으로 나서 국교수립 25주년을 맞은 1998년 11월 중국 국가원수로는 처음으로 장쩌민 주석의 방일로 이루어진 정상회담에서 '평화·발전을 위한 우호협력 파트너십 구축'에 관한 공동선언문을 발표했다.

두 나라 정상은 공동선언문에서 대만은 중국 영토의 일부라는 종래의 입장을 다시 확인하고, 양국 간 경제협력과 북한 관련 동북아 안보문제 등 광범위한 분야에서 상호 협력하기로 합의하였다. 그러나 일본은 지역강국으로서 중국과 경쟁이 불가피하다고 생각하고 있으며, 특히 동·남지나해에서 중국의 군사력 증강을 우려하고 있다. 이러한 인식을 바탕으로 일본은 미일 방위체제를 통해 방위력 증강과 군사력 현대화 등의 정책을 추진했다.[102]

1998년 8월 말 북한의 미사일 발사 후 9월 23일 개최된 미일 정상회담에서 미사일방위체제(TMD)를 국축하기로 합의한 후 일본은 정찰위성 도입을 발표하고, 방위력 증강 및 군사력 현대화 정책을 추진했다. 이미 1987년 나카소네(中曾根) 내각은 'GNP의 1% 이내'라는 방위비 상한선을 철폐하였다.[103]

---

102) 일본은 1995년 11월 냉전종결과 소련해체 등 국제전략 환경의 변화를 반영하여 지난 50년간 지켜 온 방위정책의 기본방향을 수정한 〈신방위대강〉을 발표하였다.

103) 1987년 일본의 방위비 예산은 전년에 비해 1.6% 늘어난 4조 1,996억 엔으로 3년 만에 증가했는데, 20년이 지난 지금은 방위군 개념의 자위대마저 공격형으로 바꾸는 헌법 개정

뿐만 아니라 일본은 경제력에 상응하는 정치·군사적 역할도 증대하여 한반도에 대한 영향력도 확대하려 하고 있다.[104] 이 목표를 위해 일본은 그동안 '두 개의 한국' 정책을 견지하며, 남북한과 동시 교류를 통해 자국의 실리를 구하여 왔다. 일본은 대외적으로는 남북한의 평화통일을 표방하면서도 속으로는 남북한의 통일에 중립적인 입장을 견지할 것으로 전망된다. 이것은 중국의 동북아시아에 대한 패권정책을 견제하려는 의도인 한편 자국의 영향력 확대를 위한 이중포석이기도 하다. 그런 점에서 일본은 중국과 대만의 통일에 대해 대외적으로는 중국 내부 문제로 공개적인 표현을 자제하면서도 내심으로는 일본이 동아시아에서 헤게모니를 유지하는 데 결코 바람직하지 않은 구도라고 생각하고, 통일이 지연되기를 희망하는 이중적인 태도를 계속 보일 것으로 예측된다.

특히 일본은 21세기 들어 중국경제의 급부상을 우려해 온 가운데 최근에는 대만 국민당의 마잉주 정권이 대륙과 '하나의 공동시장'을 위한 양안협력정책을 가시화해 나가게 되면 일본경제에 큰 영향을 미칠 것을 우려해 신경을 곤두세우고 있다. 따라서 일본은 홍콩·마카오의 중국반환에 이어 양안이 통일되면 동북아시아에서 일본의 정치경제적 위상약화가 예상되는 만큼 향후 미일 간의 동맹관계를 더욱 공고히 하고, 한국과도 역사 교과서 왜곡 등으로 인한 불필요한 충돌을 피하면서 중국 대륙과 대만의 통일논의 과정을 예의 주시할 것으로 판단된다. 만약 양안이 전격적으로 통일을

을 해 국제적으로 비난을 받고 있다.

104) Jungsuk Youn, 「Japanese Attitute to the Question of Korean Unification」, East Asian Review, Vol. iv No. 1(Spring 1992). p.33.

선언하면 동아시아에서 일본의 지위는 상당부분 저하될 것이고, 한국도 중국과의 관계설정에 따라 지금의 위상이 크게 달라질 것으로 전망된다.

(3) 러시아의 정책

동북아에 있어서 러시아의 국가이익은 무엇보다도 접경지역으로서 중국과 북한, 한국 등 동북아지역에 대한 지정학적 이해와 아태지역의 경제적 잠재력에 근거한 地經學的 이해에 기초하고 있다. 러시아는 안보차원에서 구소련 이래 동북아의 전략적 중요성을 충분히 인식하여 왔다. 이것은 러시아가 동북아지역의 세력균형 관계를 자국에 유리하게 이끌지 못하는 한 아태지역 전체에 대한 영향력 행사가 어렵다고 느끼기 때문이다.

특히 러시아의 안보정책은 역내 전략 환경을 러시아에 불리하지 않도록 전체적인 군사적 균형이 이루어지는 방향으로 조성하여 역내문제에 심도 있게 관여한다는 목표하에 추진되고 있다. 러시아의 동북아 정책목표는 첫째, 군사전략적 측면에서 역내 신국제질서 재편과정에 적극 동참하는 것이다. 둘째, 일본의 재무장 및 군사대국화를 견제한다는 것이다. 셋째, 중국의 반러시아화 방지이다. 넷째, 한반도 문제에 대한 영향력 확대이다. 다섯째, 역내 군축의 실현이다. 여섯째, 한국이 미국과 중국의 영향권 안에 들어가지 않는 범위에서 다자간 안보협력체제[105]를 구축하는 것이 주요 내용이다.

---

105) 냉전시대에는 두 나라 간 동맹을 통해 동북아문제를 풀어 가던 것을 해빙시대에는 한·미·일·북·한 등 6자회담과 같은 다자간 협의로 안전보장과 평화·공동번영을 모색하는 체제를 말한다.

러시아는 동북아지역에서 시베리아 및 극동지역 개발과 관련하여 중요한 경제적 이해관계를 갖고 있다. 특히 미국과 일본·한국의 경제력이 시베리아 개발뿐만 아니라 전반적인 러시아의 경제발전에 기여할 수 있는 부분이 적지 않으며, 중국 및 북한과의 경제협력도 중요한 것으로 여기고 있다.

러시아는 구소련 당시 북한을 공산화하여 위성국가로 만든 만큼 한반도와 매우 밀접한 관련이 있다. 그래서 러시아는 최근 중국의 급속한 경제발전과 일본의 군사력 강화 등 크게 달라진 국제정치 상황 속에 자국의 입지강화를 위해 한반도정책에 신경을 쏟고 있다. 특히 북한에 남북한 직접대화를 유도하며 개방을 요구하고 있고, 한국과의 경제교류 확대를 통한 러시아의 경제발전에도 염두를 두고 있다. 또 러시아는 한국의 김대중 정부시절 남북한 간의 경의선 철도연결회담이 장기적으로 러시아의 TSR[106] 철도연결계획과도 연결되는 문제여서 한국과 러시아의 공동개발에도 관심을 보여 왔다. 이를 위해 푸틴 대통령은 2000년 7월 러시아 지도자로서는 처음으로 북한을 방문하여 김정일 위원장과 2차례 정상회담을 갖고, 동북아 및 한반도 정세·미사일문제 등에 대한 11개 항의 북·러 공동선언을 한 바 있다.

프리마코프 러시아 전 총리는 시베리아 횡단철도(TSR)와 한반도 종단철도(TKR)가 연결되면 북한도 많은 경제적 혜택을 볼 수 있어 북한 정권이 좀 더 유연한 정책을 추구할 것으로 전망했다. 그는 또 2008년 말 미국 대선에서 누가 당선되던 부시 행정부처럼 일방적이지 않고, 러시아와의 관계가 개선되기를 바라고 있었다. 현재

---

106) Trans Siberia Railroad의 약자로 동북아시아와 유럽을 잇는 시베리아 횡단철도를 말한다.

러시아 상공회의소 회장을 맡고 있는 프리마코프는 2008년 9월 한·러 정상회담에서 합의한 가스관의 북한 통과문제에 대해서도 러시아 기업들이 지선을 적극 건설 중이라고 밝혀 앞으로 러시아가 국제사회에서 정치경제적인 영향력을 넓혀 나갈 것으로 전망됐다.[107]

최근 러시아는 한반도 평화문제를 위한 6자회담에도 적극 참여하고 있다. 그런 점에서 러시아는 대만의 마잉주 총통이 취임한 후 중국 대륙에 제안한 양안의 '하나의 공동시장'에 주목하며, 앞으로 양안통일이 몰고 올 정치적 충격과 동아시아 질서 재편에도 대비할 것으로 판단된다.

이러한 러시아의 대외정책은 대통령이었던 블라디미르 푸틴이 3선 금지규정에 묶여 2008년 대선에 나오지 않아 변화를 맞을 것으로 관측됐으나, 대학 후배인 드미트리 메드베데프 제1총리에게 대통령 자리를 물려주는 대신 자신은 총리로 변신하여 권력을 유지하고 있는 만큼 지금까지의 대외정책은 지속될 것으로 예측된다. 또 러시아는 2008년 9월 초순 세계 언론에 공개적으로 보도된 북한 김정일 위원장의 와병설에 대해서도 예의 주시하고 있다. 김정일의 중병으로 북한의 후계구도와 권력체계가 바뀌면 북한을 둘러싼 주변국의 영향력이 새롭게 재편될 것은 당연한 사실이고, 이후 러시아의 영향력이 지금보다 확대되기를 원하고 있기 때문이다.

국내의 국제관계전문가들 중에는 만약 김정일에게 이상이 생기면 동아시아 질서에 큰 변수로 작용하는 것은 물론 중국과 러시아의 북한 쟁탈전이 치열하게 벌어질 것으로 분석하기도 한다.[108] 따

---

107) "시베리아 철도가 연결되면 北정권이 유연해질 것"(조선일보 A 8면, 2008. 10. 31).
108) "전문가들이 내다보는 한반도 정세"(조선일보, A 3면, 2008. 9. 12).

라서 러시아의 대외정책은 동아시아 질서가 중국 중심으로 이루어지는 것을 좌시하지 않고, 어떤 식으로든 제동을 걸고 나설 것으로 판단된다. 그것이 경제적인 것이 되었든 정치적인 것이 되었든 간에 동아시아 국가들과 협력을 강화해 나갈 것으로 보인다.

그런 점에서 현재 러시아가 가장 무게를 두는 대안은 러시아 경제가 성장할 때까지 양안의 통일 상황을 지연시키는 전략이 될 것으로 분석된다. 이 전략은 중국과 대만의 통일문제뿐만 아니라 북한 핵문제 등 한반도를 둘러싼 6자회담과 남북한 통일 등 동아시아의 질서변화와 관련된 여러 사안에 대한 러시아의 발언권 강화로부터 나올 것으로 전망된다.

(4) 한국의 정책

한국의 양안정책은 현실적으로 양면정책이 될 수밖에 없다고 하겠다. 외교적 표현으로는 실리외교라고 하겠다. 한국은 구한말 근대화 시기 이후 중화민국과 인연이 깊다. 1911년 쑨원의 신해혁명 이후 대륙에 분 삼민주의는 일본을 오가던 젊은 조선의 신지식인들에게 영향을 미쳤다.

항일운동으로 중국 대륙을 오고 가던 조선의 독립운동가들과 지식인들은 1925년 쑨원의 사망 전까지 쑨원의 혁명정신에 감화를 많이 받았으며 이후 장제스의 국민당과도 좋은 관계를 맺게 된다. 이 인연으로 장제스는 1943년 11월 27일 미·영·중 수뇌부가 모인 '카이로선언'에서 일본을 응징한 후 전후 처리에서 대만과 펑후 열도의 해방과 함께 한국의 독립을 보장하는 특별조항을 만드는 데 기여를 하게 된다. 이러한 역사적 인연은 일제의 항복 이후 장제스의 국민당이 중국의 공산당에 패퇴하여 대만으로 이주한 이후에도 지속적으로 한국과 우호적인 관계를 유지하는 계기가 된다.

당시 국제정세는 미국과 소련의 이데올로기 싸움이 극에 달하여 세계국가가 좌우로 갈라지는 냉전시대를 맞이했는데 미국의 도움으로 민주주의 국가로 독립된 한국은 장제스가 이끄는 대만과의 관계를 굳건히 하게 된다. 하지만 한국은 공산주의 독자노선을 걸어오던 중공이 1979년 덩샤오핑의 개혁개방정책으로 서서히 경제가 성장하면서 국제적인 영향력이 커지자 노태우 대통령의 북방정책[109]에 따라 1992년 8월 24일 대만과 단교를 하고 중국과 전격적으로 수교를 하게 되면서 대만과는 사이가 벌어지게 된다. 국제외교에서 "영원한 동지도 적도 없다."는 격언이 실제 펼쳐진 것이다.

반면 중국은 6·25 한국전쟁 당시 북한군 편에 서서 한국을 침공한 나라로 한국과는 40년 가까이 적대국 관계에 있었다. 그러던 것이 1992년 '한중수교'를 맺음으로써 미국과 대만, 한국과 대만의 우방관계는 변화를 맞게 된다. 북한은 중국의 변신에 큰 충격을 받아 8년간이나 중국과 교류를 단절한 가운데 '한중수교' 다음 날 미국에 관계개선을 제의하는 아이러니한 일이 벌어지기도 했다. 당시 미국도 중국의 경제성장을 염두에 두고, 중국과 수교를 함으로써 대만은 국제무대에서 고립 위기에 놓였다. 이후 중국은 '하나의 중국' 원칙하에 대만의 UN가입에 강력히 반대하는 한편 대만과 수교를 하는 국가와는 교류를 하지 않는 정책을 계속 펴 왔기 때문에

---

109) 당시 노태우 대통령이 소련의 해체와 중국의 부상으로 국제질서가 변화할 조짐을 보이자 그동안 적대국가였던 중국과 소련과의 수교를 위해 채택한 외교적 명분이 북방정책이다. 한국은 소련과 1990년에 수교를 했고, 헝가리와는 1989년에 수교를 했다.

대만은 국제적으로 더욱 어려운 상황에 놓이게 되었다. 중국은 '한중수교'를 계기로 대만과 일본을 견제하는 호재를 얻게 됐고, 국제사회에서도 미국을 견제할 수 있는 국가로 부상하게 된다.

하지만 역사는 정체되지 않고 변화하기 때문에 최근 대만의 마잉주 정부가 중국과 '三通'의 전면실시에 합의함으로써 한국은 미묘한 입장에 처하게 됐다. 대만이 한국을 어떻게 보느냐에 따라 장차 대중국과의 관계에도 변화가 예상되기 때문이다. 물론 여기에는 미국의 동아시아 정책 기조가 중요하다.

그래서 한국은 중화사상에 대한 깊은 이해와 국민당과 공산당의 관계변화를 주목하면서 실리외교를 추구해야 할 것이다. 현재 세계 국가의 외교력은 국방력보다 경제력에서 나오는 만큼 중국과 대만이 넘볼 수 없을 정도로 한국의 경제력을 키워 나가야 한다. 중국은 홍콩·마카오 회수에 이어 대만까지 통일을 이루게 되면 그야말로 세계대국으로 부상할 것이다.

한국은 오늘날 양안의 관계변화를 보면서 미래에 대한 준비를 해야 한다. 양안의 통일을 지연시키려는 미국이나 러시아·일본 등의 정책과는 달리 인접국으로서 양안 통일의 파장을 면밀히 분석하고, 우리에게 이득이 될 수 있는 방안을 찾아내야 한다.

결론적으로 한국은 '양안의 통일'에 대해 초연하면서도 경제적인 실리를 얻는 외교정책이 중요하다. 그리고 향후 북한과의 통일논의 과정에서 양안이 한국의 입장을 지지할 수 있도록 양안과의 경제협력과 민간교류를 확대하는 방안도 적극 모색해야 한다. 그런 점에서 이명박 대통령이 2008년 5월 27일 중국을 방문하여 후진타오 주석과의 정상회담을 통해 '한중관계'를 '전략적 협력파트너'로 격상시킨 것은 매우 긍정적으로 평가된다.

한국은 양안의 '三通'합의 직후 대만이 동북아 무역중심도시[110)를 내세우고 있는 점에도 적극적으로 대비해야 할 것이다. 또 대만의 야당인 민진당이 양안 통일에 적극 반대하고 있고, 대만 주민대다수가 '현상유지'를 원한다는 사실에도 주목해야 하겠다.

제3절 소결

중화사상은 중국 사람들을 하나로 묶는 큰 문화임은 분명하다. 이것은 종교 이전에 중국 사람들이 수천 년의 생활 속에서 체득한 생활관습이 사상으로 변화된 것으로 해석된다. 중국이 마오쩌둥의 혹독한 사상투쟁기간인 문화대혁명 시기를 거치고도 지금의 경제성장을 이룬 것은 바로 중화사상이 사라지지 않고 살아 있었기 때문으로 평가된다. 또 중국과 대만이 각각 다른 체제하에서 60년의 세월을 보냈으면서도 오늘날 통일에 대한 염원은 바로 중화사상이 항상 그들의 마음속에 자리 잡고 있기 때문이다.

중국과 대만은 그동안 양안의 통일을 위해 '무력통일 시기'와 '무력통일·평화통일 병행시기', '평화통일 시기' 등을 거치면서 숱한 어려움을 겪어 왔다. 그 과정에서도 양안은 경제교류를 통해 서로 경제를 살리고, 교류협력을 통해 양안 주민 간의 이해를 넓히려

110) 동북아 무역중심도시는 현재 한국의 부산과 중국의 다롄, 톈진, 일본의 후쿠오카 등이 구상을 해 왔는데, 최근 대만이 중국과의 三通 합의 이후 전격적으로 뛰어들어 앞으로 동북아 무역중심도시를 놓고 환태평양 해안도시 간에 치열한 경쟁이 예상되고 있다.

고 노력해 온 것도 중화사상이 기저로 작용했기 때문에 가능했다.

양안은 각기 다른 체제에서 서로 다른 의미의 통일을 주장하며 상당히 오랜 기간 이념투쟁을 하면서 세월을 보냈다. 중국은 1990년대 들어 세계가 화해와 공존의 시대로 변화해 가는 시점에 대만의 리덩후이 총통이 '양국론'을 주장하고, 2000년 초 천수이볜 총통이 '독립론'을 주장함에 따라 이를 불식시키기 위해 ≪反分裂國家法≫을 제정하는 등 강력대응에 나서 양안이 무력충돌 직전까지 가는 긴장상태에 돌입한 바도 있었다.

양안 간에는 통일방안을 둘러싸고 여러 난관이 있었지만 결국 인적·물적 교류를 기반으로 오늘날 화해와 협력의 물꼬가 터지는 계기를 맞게 되었다. 그동안 여러 가지 정치적인 어려움 속에서도 상호 간의 교류협력의 확대와 관련 분야에 대한 법제화의 노력이 양안 지도부의 의식을 변화시켜 왔고, 또 세계질서가 예전의 이념이나 군사력보다는 경제력을 우선시하게 되면서 양안의 관계를 점점 달라지게 만들고 있다고 하겠다.

제3장

양안의 법제변화

현재 중국의 법률은 ≪中華人民共和國憲法≫을 국가기본법으로 하여 그 아래에 각종 법률로 구성되어 있다. 법률체계는 헌법을 정점으로 법률·행정법규·지방성 법규·자치조례·단행조례 순으로 구성되어 있다. 최종적으로 전국인민대표대회에서 상호 저촉 여부를 판단하고 효력을 결정하는 일을 하게 된다.[111] 이 외에 법규성 문건이 존재하여 행정법규와 지방성 법규와의 관계의 혼동을 일으키게 하는 경우도 있다.[112]

중화인민공화국의 법규범은 공산당의 영도 아래 사회주의 기본원칙을 견지하며 전국 인민이 개혁개방·자력갱생·부국건설에 주체적으로 참여하여 제정하는 것을 기본원칙으로 한다. 그 기본원칙에는 다섯 가지가 있다.

첫째, 사회주의 법제도적 통일과 존엄성을 유지한다. 이 원칙은 민주집중제와 법률의 권위를 구현해 나가자는 것이다. 둘째, 사회주의적 민주를 발전시키기 위해 인민들의 경제활동과 입법참여를 보장한다. 셋째, 유물주의 사상을 기본으로 과학적이고 합리적인 주체규범을 만들어 나가며 권리와 의무·책임을 실현한다. 넷째, 입법 활동에 있어 원칙성과 유연성을 합하여 변증법적 유물주의 사상을 발전시켜 나간다. 중국의 구체적인 정황을 고려하여 변화와

---

111) 鈴木 賢, 「現代中國法入門」(東京: 有斐閣, 1998), p.88.
112) 법무부, 「중국과 대만의 통일 및 교류협력법제」(1995), p.112.

개혁을 선택하고, 생산력 향상과 인민의 평등을 견지해 나간다는 것이다. 다섯째, 법 제정과 실시에 있어 조령석개하는 모순을 범하지 않고 사회주의 기본사상에 입각하여 법적 안전성과 연속성을 지켜 나간다.[113)

1947년 12월 25일 시행된 ≪中華民國憲法≫은 자본주의 시장경제에 입각해 있으며 주민의 자유와 권리를 보장하고 있다. 이 ≪대만헌법≫은 리덩후이 집권시절인 1991년부터 2000년 10월까지 6차례 수정되었다.

제1절 중국의 법률 및 교류법제

1. 중국의 법규범체계

(1) 헌법

현행 ≪중국헌법≫ 제1조는 "중화인민공화국의 국가성격은 노동자계급의 지도와 노동동맹을 기초로 하는 인민민주주의독재의 사회주의 국가이다."[114)라고 규정하고 있다. 중국헌법은 태동 이후 여러 변혁 과정을 거치면서 개정되어 왔으나 덩샤오핑의 개혁개방 정책은 지속적으로 유지됨으로써 하나의 일정한 정치노선이 법률에 반영되는 결과를 낳게 됐다.[115)

---

113) 吳祖謀・李双元, 「新編法學槪論」(湖北: 武漢大學出版社, 2007), pp.46 - 48.
114) 齊雯, 「中國要覽」(北京: 外文出版社, 1985), p.27.

현행 중국헌법의 제정 작업은 1980년 9월 제5기 전국인민대표대회 제3차 회의에서 헌법개정을 발의함에 따라 헌법 개정위원회가 발족하여 78년 이전 헌법에 대한 전면 개정작업에 들어가기 시작했다. 현행 헌법의 기본원리는 「人民民主主義獨裁」·「社會主義國家」·「民主集中制」 세 가지가 상호 연관성을 갖는 개념으로 이루어져 있다. 첫째, 「人民民主主義獨裁」는 헌법 제1조 1항에 민주주의에 적대하는 계급에 대항하는 독재의 결합을 말하는 것으로 국가의 통치계급이 노동자·농민에 있다는 것을 전제로 해서 프롤레타리아 계급에 적대적인 피통치계급에 대한 독재를 실시하는 것이다. 인민[116]은 통치계급 내부에 있는 민주주의의 원리를 작동시킨다는 원칙에 입각해 있고 자본가 즉, 착취계급은 적대계급으로 인정되어 그 위치가 소멸되었다. 또 중국공산당의 지도하에 민주당 등의 8개 정당을 인정하는 다당합작제를 실현하는 것이다. 그리고 공산당의 지도하에 애국적 민주인사가 정치에 참여하는 '중국인민정치협상회의'를 영도하는 것으로 되어 있다. 둘째, 「社會主義國家」는 헌법 제1조 2항에 사회주의제도는 중화인민공화국의 근본적 제도이며, 조직이든 개인이든 사회주의제도를 파괴하는 행위를 금지한다고 규정하고 있다. 셋째, 「民主集中制」는 헌법 제3조 1항에 국가기구는 민주집중제의 원리를 실행한다고 규정하고 있다. 이것은 정권조직을 민주집중제 원리에 의하여 배치·운영하는 것을 의미한다. 「인민과 국가권력기관과의 관계」·「국가기관 상호 간의

---

115) 鈴木 賢, 앞의 책, p.56.

116) 중국의 '인민'은 계급적인 성질을 가진 말로 "전체 사회주의 노동자, 사회주의를 옹호하는 애국자 및 조국통일을 옹호하는 애국자"가 모두 포함된다. '공민'의 개념은 국적과 일치한다.

관계」·「중앙과 지방의 관계」·「선거의 보통평등원칙」·「소수민족의 우대」 등의 기능이 해당될 수 있다.

이를 규율하는 국가기구는 전국인민대표대회[117] 및 상무위원회와 국가주석, 국무원,[118] 중앙군사위원회, 인민법원, 인민검찰원, 지방정부기관이 상호 연관성을 갖고, 중화인민공화국 헌법의 기본원리를 실행하고 있다.[119] 현행 중국헌법의 모태인 ≪1982년 헌법≫ 서언에는 "대만은 중화인민공화국의 신성한 영토의 일부분이다. 통일조국 대업의 완성은 대만동포를 포함한 전체 중국인민의 신성한 책무이다."라고 통일에 대한 기본원칙을 명확히 밝히고 있다. 또 대외개방과 외자도입 등 대외경제교류와 협력 등을 전개하는 기본방침과 원칙을 규정하고 있다. 82년 헌법은 88년과 93년, 99년, 2004년 4차례 개정되어 오늘날에 이르고 있다.

(2) 법률

법률에는 전국인민대표대회가 제정하는 형사, 민사, 국가기구 등의 기본적 법률과 상무위원회가 제정하는 기타 법률이 있다. 기타 법률에 대해서는 전국인민대표대회가 폐회했을 경우 상무위원회가 보충 또는 개정작업을 할 수 있다. 하지만 어떤 것이 기본적 법률인지 모호한 측면도 많다.

---

117) 全國人民代表大會는 국가최고 권력기관으로 각 省과 自治區, 直轄市, 特別行政區 및 軍隊에서 선출한 대표와 소수민족 대표 등으로 구성된다. 2003년 제10차 전국인민대표대회에서 선출된 대표는 2,985명이다. 전국인민대표대회는 國家立法權, 修憲權, 選擧權, 決定權, 罷免權, 任命權, 監督權, 審査批准權 등의 막강한 권한을 갖고 있다.

118) 헌법 제85조에 "국무원은 중앙인민정부에 있고 최고국가권력기관의 집행기관이며 행정기관이다."라고 규정되어 있다. 현재 국무원 총리는 원자바오(溫家寶)이다.

119) 鈴木 賢, 앞의 책, pp.57 - 87.

두 기관 간의 입법권 행사에 관한 분업화에 대해서는 ≪헌법≫ 과 ≪입법법≫에 명확히 규정해 두고 있다. 전국인민대표대회는 전국 인민이 국가권력을 행사하는 최고기관이며, 형사·민사·국가기관 등 기타의 기본적인 법률을 제정하고 개정한다.[120]

따라서 전국인민대표대회는 당연히 기본 법률을 제정 또는 개정하는 권한을 갖는다. 전국인민대표대회 상무위원회는 법률상 전국인민대표대회의 상설기관으로 전국인민대표대회가 제정하여야 할 법률 이외의 기타 법률을 제정한다. 또 전국인민대표대회 폐회 중 '全人大'가 제정한 법률에 대하여 부분적인 보완과 개정을 한다. 그렇지만 상무위원회가 해당 법률의 기본원칙에 저촉하여 재·개정을 할 수는 없다.[121] 전국인민대표대회는 상무위원회의 부정당한 결정을 개정 혹은 취소시킬 권한을 갖고 있다.

전국인민대표대회와 상무위원회가 제정한 주요법률은 ≪계약법≫, ≪관세법≫, ≪민사소송법≫, ≪행정소송법≫, ≪도시부동산관리법≫, ≪회사법≫, ≪상표법≫, ≪소비자권익보호법≫, ≪국가배상법≫, ≪외자기업법≫, ≪중외합작경영기업법≫, ≪대만동포투자보호법≫, ≪담보법≫, ≪노동법≫, ≪노동조합법≫, ≪보험법≫, ≪물권법≫, ≪반독점법≫ 등이 있다.[122] 하지만 이 많은 법률 중에 지금까지 중국이 제정한 대만 관련 법률은 두 개뿐이라고 할 수 있다. 첫째, ≪대만동포투자보호법≫(臺灣同胞投資保護法)이 가장 대표적인 법률이라고 할 수 있다. 동법은 1994년 3월 5일 제8기

---

120) 조동제, 「중국 외국인투자기업 경영법률과 실무」(서울: 한국재정경제연구소 2007), p.25.
121) 중국 헌법 제67조 제2·3호; 입법법 제7조 제3항 참조.
122) 조동제, 위의 책, pp.25 - 26.

전국인민대표대회 상무위원회 제6차 회의에서 통과되었으며, 같은 날 중화인민공화국 장쩌민 주석이 제20호 주석령 공포에 서명함으로써 시행되었다. 둘째, ≪반분열국가법≫(反分裂國家法)으로 대만의 천수이볜 정부가 중국과의 통일을 포기하고 독립국가로 나가려고 하는 대만독립 움직임에 제동을 걸기 위해 입법된 것이다. 동법은 2005년 3월 14일 제10기 전국인민대표대회 제3차 회의에서 통과되어 공포되었다.

(3) 행정법규

중국의 국가최고행정기관인 국무원이 헌법과 법률에 의하여 제정하는 것이 행정법규이다. 국무원은 이 행정법규를 국가적인 법률수요가 있을 때 각 법률의 실시세칙과 행정관리권의 발효에 필요한 범위를 구체적으로 규정한다. 또 국무원은 경제시스템 개혁, 대외개방에 관한 문제, 시행초안, 잠정조례, 일반조례 등을 제정하는 권한을 행사하는데 이것은 헌법 제89조 규정에 의거하여 전국인민대표대회로부터 위임받고 있다.[123]

이 행정법규로는 1987년 10월 16일 국무원 비준을 거쳐 국무원 辦公廳이 공포한 ≪대만동포의대륙친지방문여행지침통지≫(關于臺灣同胞來祖國大陸探親族旅遊接待辦法的通知)가 국무원이 대만 관련 사무에 관하여 발표한 첫 법규범적 문서라 할 수 있다. 이후 1988년 6월 25일 국무원 제10차 상무위원회를 통과한 ≪대만동포에 대한 투자규정≫(關于鼓勵臺灣同胞投資的規定)은 대만 관련

---

123) 吳祖謀・李双元, 앞의 책, p.49.

첫 단행 행정법규이다. 이어 국무원은 ≪中國公民往來臺灣地區管理辦法≫을 1991년 1월 17일 공포하여 다음 해 5월 1일 시행하였고, ≪臺灣同胞投資保護法實施細則≫을 1999년 12월 5일 공포·시행하였다. 이들 4개의 진전된 행정법규는 양안주민의 왕래를 확대하고 규범화하는 동시에 경제교류와 협력을 강화하는 데 매우 긍정적인 역할을 했다는 데 큰 의의가 있다.[124]

1995년 6월 22일 국무원 부총리였던 첸지천(錢基琛)이 발표한 중앙인민정부의 ≪97년 이후 홍콩의 대만관련 문제처리 기본원칙 및 정책≫(中央人民政府處理'九七'後香港涉臺問題的基本原則和政策)과 1999년 1월 15일에 발표된 ≪99년 이후 마카오의 대만관련 문제처리 기본원칙 및 정책≫(中央人民政府處理'九九'後澳問涉臺問題的基本原則和政)이라는 두 개의 행정법규는 지금까지도 홍콩·마카오의 대만 관련 사무에 중요한 근거가 되고 있다.

행정법규는 재판의 근거가 된다. 일상생활과 기업활동 등과 관련하여 행정법규가 헌법과 법률에 저촉되는 경우 공산당 부문과 노동조합·부녀연합회 등이 연명하여 법원에 위헌 여부에 대한 판단을 해 줄 것을 요청하는데 이 경우 最高人民法院의 판단을 거쳐서 전국인민대표대회 상무위원회가 최종적으로 판단하는 권한을 갖고 있다.

2000년 공포한 입법법 제56조는 "국무원은 헌법에 규정된 입법 직권을 가지고 있다. 또 법률의 규정을 집행하기 위하여 행정법규의 제정이 필요하다면 국무원이 제정할 권한이 있다."고 규정하고 있다. 이에 따라 국무원이 제정한 모든 법률은 행정법규에 속한다.

---

124) 법무부, 앞의 책(2008), pp.165 - 166.

국무원에서 제정한 행정법규로는 ≪수출입상품검역조례≫, ≪외환관리임시조례≫, ≪반덤핑조례≫, ≪소비세임시조례≫, ≪상표법실시세칙≫, ≪중외합작경영기업법실시세칙≫, ≪외자기업법실시세칙≫ 등이 있다.[125] 중국 입법법 제71조는 "중국의 중앙법규에 대해 국무원을 통하여 직접 공포하는 행정법규와 국무원 직속 사무기관을 통하여 공포하는 행정규장으로 구분한다."고 규정하고 있다.[126]

(4) 지방성 법규

중국 헌법 제100조는 "성급(성·직할시·자치구)의 인민대회 상무위원회는 헌법, 법률, 행정법규에 저촉되지 않는 범위 내에서 지방의 실상에 맞는 지방성 법규를 제정할 수 있다."고 규정하고 있다. 1986년에는 성·자치구인민정부의 소재도시와 국무원이 지정하는 대도시의 인민대표대회와 상무위원회에도 제정권이 부여되었지만 성급인민대표대회 상무위원회의 비준을 얻도록 하고 있다. 하지만 중국의 개혁개방을 선도하는 경제특구도시가 있는 광둥 성과 푸젠 성, 선전 시, 샤먼 시의 경우에는 지방정부 인민대표대회 상무위원회에 경제특별구에 관한 법규 제정권이 부여되었다.

중국 중앙정부는 국가법률, 행정법규 및 국무원 관련 규장을 효율적으로 실현하기 위하여 성·자치구·직할시와 비교적 큰 시의 인민정부는 지방현지 사정을 고려함과 동시에 법에 의거하여 구체적으로 지방성 법규 또는 지방정부 장정을 제정하도록 하고 있

---

125) 조동제, 앞의 책(2007), pp.26 - 27.
126) 위의 책, p.27.

다.[127] 그러나 지방성 법규를 제정할 때는 첫째, 해당 지역의 실제 현상이 집행법률과 행정법규의 제정을 필요로 하는 수요가 있어야 한다. 둘째, 지방성 법규의 제정은 헌법과 입법법에 의거하여 민족자치적 경제·정치 등 지방성 법규사항에 맞아야 한다.[128]

중국은 대만과의 투자 사무를 위해 이미 30여 개 성·자치구·시에서 지방성 법규를 제정하도록 하고 있다. 지방성 법규로는 ≪廣州自治區中華人民共和國臺灣同胞投資保護法≫, ≪黑龍江省臺灣同胞投資獎勵規定≫, ≪重慶市的臺灣同胞投資保護條例≫, ≪福建省臺灣同胞寄贈接受管理辦法≫, ≪瀋陽市海峽兩岸科學技術工業院建設 加速化規定≫ 등이 있다.[129] 당연히 전국인민대회의 권한에 속하는 형사법·재판·검찰제도·소송수속·국방·외교 등의 제정권은 있을 수가 없다. 최근 중국 중앙정부에서는 센양과 텐진 등 省都를 직할시로 승진시키고 대외 거점지역을 성도로 승격시켜 현재의 지방성 법규 이상의 권한을 주는 방안을 검토하고 있다.

(5) 소수민족자치지방의 입법

민족구역자치제는 중국 중앙의 통일적 영도 아래 소수민족[130] 집단거주 지역을 기초로 구역자치를 실행하는 민족의 인민이 주체성을 갖고, 자기 민족 내부의 지방적 성격의 사무를 관리하도록 하

---

127) 중국 立法法 제73조는 '비교적 큰 市'에 대해 성·자치구인민정부 소재지의 市와 경제특구 소재지의 市, 국무원이 인가한 市로 규정하고 있다.

128) 吳祖謀·李双元, 앞의 책, p.49.

129) 최은석, 「남북한과 중국·대만의 교류협력법」(파주: 한국학술정보, 2006), pp.228 - 229.

130) 중국은 56개 민족으로 구성되어 있다. 漢族이 92%를 점하고 있고, 한족 이외 나머지 55개 소수민족이 8%를 점하고 있다.

는 것을 의미하고 있다.[131]

민족구역자치제를 실시하는 자치구·자치주·자치현은 해당 지방의 기본법으로서의 성격을 갖고 있는 자치조례와 개인분야에서 단행조례를 제정할 수 있다. 자치구의 조례는 전국인민대표대회의 비준을 받아야 하고, 자치주·현의 조례는 성급 상무위원회의 비준을 필요로 한다.

(6) 행정규칙

중국 국무원 소속의 각 부와 위원회가 법률·행정법규·결정·명령에 의해 권한 내에서 제정할 수 있는 행정규칙(행정규장)이다. 1987년 10월 16일 중국 국무원의 비준을 거쳐 발표된 ≪대만동포의 중국대륙 친척방문·여행의 접대방법에 관한 통지≫는 중국 국무원과 대만이 관련된 사무에서 첫 번째 제정된 행정규칙이다. 또 1988년 6월 25일 국무원 제10차 상무위원회에 통과되어 7월 3일 국무원령 제7호로 발표된 ≪대만동포에 대한 투자격려 규정≫은 대만과 관련된 첫 번째 단행 행정규장이다. 행정규칙이나 행정규장도 행정소송에 있어 재판규범 등에 참조하게 된다.

(7) 사법해석

인민법원의 재판례는 일반적으로 구속력이 없다. 하지만 최고인민법원의 공보에 게재되는 재판례는 하급법원이 유사한 사건의 처

---

131) 사법연수원, 「중국법」(사법연수원, 2001), p.85.

리에 참고로 제공된다. 그보다 중요한 것은 법원으로서 최고인민법원과 최고인민검찰원이 발행하는 「사법해석」에 문서로 남는다는 것이다. 그런 점에서 1988년 3월 14일과 1989년 9월 7일에 최고인민법원과 최고인민검찰원에서 각각 발표한 '대만에 이주한 인민의 중화인민공화국 성립 전의 범죄행위에 대하여 더는 추궁하지 않을 것에 관한 선언'은 중요한 「사법해석」의 문서가 되고 있다.

또 하급법원과 검찰로부터 질의에 답변하고, 조회에 응대하는 형식인 '批復', '答復', '復函', '通知' 등도 중요한 제정법의 세칙을 조문형식으로 체계적으로 보여 주는 것이다.[132] 그리고 1991년 4월 9일 제7기 전국인민대표대회 제4차 회의에서 통과한 「최고인민법원사업보고」에는 "대만과 관련되는 안건심사에는 국가법률·정책·최고인민법원의 사법해석을 성실히 관철하여야 한다."고 규정하고 있다.[133] 이 규정은 대만 주민이 대만지역의 민사행위와 대만지역 법규에 의거하여 취득한 민사권리라도 중화인민공화국 법률에 저촉되지 않고, 중국 대륙의 공공이익을 해하지 않았다면 그 효력을 인정할 수 있다는 것으로 해석된다. 역으로 대만지역 법원의 민사판결에 대해서도 이 원칙을 적용하여 정황에 따라 그 효력을 인정할 수 있다는 뜻으로도 해석된다. 실제로 중국 대륙의 고급인민법원이 관련 법률규정에 의거하여 최고인민법원의 동의를 얻어 대만 관련 기관을 통하여 소송행위를 하면 문제를 해결할 수 있다는 것이다.

이것은 대만과 관련한 중국의 법률과 정책이 시행된 후에 법률

---

132) 鈴木 賢, 앞의 책, pp.88-91.
133) 최은석, 앞의 책, p.225.

충돌이나 분쟁이 발생했을 때 대만 주민이 중국법원의 판결134)을 통하여 문제를 해결할 수도 있다는 의미이다. 이는 중국 정부가 대만과의 교류협력에 있어서 최고 원칙으로 삼고 있는 '하나의 중국'이 대륙의 최고인민법원은 물론 각 지방정부의 인민법원에도 그대로 영향을 미치고 있다는 뜻이 된다.

2. 중국의 헌법변화

(1) 개화기 중국헌법

중국학자들은 중국 헌법학의 기원을 일반적으로 20세기 초로 잡고 있다. 중국 최초의 헌법학 교과서로 알려진 왕홍니엔(王鴻年)의 「憲法法理要義」가 출간된 것은 1902년이며, 중국 최초의 헌법전인 청조의 ≪欽定憲法大綱≫이 제정된 것은 1908년이다. 그러나 실제 중국에 소개된 서양의 헌법이나 헌법학은 이보다 훨씬 빠른 19세기 근대화시기이다.

이른바 개량주의 지식인들이 서양의 정치사상과 정치제도를 소개하고, 입헌군주제와 의회제의 도입을 주장한 유신헌법 운동가들에까지 거슬러 올라갈 수 있다.135) 1900년대 초 청나라 조정은 정치체제개혁을 위해 관리들을 유럽의 여러 나라에 파견하여 국가제도를 시찰하고 헌법을 조사·연구하게 하였다. 동시에 중국의 개혁파 지식인들은 일본학계를 통하여 헌법학을 도입했다. 중국 최초의

---

134) 중국은 민사·형사재판을 불문하고 2심 종심제(兩審終審制)를 채택하고 있다.
135) 이계희, 「중국정치학과 중국정치」(서울: 풀빛, 2002), p.117.

헌법인 ≪欽定憲法大綱≫도 일본의 메이지헌법(明治憲法)을 대부분 인용했을 정도로 일본의 영향을 받은 것이었다.

1902년부터 1910년까지 중국에서는 일본의 중요한 헌법학 저서와 교과서들이 대대적으로 번역되고 출간되었다. 중국의 헌법이론이 형성되고 헌법학의 발전이 이루어지기 시작한 것은 1911년 신해혁명 이후부터이다. 1912년에 공포된 ≪중화민국임시약법≫(中華民國臨時約法)은 중국 최초의 민주공화제 헌법이었다. 특히 쑨원이 제시한 삼민주의(三民主義) 건국지침과 민주헌정사상은 중국문화와 중국사회에 주체적 헌법이론의 시도로 나타났다. 쑨원이 1924년에 '건국대강(建國大綱)'을 발표하고, 국가정권을 입법·사법·행정·감찰·고시 등 다섯 개로 분립시키는 「오권헌법」이론을 제시한 후 중국헌법에 관한 연구와 저술활동이 활발히 이루어졌다.

1920-30년대에는 유럽, 미국, 소련 등의 헌법학 저서들이 많이 소개되어 중국 헌법학이 초기 일본의 영향에서 벗어나 다양성을 띠게 되었다. 1930년대 이후는 중국 헌법학의 성장기라 할 수 있다. 이 시기에는 비교헌법이론 분야에서 큰 진전이 있었다. 1935년 출간된 왕스지에(王世杰)와 첸두안성(錢端升)의 공저 '比較憲法論'은 18판이나 찍힐 만큼 인기가 있었던 대표적 대학 교과서였다.[136] 사회주의정권 수립 이전까지 중국 헌법학은 대학의 교육과정과 전문적인 주제연구를 통하여 상당한 발전을 이루었으나 아직 소개와 해설, 정치적 선전 수준에 머무는 한계를 지니고 있었다.

이후 공산당 혁명근거지에서 공포된 이른바 '신민주주의 헌정' 시기에는 소련 헌법을 소개하는 저술들도 다수 출간됐다. 1952년

---

136) 韓大元, 「中國憲法學: 20世紀的回顧與21世紀展望」(北京: 法律出版社, 1998), p.81.

전국적인 고등교육제도 개편 이전까지는 중국 베이징대, 후단대, 난징대, 우한대, 중국인민대, 동북인민대(후에 지린대) 등 36개 대학에 법학과가 설치되어 있었다.

1952년에 대학 학과조정에 따라 대학의 법학과가 폐지되고, 법률전문가 양성을 위한 조치로 북경법정대학(北京法政大學), 화동법정학원(華東法政學院), 서남법정학원(西南法政學院)이 설립됐다. 1953년에는 중남법정학원(中南法政學院)이 설립되어 법학교육을 집중화하는 조치가 이루어졌다.[137] 또 1953년에는 '중국정치법률협회'가 설립되어 중국 근현대법의 가교역할을 해낸 동비우(董必武)[138]가 회장에 취임했다.

(2) 1954년 헌법

중국공산당은 국민당과의 내전에서 승리를 거둔 후 1949년 10월 1일 중화인민공화국 정부를 수립하였다. 건국 직전인 1949년 9월 소집된 중국 인민정치협상회의 제1회 전체회의는 건국 후의 국가제도, 사회제도 등 주요국가정책에 대해 토의한 후 ≪중국 인민정치협상회의 공동강령≫을 채택하였다.

건국 후 국가의 기틀이 잡히고 사회가 안정되자 중국공산당은 사회주의의 건설이라는 목표를 본격화하기 위해 1954년 9월 20일 제1기 전국인민대표대회 제1회의에서 ≪중화인민공화국 헌법≫을

---

137) 이계희, 앞의 책, p.119.
138) 董必武(1885~1975)는 중국공산당 원로 당원으로 일본과 소련에 유학했고, 국공합작에도 참여한 인물이다. 중화인민공화국 건국 후 국무원 부총리, 1954년에 최고인민법원 원장, 1959년에 국가 부주석을 역임했다. 위의 책, p.119.

정식으로 제정·공포하였다.

이를 계기로 중국 헌법학은 사회과학 그리고 법학의 한 분야로
서 법학진흥의 분위기를 맞게 된다.[139) 그러나 이 시기 중국 헌법
학은 과학성보다는 정치성과 당성이 강조되었고, 기본체계는 소련
헌법학의 모방과 도입의 형태로 이루어졌다.[140) 사회주의정권 수립
이후 중국 헌법학의 발전은 4단계로 구분하여 설명할 수 있다. 정
치적 상황과 밀접한 관계를 갖고 있는 초보발전기(1949~1956), 곡
절발전기(1957~1965), 발전정지기(1966~1976), 회복기 및 발전기
(1977년 이후)로 구분된다.[141)

≪'54년 중화인민공화국 헌법≫은 "노동자계급이 영도하고 권력
은 인민에 속하며 중국은 연방제가 아니라 단일제 국가형식을 취
하며 사회주의 공업화를 실현한다."는 국가통치규정을 만들었다.
구체적 특징은 첫째, 국가제도와 국가 총임무에 관한 규정, 둘째,
국가소유제, 합작사소유제 등을 규정한 경제제도에 관한 규정, 셋
째, 국가기구에 관한 규정, 넷째, 법 앞에 만인평등과 남녀평등 등
을 규정한 公民[142)의 기본적 권리·의무에 관한 규정, 다섯째, 민
족 간 차별금지와 평등을 구현한 민족문제에 관한 규정 등의 조항
으로 이루어졌다. 이때까지 중국은 유럽 등 이웃 사회주의 국가의
모범적인 헌법을 흡수하며 순수한 사회주의 국가를 만드는 작업을
해 왔다. 공산주의국가는 개인의 사상이나 의견보다는 당의 절대적

---

139) 이계희, 위의 책, p.120.

140) 劉瀚, 「50年來的中國法學」(2000), p.223.

141) 韓大元, 앞의 책, pp.85-91.

142) 公民은 헌법 제33조에 표현된 법률적 개념으로 국적인을 말하며, 人民은 정치적 개념으로
사회주의 노동자, 사회주의 건설자, 조국통일 애국자 등을 지칭할 때 사용한다. 吳祖謀·
李双元, 「新編法學槪論」(湖北: 武韓大學出版社, 2007), p.105.

인 영도 아래 전국인민대표자대회의 집약된 의견이 중시되었다. 공산주의국가 헌법은 사회주의를 실현하는 도구로 인식되고, 포괄헌법에 의한 민주집중제를 채택하고 있는 점이 개인의 인권과 자유, 법치, 권력분립, 주권재민, 사회계약, 대의정부를 중시하는 민주주의국가 헌법과 많은 차이를 보이고 있다.[143] 그러나 중국의 이러한 초창기의 법치를 위한 노력도 1950년대 후반 모택동 사상으로 시작된 '대약진운동'과 1960년대에서 70년대의 '문화대혁명' 시기를 거치면서 중국 내에서 법치주의 의식은 크게 후퇴하였고, 이념과 정치가 모든 것에 우선하는 시기로 변질되어 버렸다. 하지만 ≪'54헌법≫은 중국 사회주의 헌법의 모태헌법으로서 지금까지도 태동 당시의 근본적인 이념과 기본방침은 고수되고 있다.

(3) 1975년 헌법

중국 헌법은 마오쩌둥이 주창한 '문화대혁명'[144]의 소용돌이에 휩싸여 있던 시기인 1975년 1월 17일 제4기 전국인민대표대회 제1회 회의에서 4인방의 주도로 ≪'75년 헌법≫이 통과되면서 극단적인 좌경화로 치달아 ≪'54년 헌법≫과는 비교할 수 없는 조악한 내용을 담게 되었다.

1975년 헌법은 '무산계급독재하의 계속혁명'을 강조하여 계급투쟁의 확대를 기도하고, 국가의 경제건설 기능을 경시하는 좌경적 사상에 의해 지도되었다.[145] ≪'75년 헌법≫의 구체적 특징은 첫

---

143) 中華民國司法院, 「中國大陸法制研究」(1998), pp.2－5.
144) 文化大革命(1965～1976)은 10년간 진행된 좌경화와 홍위병운동으로서 중국을 국제적으로 고립되고 문화와 경제가 황폐화되는 길을 걷게 하였다.

째, 법의 지도사상을 계급투쟁의 계속적 전개에 두었다. 둘째, 무산계급 독재하의 계속혁명을 강조하여 4인방 등 소수권력자에 의한 인권침해와 법질서 파괴를 정당화하였다. 셋째, 문화대혁명 기간 중 국가주석제의 취소, 국가법률 감독기관인 인민검찰원의 취소, 인민재판의 공개재판 변호제도의 취소, 민족자치 지방정부기관의 자치권 취소 등 국가기구 혼란 상태를 추인하였다. 넷째, 중화인민공화국 공민은 법률상 평등하다는 규정을 삭제하여 공민의 기본권 범위를 대폭 축소하였다. 중국의 헌법학자들은 이 시기 중국헌법은 형식적인 존재에 그치고, 공산당의 명령이 법 위에 군림하여 '법치'는 없고, '인치'가 판을 쳤다고 말한다.

(4) 1982년 헌법

마오쩌둥 사망 이후 1976년 10월 4인방의 축출과 함께 문화대혁명이 종결을 고하자 과도기 성격의 화궈펑(華國鋒) 정권하에서 헌법개정작업을 하게 되었다. 1978년 3월 5일 제5기 전국인민대표대회 제1차 회의에서 ≪'78년 헌법≫이 통과되었다. 이 헌법은 인민검찰원의 권한과 지위를 회복시키는 등의 내용을 통해 ≪'75년 헌법≫의 극단화된 좌경오류를 시정하고, ≪'54년 헌법≫의 기본원칙으로 회복하는 것을 의미한다.

1978년 이후 헌법의 개정과정에서는 헌법학의 부활과 더불어 헌법학자들이 중요한 역할을 해 오고 있다는 점이 주목된다. 이후 중국공산당은 덩샤오핑의 지도하에 당 활동의 중점을 계급투쟁 일변

---

145) 이계희, 앞의 책, p.124.

도에서 '사회주의 현대화건설'로 옮길 것을 천명하면서 1979년 6월 제5기 전국인민대표대회 제1차 회의에서 '79년 헌법 수정결의안이 통과되었다. 이어 1980년 9월에 제5기 전국인민대표회의 3차 회의에서 '80년 헌법 수정결의안이 통과되었고, 문화대혁명 당시 공민에게 부여되었던 '대명·대방·대변론·대자보' 운용권리는 삭제되었다. 하지만 중국공산당은 덩샤오핑의 개혁개방정책을 뒷받침하는 데 많은 한계가 있다고 하여 1982년 4월 제5기 전국인민대표회의 제5차 회의에서 새 헌법을 채택하였다. 이른바 ≪'82년 憲法≫이다.

≪'82년 憲法≫은 '54년 헌법을 기초로 하면서 덩샤오핑이 이끄는 개혁과 개방을 뒷받침하고자 한 헌법으로 현행 중국헌법의 골격을 이루고 있다.[146] '82년 헌법 개정과정에서는 헌법학의 부활과 더불어 헌법학자들이 기초단계와 실시단계에서 중요한 역할을 했다는 점이 주목된다. ≪'82년 헌법≫의 특징은 첫째, 경제건설을 국가의 중심과업으로 규정함과 동시에 사회주의 정신문명 건설을 중시하는 규정을 두었다. 둘째, 사회주의적 민주를 배양하고 사회주의적 법제를 강화하는 내용을 담았다. 셋째, 국가통일을 위하여 일국양제와 특별행정구제도[147]를 규명하고, 소수민족에 대한 평등대우와 민족자치제도를 규정하였다. 넷째, 경제제도와 정치체제 개혁을 지도하고 촉진하는 내용을 담았다. 1988년 4월 12일 제7기 전국인민대표대회 제1차 회의에서 통과된 헌법수정안은 토지사용

---

146) 중국 '82년 헌법은 사회주의 현대화 건설을 국가의 주요임무로 규정하고 ① 당의 영도 견지, ② 인민민주전정 견지, ③ 사회주의노선 견지, ④ 마르크스 - 레닌주의 마오쩌둥 사상 견지 등 4개의 기본원칙을 규정함으로써 개혁개방정책을 뒷받침하고 있다.
147) 중국이 일국양제에 의한 대만의 통일방식으로 제안한 특별행정구제도이다.

권을 법률에 의하여 양도할 수 있도록 하였다. 제10조 4항의 어떠한 조직이나 개인도 토지를 침점, 매매, 임대 또는 기타 형식으로 불법 양도할 수 없다는 규정 가운데 '임대'[148] 문구를 삭제하고 사영경제의 존재와 발전을 긍정하는 규정(제11조 1항)을 두었다. 1989년 장쩌민은 국경 40주년대회에서 중국공산당 제11기 2중 전회 이후 평화적 조국통일 방침과 일국양제의 구상이 우리의 기본 정책이라고 선언하였다.[149]

(5) 1993년 헌법

1993년 3월 29일 중국의 제8기 전국인민대표대회 제1차 회의에서 통과된 헌법 개정안은 덩샤오핑의 '남순강화(南巡講話)' 이후 사회주의 시장경제시스템을 본격적으로 채택함에 따라 개혁개방을 심화해 나가기 위해 이루어진 것이다. 1992년 10월에 개최된 중국 공산당 제14차 전국인민대표대회는 덩샤오핑이 주도한 마지막 대표회의이다. 1978년 이후 덩샤오핑이 주장해 온 이념들을 「중국공산당 장정」에 삽입하면서 중국적 특색을 갖춘 사회주의이론으로 개괄하여 역사적인 지위를 부여하고, 개혁개방정책의 '100년 불변'을 강조하였다. ≪'93년 헌법≫은 전문에 "중화인민공화국은 사회주의 초급단계에 처해 있어 중국적 특색을 갖는 사회주의이론을 건설하며, 개혁개방을 견지한다."는 내용을 추가하였다. 또 국가건설 목표도 "고도문명・고도민주" 부분을 "부강・민주・문명"으로

---

148) 중국헌법 조항 중 '임대' 문구의 삭제는 중국경제가 자본주의식 경제로 본격화함을 선언하는 것으로 이후 사영경제는 크게 발전했다.

149) "江澤民의 中國特色의 社會主義", 「特輯報道」(北京 : 中央文獻出版社, 2003), p.482.

수정하였다. 또 전문 제10단의 "국가는 모든 노력을 다하여 각 민족의 공동번영을 이룩하여야 한다."는 구절 뒤에 "중국공산당 영도의 다당합작150)과 정치협상제도를 영구히 존재시키고 발전시킨다."는 문구를 추가하였다.

이것은 1989년 6월 4일 중국의 천안문 사건과 동구 사회주의 국가의 몰락 및 소련의 해체를 지켜본 중국이 그러한 국내외 정세에 대응하는 한편 현재 추진하고 있는 사회주의 현대화정책에 지식인들을 보다 적극적으로 참여시키기 위한 의도가 깔려 있다고 할 수 있다. 또 중국경제의 개방개혁과정에서 공산당의 역할과 정치협상제도가 최우선임을 분명히 함으로써 내부결속과 국민지지를 얻으려는 이중 장치로도 해석된다. 덩샤오핑 집권 이후 최우선적으로 농촌경제체제를 개혁하여 '가정생산량 연동도급제'151)를 실시하여 중국경제발전에 크게 기여했다. ≪'93년 헌법≫ 제15조 2항에 "국가는 사회주의 공유제의 기초 위에서 계획경제를 실현한다."는 내용을 수정하여 "국가는 사회주의 시장경제를 실현한다. 국가는 경제입법을 강화하고 거시조정을 완비한다."고 규정하였다.

≪'93년 헌법≫은 특히 '국영경제' 용어를 '국유경제'로 바꿈으로써 국유기업의 자주적 경영권을 보장하면서 구조개혁을 추진할 수 있는 기반을 제공하였다.152)

---

150) 중국의 다당제는 공산당의 주위에 있는 8개의 민주당파가 모두 공산당에 복종하고, 공산당이 지향하는 사회주의 건설에 협력할 것을 전제로 하고 있다는 점에서 서구의 다당제와는 다르다고 하겠다.
151) 가정생산량 도급제는 각 가정에 경영권을 맡기고, 할당량 이상의 경작물은 가정이 소유한다.
152) 이계희, 앞의 책, p.125.

(6) 1999년 헌법

≪1999년 헌법≫ 개정은 국가지도 이념에 마르크스-레닌주의 마오쩌둥 사상과 더불어 '덩샤오핑 이론'을 추가하여 지도성을 규정함으로써 실용주의적 경제발전정책과 개혁노선의 계승을 분명히 했다. 이는 자본주의적 시장경제 지향의 개혁이 지속·발전될 것임을 말하는 것이다. ≪'93년 헌법≫에서는 중국적 특색을 갖는 사회주의 이론이라는 표현만 있었으나, 덩샤오핑 사후에 개정된 ≪'99년 헌법≫에서 처음으로 '마오쩌둥 사상'과 병렬적 지위에 '덩샤오핑 이론'153)을 격상시켰다. 1999년 개정헌법에서는 또 노동에 따른 분배를 주체로 한 다종의 분배제도를 인정함으로써 사회주의 시장경제에 적용할 수 있는 소유분배제도를 공고히 했다.

1993년 헌법 제6조의 "중화인민공화국의 사회주의 경제제도의 기초는 사회주의 공유제 즉, 전민 소유제와 노동군중 집체소유제이다. 사회주의 공유제는 사람이 사람을 착취하는 제도를 소멸함으로써 각자가 자신의 능력에 따라 일하고 노동에 따라 분배하는 원칙을 실행한다."는 규정을 1999년 헌법 제6조에서는 위 문장 다음에 "국가는 사회주의 초급단계에서는 공유제를 주체로 다양한 소유공유제가 공동발전하고, 노동에 따른 분배를 주체로 하여 다양한 분배제도를 견지한다."고 개정하였다.

또 개방시대에 중요한 경제주체인 사영기업의 권익을 보장하기 위하여 "법률이 규정하는 범위 내에서 개인경제와 사영경제의 정당한 권리와 이익을 보호하고, 국가는 개인경제와 사영경제에 대하

---

153) 덩샤오핑 이론은 남순강화(南巡講話) 등을 통해 주창해 온 사회주의 시장경제의 확대와 개혁개방의 경제정책으로 요약되며, 보통 黑猫白猫論으로 잘 알려져 있다.

여 감독관리를 실행한다."고 규정하였다. 또 97년 1월 신형법에 규정된 '반혁명죄'를 폐지하고, '국가안전위해죄'로 대체하는 등 ≪'99년 헌법≫은 중국경제가 급속하게 성장하여 국제적으로 높아진 위상에 맞도록 개정되었고, 2004년 헌법개정154)에 밑거름이 되었다. 이러한 중국 헌법의 개정은 국가권력의 제한과 공민권의 보장, 사회경제적 이익의 조정 등에 응용되는 현실적 규범으로서 더욱 중요한 의미를 갖게 됐다. 중국 헌법학자들은 중국헌법학이 중시해야 할 과제로 다음 몇 가지를 지적한다. 첫째, 인민의 선택권과 피선거인의 경쟁권을 확대하는 방향으로 선거제도를 개혁하는 것이다. 둘째, 인민대표대회의 직권보장 등 인민대표대회의 제도를 개선한다. 셋째, 시장경제 발전에 따른 이익분화에 적응하는 다당합작 및 정치협상제도의 발전을 구하는 것이다. 넷째, 공민권을 강화한다. 다섯째, 일국양제와 중앙정부와 지방정부와의 관계(중앙정부와 보통행정구역, 특별행정구역, 민족자치행정구역) 간의 권력배분 등 국가구조의 형식구상을 개선한다. 여섯째, 헌법감독 실시 및 그와 관련된 법제의 통일 등을 실시한다.155)

결국 중국이 과거 '정치특성의 중시'에서 '법률특성의 중시'로 헌법관의 전환이 이루어져야 한다156)는 주장이다. 앞으로 중국의 사회주의 시장경제도 법률특성 중시에 따라 더욱 발전할 것이고, 대만과의 통일문제도 지금까지 정치지도자의 개인적 주장보다는 다수의 여론을 반영한 법률에 따라 진행될 것으로 전망된다. 그런

---

154) 장명봉, "중국의 1999년 헌법개정의 분석", 「공법연구」 제29집 제1호(2000), pp.79 - 80.

155) 童之偉, 「面臨21世紀的憲法學: 評價與前膽」(1999), pp.103 - 105.

156) 朱福惠, 「憲法與制度創新」(北京: 法律出版社, 2000), pp.73.

점에서 《'82년 헌법》 이후 중국 헌법은 사회주의 제도의 근간을 유지하면서도 시장경제를 살리는 실용적인 면이 반영되면서 중국 인민들의 경제 활성화에 대한 기대에 부응해 왔다고 할 수 있다.

(7) 2004년 헌법

중국은 2004년 3월 제10기 전국인민대표대회 제2차 회의에서 1982년 헌법의 4번째 개정안을 통과시켰다. 개정헌법의 주요 특징은 국민의 사유재산권 보호와 인권존중의 개념이 헌법상 국가지도 이념에 포함된 것이다.

이것은 사회주의 국가에서 사유재산의 불가침권을 인정하고, 급격히 변화하는 중국사회가 사회보장과 인권 등의 다양한 이슈에 능동적으로 대응하기 위해 헌법적 근거를 마련한 것이다. 2000년 2월 장쩌민 총서기가 지방의 당정간부들에게 주창하고, 2001년 7월 1일 당 창건 70주년 기념연설회에서 재차 강조해 온 '3개 대표론'[157]을 새로 집권한 후진타오 총서기가 2004년 3월 전국인민대표대회에서 헌법 전문에 명시화하도록 한 것이다.

구체적인 헌법개정 내용을 보면 헌법 전문에 "부강하고 민주적이고 문명화된 사회주의 국가로 건설한다."고 선언한 문장 앞에 "물질문명, 정치문명, 정신문명의 협조발전을 추진하여"라는 구절을 삽입했다. 이것은 물질문명 위주의 정책을 일관하여 중화인민공화국의 건국이념이나 정신문명을 외면해서는 안 된다는 점을 강조

---

157) '3개 대표론'은 중국공산당 총서기였던 江澤民이 2000년 2월 광동 성 지방당정 간부회의에서 21세기에도 당의 영도권을 견지해 가려면 ① 가장 선진적인 사회생산력, ② 가장 선진적인 문화, ③ 가장 광범위한 인민대중의 근본적 이익을 대표해야 한다고 주장한 이론이다.

하고 국가 전체의 균형발전을 위해 노력해야 한다는 점을 강조한 것이다. 또 기존헌법 서언에는 통일전선의 대상으로 "전체 사회주의 노동자와 사회주의를 옹호하는 애국자, 조국통일을 지지하는 애국자"로 직시하였으나, 개정헌법 서언에서는 "사회주의사업의 건설자"를 추가하여 개체경제 종사자와 자영사업자 등도 통일전선의 협력 대상자로 삼았다는 것이 특색이다. 그리고 기존헌법 제11조 2항에 "국가가 개체경제와 사영경제의 합법적 권리와 이익을 보호한다."는 규정을 "개체경제와 사영경제 등 비공유제 경제의 권리와 이익을 보호한다."로 개정함으로써 '비공유제 경제'의 법적인 권리를 처음으로 부여하였다.

또 ≪2004년 헌법≫ 제13조 1항에서는 "공민의 재산권은 침해받지 않는다."고 새로 규정하였고, 2항에서는 "국가는 법률에 의해 공민의 사유재산권과 계승권을 보호한다."고 규정하였다. 3항에서는 "국가는 공공이익을 위해 필요할 때 법률규정에 의해 사유재산에 대한 징수 또는 징발을 할 수 있으며, 그에 상응하게 보상한다."라고 신설하였다. 또 개정헌법 14조에는 "국가는 경제발전 수준에 상응하는 건전한 사회보장제도를 건립한다."는 규정을 신설하여 국가 균형발전과 전면적인 복지사회 건설을 위한 제도적 근거를 마련하였다. 특히 헌법 제33조에는 건국 이후 처음으로 "국가는 인민의 인권을 존중하고 보호한다."는 인권규정을 신설하였다. 이 밖에 기존헌법 제59조 1항에 규정돼 있는 전국인민대표대회의 선출단위에 '특별행정구'를 삽입하였고, 기존 헌법 제98조의 성·직할시·현·시·직할구의 인민대표대회 임기는 5년을 그대로 두고, 향·민족향·진 등 지방자치단위의 인민대표대회의 임기는 3년으로 제한했다. 헌법 제80조에 중화인민공화국 주석의 권한을 열거하면서 기존의 '계엄령 선포권'을 '긴급사태 선포권'으로 개정했다. 또 국가주석158)은 "중화인민공화국을 대표하며 외국사절을 접대하고, 외국과 체결한 조약과 중요협상을 비준하거나 폐지할 수 있다."는 규정에 '進行國史活動'의 포괄적 개념을 추가해 국가주석이 기존의 상징적 활동 이상으로 국가업무에 간여할 수 있는 헌법적 근거를 마련하는 등 ≪2004년 헌법≫은 모두 13개 항목에서 국가이념과 정책방향이 보완되었다.

1970년대 말 덩샤오핑의 개혁개방정책 이후 중국지도부는 사실상 중국 개혁개방의 기본법이라 할 수 있는 ≪1982년 憲法≫을 지금까지 4차례나 수정·보완해 오면서 오직 시장경제의 활성화와 사적 경제활동의 보장을 위한 법률적 근거를 마련하는 데 주안점을 두어 왔다. 역대 중국 지도부가 '사회주의 초급단계론'159)과 '사회주의 시장경제론', '3개 대표론'을 주장해 온 것이 그것이다. 중국은 1988년 헌법 개정에서 처음으로 사영경제의 존재와 발전을 허용하는 헌법 조항을 신설하였고, 1993년 헌법개정에서는 사회주의 시장경제 수립을 목표로 설정함으로써 시장경제와 사영경제 발전의 기틀을 마련하였다. 나아가 1999년 개정헌법에는 개체경제와 사영경제가 사회주의 경제의 단순한 보충적·보완적 존재가 아니

---

158) 중국 국가주석은 1949년 건국 후부터 있었다. 1954년 헌법에서는 독립된 기관으로 국가의 대표 및 상징으로 대외활동을 하도록 규정했다. 1966년 문화대혁명이 개시된 후 공석으로 있게 됐고 1975년 헌법에서는 아예 국가주석을 폐지했다가 1982년 헌법에서 다시 부활했다.

159) 사회주의 초급단계론은 중국의 발전 상황이 매우 낙후되었기 때문에 성숙한 사회주의 체제로 진입하기 이전까지는 다양한 비사회주의적 제도나 정책이 불가피하게 활용할 수밖에 없다는 주장이다.

라 중요한 구성체라고 명시하였던 것이 ≪2004년 개정헌법≫에서는 '공유제 경제'와 대등한 헌법적 지위를 얻게 된 것이다. 사회주의 국가인 중국 사회에서 개체경제와 사영경제 등 비공유제 경제를 공유제 경제와 대등한 위상을 갖게 하고, 신흥 중산계층이 일정한 정치적 지위를 보장받게 된 것은 실로 엄청난 변화이자 충격이 아닐 수 없다. 또 2004년 개정헌법에서 인민의 인권을 처음 보장한 것은 중국이 국민의 인권을 보장함으로써 미국 등 선진국과 대등한 인권국가로서의 이미지를 갖추고, 나아가 국민의 정부정책에 대한 호응도를 높이는 한편 양안통일 등 급격한 사회변화에 능동적으로 대응하기 위한 장기적인 포석으로 해석된다.

3. 중국의 대만교류법제

중국 국무원 판공청은 1987년 8월 대만이 대만 주민의 대륙친척 방문허용을 시사함에 따라 10월 16일 대만 주민의 중국대륙 방문에 관한 구체적인 절차를 담은 ≪臺灣同胞祖國大陸親族訪問旅行辦法≫을 발표하여 양안주민의 대륙왕래문제를 정책적 방침으로 해결하여 왔다.

그러나 양안주민의 왕래가 갈수록 증가하고, 각종 교류가 확대됨에 따라 평상적인 왕래를 보장하는 법규제정의 필요성이 대두되었다. 중국국무원은 이에 따라 1991년 12월 17일 양안 간에 출입경[160]에 관한 기본 행정협정법규인 ≪中國公民往來臺灣地區管理

---

160) 중국과 대만은 한국의 출국·입국이라는 용어 대신 出境·入境 용어를 사용하고 있다.

辦法≫을 제정하여 1992년 5월 1일부터 시행하고 있다.[161] 이 법은 총 7장 43조로 구성되어 있다. 동 판법의 입법취지는 제1조에 "대만해협 양안주민의 왕래보장, 각 방면의 교류촉진 및 사회질서를 유지하기 위하여 제정하였다."고 규정되어 있다. 또 제3조는 "대륙주민의 대만방문은 공안기관의 출입경 관리부서가 발급한 여행증명서에 의하여 개방 또는 지정된 항구를 통하여 통행한다."고 규정되어 있다. 대만 주민의 대륙방문도 국가주관기관이 발급한 여행증명서에 의하여 개방 또는 지정된 출입경 항구를 통하여 실시한다.

동법 제5조에는 "중국공민은 대만과 대륙을 왕래할 때 국가안전[162]과 명예 및 이익을 해하는 행위를 하여서는 안 된다."고 규정하고 있다. 이 법의 특징은 대륙주민과 대만 주민을 모두 '중국공민'으로 통칭하고, 중국공산당 지배하에 있는 지역을 '대륙', 국민당 지배하에 있는 지역을 '대만'으로 지칭한 한편 대만을 '대만지구'라 표현함으로써 '하나의 중국'의 일부로 취급하고 있다는 것을 들 수 있다. 예전보다 진일보한 이 법은 양안의 인적 교류 확대와 경제교류 합작의 추진과 강화에 매우 긍정적 영향을 미쳤다는 데 큰 의의를 둘 수 있다. 그리고 1991년 4월 9일 제7기 전국인민대표대회 제4차 회의에서 통과한 「最高人民法院事業報告書」에는 "대만과 관련되는 안건 심사에는 국가 법률, 정책 및 최고인민법원의 관련 사법해석을 착실히 관철하여야 한다."고 규정하고 있다.

---

161) 최은석, 앞의 책, p.222.

162) '國家安全'이라 함은 국가의 통일, 국내 각 민족 간의 단결, 국가영토의 보전, 국가 내부사무의 비밀유지, 국가독립 등을 포함한다. 법무부, 앞의 책(1995), p.121.

대만 주민이 대만지역의 민사행위와 대만지역 법규에 의하여 취득한 민사권리가 만약 중화인민공화국 법률의 기본원칙을 위반하지 않고, 사회의 공공이익을 손상하지 않았다면 그 효력을 승인할 수 있다는 것이다. 또 고급인민법원은 법률 규정에 의거하여 최고인민법원의 동의를 거쳐 대만관련기관을 통해 서로 위탁하여 대리하는 일정한 소송행위, 소송문건의 송달·집행 등의 문제도 해결할 수 있다고 명시하고 있다.163) 조정대상과 내용상에서 구분이 필요한 부문은 ① 대만동포, 대속164)이 대만친족 방문 및 정주하는 경우, ② 혼인, 부동산, 장례, ③ 대만과의 무역, ④ 양안의 통항, ⑤ 뉴스, 텔레비전, 출판교류, ⑥ 양안 간의 합의, ⑦ 국제조약 등은 별도의 전문적인 규정을 제정하여 발표하였다.

중국국무원 부총리 첸지천(錢基琛)은 1995년 6월 22일 중국인민정부의 ≪1997년 홍콩반환 후 홍콩의 대만 관련 문제처리에서의 기본원칙과　정책≫(中央人民政府處理"九七"后香港涉台問題的基本原則和政策)과 1999년 1월 15일 중국인민정부의 ≪1999년 마카오반환 이후 마카오의 대만과 관련된 문제처리에서의 기본원칙과 정책≫(中央人民政府處理"九九"后澳門涉台問題的基本原則和政策)이라는 2개의 중요문건을 발표하였다.165)

이것은 지금도 중국정부가 홍콩·마카오의 대만과 관련된 교류협력 사무를 처리하는 데 중요한 지침이 되고 있다. 이 발표는 1997년 7월 1일 영국의 중국에 대한 홍콩 반환에 대비함과 동시에

---

163) 張万明, 『涉台法律問題總論』(北京 : 法律出版社, 2003), pp.15 – 16.

164) '臺屬'이란 중국이 해방될 때 대만으로 일부 가지 못하고 대륙에 남아 살고 있는 가족을 말한다. 최명길, 앞의 논문, p.140.

165) 張万明, 위의 책, p.15.

향후 ≪香港特別行政區基本法≫[166] 제정과 1999년 12월 20일 포르투갈로부터 마카오 반환, 그리고 대만과의 통일에 대비한 세부적인 법률적 준비로서도 의미가 매우 크다고 하겠다. 1997년 7월 1일 중국과 영국은 공동성명을 통해 이날부터 홍콩의 주권이 중국으로 반환되었다고 발표하였다. 이후 중국은 치욕의 역사를 씻고, 홍콩의 현행제도를 유지하는 특색 있는 일국양제의 제도를 채택하는 새로운 역사를 쓰는 중요한 계기를 맞이하게 되었다.[167] 현행 ≪香港特別行政區基本法≫은 홍콩의 중국반환 이후 중국과 홍콩의 일국양제의 방법에 대해 규율하고 있는데, 이것은 당연히 중화인민공화국 헌법에 근거를 두고 있다.[168]

중국헌법 제31조는 "국가가 특별행정구를 설립할 필요가 있을 때에는 특별행정구에서 실행 중인 제도를 정황에 따라 참작하여 전국인민대표대회에서 규정한다."고 규정하고 있다. 또 세부적으로 헌법 제31조 1항은 특별행정구는 중국 내 일급 지방행정구역에 해당되지만 선전과 주하이 등의 경제특구와는 같지 않다고 규정하고 있다. 특별행정구에는 인민대표대회제도는 없고, 자본주의적 사회를 실현하는 중국헌법상 1개로 포함된 지구로 규율되고 있다.

중국헌법 제62조는 "특별행정구 등 기타제도에 대해서도 전국인민대표대회에서 규정한다."고 규정하고 있다.[169] 이 헌법 조문의

---

166) ≪香港特別行政區基本法≫은 1990년 4월 4일 중국 전국인민대표대회 제3차 회의에서 통과된 ≪香港基本法≫에 의해 세부적으로 제정된 법이다. 王泰全・陳月端, 앞의 책, p.105.

167) N. J. Miners, "The Government and Politics of Hong Kong", Oxford University Press, 1982 Chapter Ⅶ.

168) 肖蔚云,「一國兩制와 香港基本法律制度」(北京: 北京大出版社, 1990), pp.86-87.

169) 위의 책, pp.87-88.

의미는 결국 ≪香港特別行政區基本法≫이 중화인민공화국 헌법에 규정된 일국양제방침에 따라 제정되어야 한다는 것이다. 당연히 홍콩특별행정구 기본법의 근거법이 되는 홍콩기본법 제1조는 "홍콩특별행정구는 중화인민공화국의 일부분으로서 분리될 수 없다."고 규정하고 있다. 결국 홍콩특별행정구는 중국헌법에 의해 자치적 지위나 제도 등의 운영방식이 규율된다는 것이다.170) 대만의 경우도 통일이 실현되면 중국 헌법에 의해 규율되는 것은 분명하다고 하겠다.

(1) 三通政策

중국의 내부권력투쟁에서 승리한 덩샤오핑이 1978년 12월 중국 제11차 3중전회를 통하여 '4개 현대화'라는 실용주의 경제개방노선을 택하게 되면서 대만의 중국 투자와 교류가 서서히 시작되게 되었다. 중국이 대만의 반공전략을 충분히 대응할 수 있는 외교적, 군사적 능력에 대한 자신감을 바탕으로 쌍방관계의 합작구조를 만들어 낸 것이다. 이에 따라 중국은 1979년 진먼도에 대한 21년간의 포격을 중지하고, 「대대만동포서」를 발표하여 '三通'을 통한 평화통일을 주장하면서 종래의 무력해방 대만이라는 구호를 포기하였다.171) 이를 토대로 중국은 1981년 9월 인민대표대회의 상무위원장인 예젠잉(葉劍英)이 국공 양당이 대등한 담판으로 대업을 이루자는 이른바 ≪葉九條≫를 발표하기에 이른다.

---

170) 蕭蔚雲, 「一國兩制與香港基本法律制度」(北京: 北京大出版社, 1990), pp.88-89.
171) 이규태, "대만해협양안의 汪辜會談에 대한 연구", 「統一問題研究」(1993), pp.232-233.

≪葉九條≫는 첫째, 國共對等談判으로 제3차 국공합작을 실현한다. 둘째, 三通을 실현한다. 셋째, 통일 후 대만은 특별행정구로 자치권과 자체 군대를 유지·보장한다. 넷째, 대만의 현행 사회제도와 경제제도, 외국과의 경제 및 문화관계를 유지한다. 다섯째, 대만 당국과 각계 대표 인사들의 국내정치 참여를 보장한다. 여섯째, 중앙정가의 대만지방정부에 대해 재정을 보조한다. 일곱째, 대륙에 정착하고자 하는 대만인에게 적절한 도움과 왕래자유를 보장한다. 여덟째, 대만 상공업계의 대륙투자에 대한 합법적 권익과 이윤을 보장한다. 아홉 번째, 대만 당국과 각 정파의 중국 국사에 대한 의견제시를 보장한다는 등의 내용으로 되어 있다.[172] 이후 중국은 대만인의 투자에 대하여 일반 외국인투자에 비해 여러 가지 혜택을 주면서 적극 장려했으나 대만과의 투자보장협정이나 이중과세방지협정 등의 문서채택에 있어서는 대만문제가 국내문제라는 이유로 기피해 왔다.[173]

하지만 중국은 대만동포의 투자보호를 위하여 1994년 3월 5일 전국인민대표대회 상무위원회 제6차 회의에서 ≪대만동포투자보호법≫(臺灣同胞投資保護法)을 통과시켰다. 이 법은 15개 조문으로 구성되어 있으며, 제1조에는 "본 법은 대만동포들의 투자를 촉진하기 위해 제정되었다."고 규정하고 있다. 제3조에는 "국가는 대만동포 투자자의 투자, 투자수익과 기타 합법적인 권익을 법에 의해 보호하며 대만동포 투자는 법률과 법규를 준수해야 한다."고 규정되어 있다. 제4조는 "국가는 대만동포 투자자의 투자재산에 대해서

---

172) 李達, 「一國兩制與臺灣」(香港: 廣角鏡出版社, 2004), pp.179-182.
173) 법무부, 앞의 책(1995), pp.216-217.

국유화하거나 징발하지 않으며, 특수상황이 있을 경우 사회공공이
익의 수요에 근거하여 법률에 따라 상응한 보상을 하고 징발할 수
있다."고 명시하고 있다.

중국정부는 1999년 12월에는 국무원령 제274호로 ≪臺灣同胞投
資保護法實施細則≫을 공포·시행하여 대만인의 중국투자를 장려
하는 법적 근거를 추가로 마련하였다.

(2) 告臺灣同胞書

중국은 이러한 투자보호법이 마련되기 이전에는 1978년 1월 1일
발표한 「告臺灣同胞書」를 통해 대외경제 개방조치와 대만의 기술
과 자본을 유치하기 위한 각종 우대조치를 강구해 왔다. 중국은
1978년 중국공산당 제11회 중앙위원회 제3차 전체회의 이후부터
대외개방정책을 취하여 외국의 투자와 차관을 받아들이기 시작함
으로써 전 세계의 주목을 받게 되었다.

그러나 개방 초기 외국인 투자자는 중국 투자에 대하여 관망하
는 태도를 보였다. 당시 중국은 외국인 투자자에 대하여 명확한 법
률보장이나 담보를 제공할 방법이 없었기 때문에 외국 투자자를
보호하고 장려하기 위하여 1979년에 ≪중외합자경영기업법≫(中外
合資經營企業法)[174]을 제정하였다.

또 1986년에는 ≪外資企業法≫,[175] ≪國務院 外國人投資獎勵

---

174) '中外合資經營企業'이란 외국회사, 기업, 개인 등이 중국정부의 비준을 받아 중국 내에서
중국의 회사나 기업 등과 공동으로 투자하여 손익을 부담하는 기업법인조직을 말한다.
조동제, 「중국 외국인투자기업 경영법률과 실무」(2007), pp.35 - 43.

175) '外資企業'은 일반적으로 자본 도입에서 법률에 의해 기업을 설립하고 경영하며, 외국
투자자가 전부 또는 대부분의 자본을 소유하는 경제실체를 말한다.

에 관한 規定》, 《中外合作經營企業法》[176] 등 일련의 涉外經濟法律을 잇달아 공포하였다.

이와 함께 국무원은 1983년 4월 5일 《臺灣同胞의 經濟資區投資에 대한 特別保優待判法》을 발표하여 최초로 대만 주민의 대륙투자에 대한 법적 규정을 마련하고, 4개 경제특구에 대한 기업소득세 감면, 내수판매 허용, 토지사용료 우대 등의 조치를 규정하였다.

이것은 사회주의제도를 견지하면서 경제개혁과 개방을 적극적으로 추진하여 국가경제를 발전시키려는 중국정부의 노력의 산물이었다.[177] 이에 따라 중국에서는 1990년대 초부터 사회주의 시장경제 요소를 반영하는 여러 가지 법적 논의가 잇따라 진행됐다. 중국 정부는 2001년 3월 15일 제9기 전국인민대표대회 제4차 회의에서 대외개방의 새로운 상황에 부응하고, 진일보한 외국인 투자환경을 마련하기 위해 위 외국인투자 관련 세 가지 법률을 시대변화에 맞게 개정하였다.[178] 외국인투자기업 관련법제들의 개정은 중국이 대외경제정책의 확대와 WTO 가입에 적응하기 위하여 필요한 조치였다고 말할 수도 있다. 중국의 외국인투자우대제도는 금융상 특별우대는 없으며 세제차원에서 지원하는 정도이다. 경제특구, 개발구, 하이테크 산업개발구 등 특정지역과 중서부 내륙지역의 자원개발, 농업투자, 인프라 건설 등 분야에 대해서는 경제특구와 동일한 인센티브를 제공하고 있다.

---

176) '中外合作經營企業'은 1988년 4월 13일 제7회 전국인민대표대회 제1차 회의에서 채택되었고 2000년 10월 31일 제9회 전국인민대표대회 상무위원회 제18차 회의에서 1차 개정되었다. 개정된 내용은 중국기업의 대외경제협력과 기술교류 확대를 위하여 외국기업과 상호 평등하게 공동으로 기업을 설립하도록 하는 것이 주요하다.

177) 조동제, "중국 외국인투자기업의 개념과 특징", 「法書」(2002. 5), p.245.

178) 위의 논문, p.256.

중국은 2002년 2월 26일 ≪外國人投資方向指導暫定規定≫
(1995. 6. 20)을 폐지하고, 2002년 4월 1일부터 ≪外國人投資方向
指導規定≫을 제정하여 시행하고 있다. 중국이 7~8%의 경제성장
을 지속적으로 유지하기 위해서는 경제개혁과 산업 구조조정을 추
진하고, WTO 가입 이후 외국인들에 대한 투자지침을 합리화하기
위하여 지도규정을 다시 제정한 것이다.[179] 이 지도규정은 모두 17
개 조문으로 구성되어 있다. 그 주요내용은 외국인 투자영역을 장
려, 허가, 제한, 금지의 4가지로 분류하고 있다. 동시에 「외국인 산
업지도 목록」[180]을 규정하고 있으며 그 외 부분은 허가영역으로
간주하도록 하였다.

지도규정 제9조에는 "장려영역의 외국인투자는 법률, 법규, 규정
에 의해 우대편의를 받는 것 이외에 투자자금이 크고 회수기간이
긴 에너지·교통·전력 등 기반시설의 건설 및 운영에 종사할 경
우 비준을 거쳐 관련된 운영범위를 확대할 수 있다."고 규정하고
있다. 또 ≪外國人投資方向指導規定≫의 제정으로 장려산업 관련
업종과 함께 은행, 보험, 증권, 관광 등 서비스 업종에 대한 외국인
투자도 확대될 것으로 제시됐고, 아울러 서부지역에 대한 외국인투
자도 확대될 수 있도록 규제를 완화했다.

특히 중국은 WTO 가입 이후 대만과의 경제무역이 안정적으로
발전하는 계기를 맞이하게 됐을 뿐 아니라 상호 공무원 파견과 경

---

179) 최명길, 앞의 논문, pp.184 - 185.
180) 지도규정 제8조 '외국인투자 산업지도 목록'은 외국인투자영역을 합자, 합작으로 제한하거
　　나 중국 측의 절대 또는 상대 주주권을 규정할 수 있다. 중국 측 절대 주주권은 중국 측의
　　투자비중이 51% 이상이어야 하고 상대 주주권은 중국 측 투자비중이 외국 측 합자파트너
　　보다 비중이 높아야 함을 말한다.

제교류협력에 제도화의 기틀을 맞이하게 됐다. 또 중국은 다국적 시장에서 최혜국 대우를 받으면서 대만과의 무역에서 형평을 이루는 기회를 얻게 됐다.[181]

(3) 출입경 규정

중국정부는 대만의 출입경 조례와 관련해 대만동포와 대만이주자들의 대륙에 남아 있는 가족이 대만을 이주하는 문제를 원만히 해결하기 위해 1989년 12월 20일 국무원의 비준을 거쳐 각 성이나 자치구, 직할시, 계획단열시,[182] 국무원 각부 위원회, 각 직속기구에 출입경과 관련한 특별규정을 시행하도록 공포하였다. 이 규정에는 대만동포나 대만이주자들의 남아 있는 가족이 사적인 일로 정주허가를 받아 대만에 가서 사는 동안 관련된 비용과 보조금, 이행사항 등 대우조건과 한계를 명시해 두었다.

하지만 이러한 임시규정으로는 양안 간의 교류협력에 한계가 나타남에 따라 중국정부는 1992년 5월 1일 ≪대륙공민의 대만지구방문관리법≫(中國公民的臺灣地區來管理辦法)을 시행한다. 동법은 제1장 총칙과 제2장 대륙주민의 대만방문, 제3장 대만 주민의 대륙방문, 제4장 출입경 검사, 제5장 증명서관리, 제6장 처벌 등 모두 7장에 44개조로 제정되어 있다. 제1장 제1조에는 "대만해협양안 주민의 왕래를 보장하고, 양측의 교류를 촉진하며 사회질서의 유지·보

---

181) 行政院大陸委員會, 「堅持 - 四大原則的兩岸關係」(2008), p.76.

182) 計劃單列市는 1980년대 국가계획을 실행하는 대도시로 행정체제상 省-級에 속하지는 않지만 성급 경제관리 권한을 갖는다. 사회총생산 150억 위안 이상, 인구 100만 이상이며, 현재 중국에는 다롄(大連), 닝보(寧波), 샤먼(厦門), 칭다오(靑島), 선전(深圳) 등 5개 도시가 있다. 법무부, 앞의 책(2008), p.583.

호를 위해 본 판법을 제정한다."고 목적을 규정하고 있다.

제7조는 "대륙주민이 대만방문을 신청하는 때에는 일정한 수속절차를 밟아야 한다."고 규정하고 있다. 또 제13조에는 "대만지구에서 직접 대륙을 방문하고자 하는 대만 주민은 중국 공안부 출입경 관리국에서 파견하거나 위탁한 관련 기관에 여행증명서를 신청하여야 한다."고 규정되어 있다.

제17조는 "대만 주민이 대륙에서 투자 또는 무역 등의 경제활동에 종사하거나 왕래하여야 할 필요가 있는 때에는 현지의 시·현의 공안기관에 복수유효증명서를 신청할 수 있다."고 규정하고 있다. 그리고 제42조에는 "동 판법을 위반하여 취득한 재물은 추징하거나 배상명령을 내리고, 범죄에 사용된 당사자의 재물은 몰수한다."고 규정되어 있다.[183]

중국의 이러한 출입경판법 제정은 해마다 늘어나는 양안 민간교류의 활성화에 대비하고, 대만과의 교류과정에 법적인 충돌문제를 원만히 해결함으로써 향후 통일을 대비하기 위한 것으로 분석된다.

(4) 중국의 대만인 투자 장려

중국은 1979년 ≪中華人民共和國中外合資經營企業法≫을 반포한 후 1980년대에는 경제특구를 적극적으로 추진하고, 연해지역을 개방하여 외상투자기업의 유치를 위해 많은 우대정책을 시행했다. 또 각 지방정부에 외상투자허가권을 확대해 주고, 외상투자기업의 생산여건과 경영환경을 개선하였다.[184]

---

183) 법무부, 앞의 책, pp.594-596.

중국은 이러한 정책 속에 대만과의 교류가 크게 늘어나 자국의 경제발전에 도움이 되자 대만의 기업과 개인의 직접투자를 이끌어 내기 위해 1994년 3월 전국인민대표대회 상무위원회에서 ≪中華人民共和國臺灣同胞投資保護法≫을 제정·공포하게 된다. 동법은 모두 15조로 구성되어 있는데 대만동포의 투자를 유도하고 보호하는 데 목적이 있다.

동법 제1조에는 "대만동포의 투자를 보호·장려하고, 해협양안의 경제발전을 촉진하기 위해 본 법을 제정한다."고 규정하고 있다. 제2조에는 "본 법에 규정이 없는 경우에는 국가의 기타 법률이나 행정법규에 대만동포의 투자에 대한 규정이 있으면 당해 규정에 따라 집행한다."고 명시하고 있다.

또 중국은 대만지구 기업들의 우려를 해소하기 위해 동법 제3조에는 "국가는 법에 따라 대만 투자자의 투자·투자수익 및 기타 합법적 권익을 보호하며, 대만동포의 투자는 국가의 법률과 법규를 준수하여야 한다."고 규정하고 있다. 제4조는 "국가는 대만동포 투자자의 투자에 대해 국유화 및 공용수용을 실행하지 않는다. 특수한 상황인 경우 사회 공공이익의 필요에 의하여 대만동포 투자자의 투자에 대해 법률절차에 따라 상응한 보상을 하고 징수할 수 있다."고 규정하고 있다. 제8조에는 "대만동포투자기업을 설립하는 경우 국무원에서 규정한 부서나 지방인민정부에 신청하여야 하며 신청을 받은 심사비준기관은 모든 신청문서를 받은 날로부터 45일 이내에 비준 또는 불비준을 결정하여야 한다. 신청인은 대만동포투

---

184) 王泰銓, "中國大陸地區主要財經法令與中點事項解析", 「台商大陸投資手册」 1편(臺灣: 行政院大陸委員會, 2007), p.100.

자기업의 설립신청 비준을 받은 날로부터 30일 이내에 등기기관에 등기를 하여야 하고, 영업허가증을 수령하여야 한다."고 규정되어 있다.185)

이와 함께 중국은 소상인들을 위해 1994년 1월 ≪關於對台灣地區少額貿易的管理辦法≫을 실시했다. 광둥(廣東), 저장(浙江), 장수(江蘇), 상하이(上海), 산둥(山東) 등 동남연해구역을 지정하여 대만과 중국 주민들의 소액무역을 허용하였다. 이 구역에는 출입구가 제한됐으며 무역금액도 1인당 미화 10만 달러로 한정하였고, 무역품목도 국가가 정하는 품목으로 제한하였다.186)

중국은 양안 주민들 간의 무역이 증가하고 대만동포의 투자가 늘어나면서 세밀한 법 규정이 필요하게 되자 1999년 12월에 ≪中華人民共和國臺灣同胞投資保護法實施細則≫을 제정하였다. 이 실시세칙은 모법에 16개조를 추가하여 31개조로 구성되었다. 특이한 규정은 제8조 대만동포의 대륙투자에 있어 ① 합자경영기업과 합작경영기업 그리고 자본 전부를 대만동포 투자자가 투자한 기업(대만동포투자기업)의 설립, ② 기타 8가지 투자형식을 구체화한 자연자원의 합작탐사개발, ③ 구상무역, 조립가공, 합작생산의 전개, ④ 기업의 주식·채권의 구매, ⑤ 건물의 구매, ⑥ 토지사용권 취득과 경영개발, ⑦ 국유소형기업 또는 집체기업, 사영기업의 매수 등을 법률과 행정법규에서 구체적으로 열거한 점이다.

제17조는 "대만동포 투자자 개인의 자녀 및 대만동포투자기업의 대만동포 직공의 자녀는 국가 관련 규정에 따라 대륙의 초·중·

---

185) 법무부, 앞의 책(2008), pp.673 - 675.
186) 中華民國司法院, 「中國大陸法制硏究」 第16輯(2008), pp.276 - 277.

고등학교에서 교육을 받을 수 있다."고 규정하고 있다. 대만동포 투자자 또는 대만동포 투자집중지구에 있는 대만동포투자기업협회는 국가 관련 규정에 따라 대만동포 자녀를 위한 학교의 설립을 신청할 수 있다.

비준을 얻어 설립된 대만동포 자녀 학교는 중국 교육행정부서의 감독을 받아야 한다. 중국은 2000년 12월에 모두 15조로 구성된 ≪臺灣地區與貿易管理辦法≫을 제정·공포한다. 동 판법 제1조는 "대륙과 대만지구 간의 무역발전을 위하고 해협양안의 정상적인 무역질서를 유지·보호하며, 해협양안경제의 발전을 촉진하기 위해 본 판법을 제정한다."고 규정하고 있다.

제6조에는 "중화인민공화국 대외무역경제합작부는 대대만무역의 주무기관이다. 이에 따라 성·자치구·직할시 인민정부의 대외경제무역 주무기관은 본 행정구역 내의 대대만무역업무의 관리를 책임진다."고 규정하고 있다. 제12조에는 "대만무역에서 분쟁이 발생하면 당사자는 협의나 조정을 통해 해결한다."고 규정되어 있다. "당사자가 협상·조정을 원하지 않거나, 협상·조정에 실패한 때에는 계약상의 중재조항이나 사후에 체결한 서면중재합의에 의거하여 중국의 중재기관에 보내 중재할 수 있다."고 규정하고 있다.[187] 이 판법은 종전의 규정이나 판법과는 달리 중국이 대만과의 무역교류에 있어 동등한 입장을 취하고 있거나 우위의 입장에서 법 개념을 만들고 있다는 데 의미가 있다고 하겠다.

중국은 장쩌민 주석의 지시로 1999년 4월 주룽지 총리가 파격적인 시장 개방안을 갖고 미국을 방문한 결과 한 달 뒤 미국 하원으

---

187) 법무부, 앞의 책(2008), pp.676-685.

로부터 최혜국 대우에 해당하는 항구적 정상무역관계(PNTR: Permanent Normal Trade Relation) 자격을 얻은 데 이어 2001년 12월에는 5년 내 금융시장 개방 등 중국시장의 대대적인 개방을 전제로 WTO[188]에 가입하게 된다. 이를 계기로 세계 각국의 중국투자가 늘어나면서 중국경제는 크게 발전한다. 이후 중국은 지금까지 대만과의 교류를 지속하고 필요한 부분은 더욱 확대할 것을 지시한다.

이것은 자본주의 시장경제를 채택하고 있는 대만과의 교류의 폭을 농산물과 수산물 등 생활용품으로까지 확대해 나감으로써 서로 이익을 추구하고 WTO 가입에 따른 본격적인 시장개방과 세계 각 국가와의 FTA(자유무역협정)에 사전 대비하자는 의도이다.

중국 공안부는 대만동포의 대륙왕래를 편리하게 하기 위해 기존에 개방하였던 하이고우(海口)·산야(三亞)·샤먼(廈門)·푸저우(福州)·상하이(上海) 등 기존 5개 지역에서 입국비자처리를 하던 것을 센양(瀋陽)·다롄(大連)·청두(成都) 3개 지역의 항구를 추가하는 조치를 취했다. 중국은 WTO 가입 이후 경제가 해마다 10%의 고속성장을 하여 지금은 세계 경제대국으로 발전하고 있다. 2000년 이후 중국의 성장은 <표 3 - 1>과 같다.

2006년 4월 15일 중국공산당 중앙위원회 대만 업무 판공실은 ≪양안교류협력 촉진을 위해 대만동포에 대해 실시하는 15개항의 조치≫를 발표한다.

이 조치는 대만농산물의 대륙판매를 확대하기 위해 2006년 5월 1일부터 대만 과일의 검사검역과 진입허가품종을 18종에서 22종으

---

188) WTO는 1947년 시작된 GATT(관세와 무역에 관한 일반협정)을 대체하기 위해 1995년 1월 1일 등장한 세계무역기구이다. 회원은 '무조건 최혜국대우 공여원칙'을 적용받는다.

로 확대한 것을 비롯해 대만 수산물과 어획물의 대륙판매를 확대하는 후속 조치를 포함하고 있다. 또 중국 내부에서는 사회주의 시장경제가 발달하면서 종전에는 볼 수 없었던 양안 간의 무역분쟁을 비롯해 법인 간의 상사분쟁, 개인 간의 교역분쟁 등이 잇따라 이를 해결하기 위한 협상과 조정 등 자본주의식의 분쟁해결제도와 경제개념이 발달하는 계기도 맞게 된다.

〈표 3-1〉 近 5年 中國生産額與成長率

(단위: 億人民幣)

연도	GDP	GDP성장률
2002	120,333	9.1%
2003	135,823	10.0%
2004	159,878	10.1%
2005	182,321	9.9%
2006	209,407	10.7%

* 출처: 臺灣 行政院大陸委員會, 「中國研究導論」 上編(2008), pp.21.

(5) 反分裂國家法

2004년 천수이볜 총통이 재당선되면서 대만 행정원은 중국의 반대에도 불구하고 대만의 독립의지를 대내외에 천명하였다. 이에 따라 중국 당국은 2004년 12월 17일 대만의 독립의지를 봉쇄하기 위하여 ≪反分裂國家法草案≫을 심의하였다. 이어 2005년 1월 1일에는 후진타오 주석이 신년담화를 통해 "중국은 최대한 성의를 다하여 대만과의 평화통일을 위해 노력하고 있고, 일국양제의 원칙하에 대화로 담판을 하기를 희망한다. 그리고 중국의 분할을 부추기는 대만독립은 절대 불허한다."고 밝힌 바 있다.[189] 그런 뒤 중국은

2005년 3월 14일 제10기 전국인민대표대회 제3차 회의에서 ≪反分裂國家法≫을 통과시키며, 대만독립반대 의지를 분명히 하였다.

≪反分裂國家法≫의 요지는 동년 3월 3일 후진타오 주석이 대만에 대해 밝힌 4가지가 핵심이다. 첫째, '하나의 중국' 원칙견지, 둘째, 평화통일 노력 절대 불폐기, 셋째, 대만인민의 생활방식 절대 불변, 넷째, 대만독립분열활동 절대 불타협을 말한다.[190] 이와 관련하여 중국은 ≪反分裂國家法≫ 규정에서 해협대만지구의 평화와 양안의 공동발전을 위해 양안이 5가지를 구체적으로 고려할 것을 제안했다. 첫째, 양안주민의 인원왕래와 상호 이해와 신뢰를 증진하자. 둘째, 양안의 경제교류와 합작 및 三通(通郵・通航・通商)의 추진으로 공동발전을 추구하자. 셋째, 양안의 교육・과학기술・문화 등 四流를 교류하여 중화민족의 전통을 되살리자. 넷째, 양안이 공동으로 범죄를 퇴치하자. 다섯째, 양안의 공동발전을 위해 다른 활동도 해 나가자는 것 등이다.[191]

≪反分裂國家法≫은 사실 1996년부터 중국학자들 간에 논의되기 시작하여 1999년 리덩후이 총통이 '특수양국론'을 주장하던 시점에 '국가통일법'이라는 명칭으로 중국 지도부에 건의되었으나 유보된 적이 있다.[192] 그러나 중국은 2000년 5월 20일 천수이벤이 대만의 제10대 총통에 취임하는 자리에서 '四不一沒有'[193] 정책을

---

189) 王泰銓, "大陸對臺政策與兩岸政治關係分析", 「台北市企業經理協議會政經研討會」 (2005).

190) 邵宗海, 앞의 책, pp.248.

191) 國務院台灣事務辦公室, 「中國台灣問題外事人員讀本」(北京: 九州出版社, 2006), p.158.

192) 邵宗海, 위의 책, p.243.

193) "중국공산당이 대만에 대해 무력동원을 할 의사가 없는 한 본인은 임기 내에 독립을 선포하지 않고(不會宣布獨立), 국호를 변경하지 않으며(不會更改國號), 양국론을 헌법에 추가

밝히며 향후 대륙정책에 변함이 없을 것임을 국제사회에 천명해 놓고, 2008년 8월 3일 일본 도쿄에서 열린 세계대만동향연합회 제29기 연례회의에 화상치사를 통해 '一邊一國論'194)을 주장함에 따라 어떤 방식으로든 대만 정부에 대해 제재를 가해야 한다고 판단한 것이다.

중국은 ≪反分裂國家法≫ 제정에 대해 "양안의 문제는 1940년대 후기 중국 내 내전으로 일어난 문제로 반분열국가 세력을 저지하고, 중국의 일부분인 대만을 평화적으로 통일하려는 것이다."라고 밝히고 있다.195) 反分裂國家法은 중국공산당 내부에서 어떠한 방법으로 대만독립 문제를 억제할 것인가에 대해 이전부터 장기간 논의해 온 결과물이다.

일부 학자는 법안의 명칭을 ≪反分裂國家法≫으로 정한 데 대해 다음과 같이 분석하고 있다.196) 첫째, 統一法의 명칭을 사용할 경우 중국 당국이 통일에 대한 강박감을 나타내는 것처럼 보이기 때문에 反分裂國家法 명칭을 사용하는 것이 더욱 적합하다고 생각한 것이다. 둘째, 중국정부는 이 법이 통과된 후에 미국이 보일 후속조치에 대해서도 주의를 기울인 결과로 볼 수 있다. 만약 統一法을 제정하면 미국은 중국정부가 양안의 현 상태를 깨는 것이라 간

하는 것을 추진하지 않고(不會推動兩國論入憲), 현상을 변경하는 통일이나 독립에 대한 투표를 추진하지 않을 것이며(不會推動改變現狀的統獨公投), 또 국가통일강령과 국가통일위원회 폐지문제는 없을 것임을 보장한다(沒有廢除國統綱領與國統會的問題)."는 정책을 말한다.

194) '一邊一國論'은 3가지 사항으로 첫째, 대만은 대만 자신의 민주·자유·인권·평화의 길을 걸을 것이다. 둘째, 대만은 다른 무엇의 일부분이 아니고 다른 누구의 일개 省도 아니며, 제2의 홍콩·마카오가 될 수 없는 하나의 주권독립 국가라는 주장이다.

195) 國務院台灣事務辦公室, 앞의 책(2006), pp.157 - 158.

196) 邵宗海, 「原則 - 反國家分裂法的分析與評估」(2006), pp.6 - 7.

주하고 개입할 우려가 있지만, 反分裂國家法이라는 용어를 사용하면 대만이 독립을 모색하지 않는 한 양안 사이에 전쟁 발발의 위험이 적으며 미국도 중국정부에 압력을 행사하지 않을 것으로 판단했다. 셋째, 중국정부가 통일법을 채택하면 통일을 위한 구체적 일정 마련으로 양안 모두가 부담을 가질 수밖에 없는데 반분열국가법을 제정하면 중국 입장에서는 구속성이 없으며 독립을 주장하는 대만의 입장에서도 현 정책을 방어한다는 의미가 커져 부담이 줄어들 것이라고 판단한 것이다.

≪反分裂國家法≫ 제1조는 "대만독립의 분열세력이 국가를 분열하는 것을 반대·제지하고 조국의 평화통일을 촉진하며 대만해협지역의 평화안정을 유지·보호하고 국가주권과 영토의 완전성 보호 및 중화민족의 근본이익 보호를 위하여 본법을 제정한다."고 규정하고 있다.[197] 또 제2조는 "세계에는 오직 '하나의 중국'만이 존재하고, 대륙과 대만은 모두 하나의 중국에 속하며 중국의 주권과 영토의 완전성은 분할될 수 없다."고 규정하고 있다. 동법 제5조는 "하나의 중국 원칙을 견지하는 것은 조국 평화통일을 실현하는 기초로서 평화적 방식으로 조국을 통일하는 것이 대만해협 양안동포의 이익에 가장 부합하므로 국가는 최대한의 성의와 노력을 다하여 평화통일을 실현한다."고 규정하고 있다. 제6조는 "대만해협의 평화안정과 양안관계의 발전을 위해 첫째, 양안주민의 왕래를 장려·추진하여 상호 이해와 신뢰를 높여야 한다고 규정하고 있다. 둘째, 양안의 경제교류와 협력을 장려하여 직접 通郵·通商·通航하고 양안 경제관계를 밀접하게 하여 서로 이익과 혜택을 누린다.

197) 國務院台灣事務辦公室, 앞의 책, p.157.

셋째, 양안의 교육·과학기술·문화·위생·체육교류를 장려하여 중화문화의 우수성을 널리 전파한다. 넷째, 양안이 공동으로 범죄를 소탕하는 것을 장려·추진한다."고 규정하고 있다.[198] ≪反分裂國家法≫ 제8조는 대만의 독립주장에 대한 경고적인 의미로 "대만독립을 꾀하는 분열세력이 어떠한 명분이나 방식으로 대만을 중국으로부터 분열을 조성하는 사실이 있거나 중대한 상황이 발생할 경우 국가는 비평화적 방식으로 필요한 조치를 취하고, 국가주권과 영토의 완전성을 추구해야 한다."고 규정하고 있다.

이러한 반분열국가법의 특이한 점은 중국이 그동안 정부문서나 발표에서 반드시 언급하던 '일국양제'가 언급되지 않고 있다는 점이다. 중국이 동법을 제정할 당시 '일국양제' 용어를 언급하지 않은 것은 이 정책을 포기한 것이 아니라 당시 대만 주민의 불만정서를 고려하였다는 분석이 설득력이 있다. ≪反分裂國家法≫ 제정에 참여한 중국 칭화대(淸華大) 법학원 왕쩐민(王振民) 교수는 동법의 조문에 '일국양제'가 언급되지 않은 것에 대하여 양안통일 후 대만에서 실시되는 '일국양제'는 새로운 제도로서 나타날 가능성이 있기 때문에 직접적으로 명시하지 않았다고 전하고 있다.[199]

동법이 전국인민대표대회를 통과한 날 대만의 '中國時報'와 '聯合報'가 실시한 여론조사에 따르면 臺灣住民의 62~66%가 동법 제정에 반대의견을 표명했고, '中國時報'의 조사에서는 응답자의 60% 이상이 중국이 이 법을 통과시킨 것은 비평화적 방식으로 대만독립을 막겠다는 의사를 나타냈다[200]고 한다. 대만의 헌법학자

198) 법무부, 앞의 책, pp.73-74.
199) 위의 책, p.74.

왕타이취앤(王泰銓) 교수는 ≪反分裂國家法≫을 제정한 중국 당국의 의도는 '反獨統一'이라고 해석하고 중국이 1999년 작성한 '統一法草案'의 전제일 뿐이라고 주장하고 있다. 왕타이취앤 교수는 이에 대해 첫째, 통일법은 미래 양안관계의 유일한 법규범이 되지만 반분열국가법은 국제사회에서 현재 양안관계의 현상을 유지하는 인상을 심어 주는 이점이 있다는 것이다. 둘째, 반분열국가법은 대만을 중국의 일부분을 전제로 입법을 했으며, 대만의 현상은 언제든지 달라질 수 있는 문제라는 것이다. 셋째, 반분열국가법 명칭을 보면 대만독립을 막고는 있지만 통일을 촉진하는 것도 아니라는 의미를 담고 있으며, 실제로는 분열을 반대하고 비협력에 대한 징벌적인 의미를 담고 있다고 주장한다.[201]

제2절 대만의 헌법 및 교류법제

1. 대만의 헌법

중국과 대만은 역사적으로 한 뿌리이기 때문에 왕조시대나 근대화시기에는 같은 헌법의 역사를 갖고 있다. 현재 양안이 분단된 상황에서 이에 대한 해석은 중국과 대만의 정치상황에 따라 다르다고 하겠다. 하지만 분명한 것은 역사적으로 1900년대 초 중국에는

---

200) 「中國時報」 4版(2005. 3. 9); 「聯合報」 2版(2005. 3. 16).
201) 王泰銓, 앞의 논문, pp.68－70.

영국과 독일·일본 등 문호개방을 요구하는 열강들에 의해 근대헌법의 개념이 들어오면서 헌법학이 싹트기 시작했다는 것이다.

중국 대륙에서 헌법학이 발전한 시기는 1911년 신해혁명 이후 청왕조가 무너지고 중화인민정부가 수립된 이후이다. 1912년 3월 11일에 공포된 ≪중화민국임시약법≫(中華民國臨時約法)이 최초의 민주공화제 헌법으로 기록되고 있다. 또 군벌출신인 원세개가 대총통에 추대된 후 1914년에 ≪中華民國約法≫을 제정했다.[202] 이어 쑨원이 1924년에 ≪건국대강≫을 발표하면서 국가정권을 입법·사법·행정·감찰·고시 등 다섯 개로 분립시키는 오권헌법(五權憲法)이론을 제시하여 중국학자들의 헌법에 관한 연구와 저술 활동이 활발하게 이루어지도록 했다. 그러나 그동안 중국 전역을 주도해 왔던 국민당이 일본 패망 후 공산당에 전세가 역전되어 대만으로 패퇴의 길을 걷게 되면서 중국의 헌법역사도 ≪中華民國憲法≫과 ≪中華人民共和國憲法≫으로 나누어지게 되었다. ≪中華民國憲法≫은 1946년 12월 25일 제정되어 1947년 1월 1일 공포를 하고 12월부터 시행되었다.[203] 1991년부터 2000년 10월까지 리덩후이 총통의 강력한 추진하에 소위 「修正憲法條文」을 제정하였다.

헌법 본문의 구성을 고치지 않는 방법으로 1991년 5월 1일과 1992년 5월 28일, 1994년 8월 1일, 1997년 7월 21일, 1999년 9월 15일 그리고 2000년 4월 25일 6차례 수정을 하였다.[204] 수정헌법 조문 제11조는 "대만지구와 대륙지구 간 인민들의 권리의무 관계

---

202) 吳祖謀·李双元, 앞의 책, p.75.

203) 管歐, 「中華民國憲法論」(台北：三民西局, 2004), pp.12-25.

204) 최명길, 앞의 논문, p.115.

와 기타 사무 처리는 법률로 규정한다."고 되어 있다. 이 규정에 의해 제정된 ≪兩岸關係條例≫와 ≪施行細則≫에는 "대만지구는 臺灣, 澎湖, 金門, 馬祖와 정부의 통치권이 미치는 기타 지구를 말하며 대륙지구는 대만지구 외의 중화민국 영토를 말한다."고 규정되어 있다.

대만정부의 헌법수정은 대만 내 여러 정치세력의 타협의 산물이며, 대만지구 내 정치지형의 변화를 말해 주고 있다. 빈번한 헌법수정으로 대만의 헌정체계는 잦은 변화를 맞이했고, 그만큼 내부적으로 혼란이 생기고 있다는 것을 반증하고 있다. 대만은 오권분립[205] 제도를 채택하고 있다.

하지만 수차례 헌법의 수정으로 총통의 권한이 크게 늘어나고 국민대회는 점차 그 권리를 잃어 갔다. 또 입법원의 권리는 확장되고, 감찰원과 고시원의 권리는 축소되었다. 그래서 당시 중국이 가장 우려한 점은 대만이 중화민국의 기치 아래 헌법수정과 입법·국민투표 등 법률적 방식을 통해 대만독립을 주장하고 있는 것이다. 1999년 7월 20일 중국 중앙대만사무소의 한 책임자는 "대만이 대륙과의 분열을 주장하는 양국론에 대해 반대한다."는 성명을 발표하였다. 그는 성명에서 대만분열 세력이 양국론에 의해 대만의 헌법과 법률을 수정하여 중화민국 명의로 독립을 실현하려 하고 있으나, 이것은 위험한 시도이고 평화통일에 큰 도전이라고 밝혔다.

그러나 리덩후이의 '양국론'과 천수이볜의 '독립론'은 중국 대륙의 거대한 경제력에 점점 힘을 잃어 가는 반면 2008년 3월 대만의 총통선거에서 국민당의 마잉주 총통이 탄생하여 지금 양안관계는

---

205) 대만은 5권분립 제도로 입법원·사법원·행정원·감찰원·고시원으로 권력이 분산되어 있다.

그 어느 때보다 교류협력 활성화와 평화통일 논의의 장을 열어 가고 있다. 이에 따라 대만의 헌법과 법률도 향후 양안의 교류협력 정도와 평화통일에 대한 논의결과에 따라 많은 부분에서 수정이 가해질 것으로 전망된다.

대만의 헌법은 역대로 총통의 정치철학에 따라 기조가 바뀌어 왔고, 또 정치세력들 간의 협상과 타협에 따라서도 변경되기도 하였다. 하지만 헌법 본문은 그대로 두고, 수정되는 부분만 추가로 보완하는 增修憲法의 성격을 띠어 왔기 때문에 오권헌법 근간의 준수와 국가통일방침은 변하지 않아 왔다.[206]

2. 대만의 중국교류정책

(1) 三不政策

중화민국은 1970년대 세계적인 데탕트 분위기 속에도 1978년 이전까지 새로운 대륙정책을 펴지 못하고, 중국 대륙의 평화공세를 중화민국의 전복을 꾀하는 통일전선의 음모로 비판하면서 반공정책을 견지하여 왔다. 즉 "공비의 주장은 30년 전의 회담을 통하여 대륙을 점거한 옛날의 수법을 다시 사용하려는 것으로 새로운 내용이 전혀 없다."라고 강력히 반박하며 삼불정책을 역설해 왔다.[207] 이러한 대만의 소극적인 통일정책인 삼불정책은 당시 한국과 독일이 분단해결을 위해 쌍방의 대화와 교류를 진행 중이던 상황과

---

206) 李炳南, 「憲政改革之硏究」(台北 : 揚智, 1997), pp.41 - 46.
207) "我們爲何不與中共談判 - 중공과 담판하지 않아야 한다", 중앙일보(1979. 1. 8).

비교되면서 "쌍방의 접촉을 금지하며 삼민주의(三民主義)의 성과만을 대륙에 선전하여 통일을 이룰 수 있겠는가."라는 대내외의 많은 비판에 직면했다. 이후 양안 통일문제에 있어 중국이 '주동'이 되고, 대만은 '피동'이 될 수밖에 없는 결과를 낳아 대만은 대내외 정책상 상당히 불리한 상황에 몰리게 되었다.[208]

이처럼 중국과 대만은 분단 이후 적대적 관계를 계속 유지해 오다 1980년대 들어 국제환경의 변화로 양안 간의 교류가 증대되면서 자연스럽게 통일논의가 대두되었다. 대만정부는 당시 고수하고 있는 三不政策[209]으로 인하여 정치적인 접촉이 막혀 있었으나, 대만 주민들의 비공개적인 친척방문과 경제교류가 급격하게 늘어나는 현실을 받아들이지 않을 수 없게 되었다.

인적 교류를 시발로 한 양안의 비정치적이고 민간차원의 교류 및 협력은 1980년대 이후 양안관계 변화를 주도하는 요인으로서 양안의 전반적인 관계개선과 안정에 기여해 왔다. 하지만 교류협력의 규모와 범위가 확대되면서 정치적 측면과 비정치적 측면을 완전히 분리하는 데는 한계가 있었다.

교류협력이 일정한 궤도에 진입한 이후에는 양안 간 정치적 관계의 기류변화가 교류협력 전반에 영향을 미치게 되었으며, 정치적 측면의 관계개선이 이루어지지 않은 상태에서 교류협력을 지속적으로 확대하는 것은 어려웠기 때문이다. 당시에는 민간차원의 교류협력이 급속하게 확대되면서 이를 뒷받침할 수 있는 법적인 보호

---

208) 최명길, 앞의 논문, pp.126 - 127.

209) 삼불정책은 1949년 국민당이 중국공산당에 패퇴하여 대만으로 건너간 후 채택한 대륙정책으로 불담판·불접촉·불타협의 3가지 원칙을 말한다.

장치가 절실히 요구되었으나, 중국정부와 대만정부 간 정치적 접촉의 부재로 인하여 교류 및 협력의 법제화가 효율적으로 이루어지지 못한 것이다. 결국 중국의 개방정책에 대응하기 위해 만든 대만의 삼불정책은 양안의 교류협력에 제약요인으로 작용했을 뿐만 아니라 국제적으로도 사회주의 중국의 개방정책에 뒤떨어지는 보수정책으로 인식되면서 국제사회와 점점 멀어지는 작용을 하게 된다. 하지만 1987년 양안 간의 교류가 본격화되면서 중국의 경제가 급속히 발전하게 되자 대만의 삼불정책도 대륙정책의 원칙으로 존재할 뿐 실제는 ≪兩岸關係條例≫와 ≪民法通則≫ 등 일반 법률에 의해 점점 그 힘을 잃어 가게 되었다. 이러한 대만의 대륙정책210) 은 1990년대 들어 행정원 대륙위원회 등 정부기구의 노력에 의해 보다 체계적이고 계획적으로 이루어지게 되었다.

(2) 小三通

대만 당국이 1987년 대만 주민의 중국 대륙 친척방문을 허용한 후 양안 간 민간교류는 점차 증가하였다. 중국의 푸젠 성에는 대만과의 지리적 인접성으로 인해 수많은 대만인들이 친척을 만나러 방문하였다. 이에 따라 1992년 푸젠 성은 '兩門對開, 兩馬先行'이라는 「小三通」 구상을 제시하였다. 兩門이란 대륙의 샤먼(厦門)과

---

210) 현재 대만의 대륙정책은 총통부와 행정원·대륙위원회·각 部 관련위원회·海基會에서 담당한다. 총통부는 국가안전 등 중대정책을 결정하며, 행정원은 일반적인 대륙정책을 결정하고 심의한다. 대륙위원회는 대륙정책을 연구하고 조율·심의·집행한다. 각 부처 관련위원회는 해당 업무에 관한 대륙사무를 계획·집행한다. 海基會는 대륙위원회의 위탁을 받아 대륙사무를 이행하고 보고한다. 행정원대륙위원회 홈페이지 참조. http://www.mac.gov.tw

대만의 진먼(金門)을 말하고, 兩馬는 대륙의 마웨이(馬尾) 항과 대만의 마주(馬祖) 항을 가리키는데, 이 4개 도시부터 서로 개방을 시작하자는 의미가 된다[211]고 하겠다.

이것은 당시 양안이 처한 제한적인 여건에서 민간교류를 발전시키기 위해 서로 지척에 있는 이들 지역을 개방하자는 구상을 한 것으로 '通航' 문제의 해결을 위해 나름대로 현실적 구상을 했다는 평가를 받았다. 「小三通」은 金馬주민들의 생활편의를 도모하게 되면서 대륙과 대만 주민들의 상호 왕래가 해가 갈수록 증가하였다. 양안교류 이후 1995년 11월까지 양안주민의 상호 방문누계는 184만 1,200명으로 집계됐고, 화물누계액도 14억 600만 위안에 이르렀다. 선박의 왕래 수는 13,400항차로 각계각층의 양안 주민들에게 이익을 주게 되었다.[212]

중국과 대만은 민감한 문제인 정치적인 접촉을 피하겠다는 의도 아래 민간차원의 접촉을 시도하기 위하여 1993년 4월 27일 싱가포르에서 양안의 민간대표들이 현안문제를 다루는 계기를 마련하였다. 이른바 '汪辜會談'[213]이다. '왕고회담'은 중국의 왕다오한(汪道涵) 海峽兩岸關係協會 회장과 대만의 구전푸(辜振甫) 海峽交流基金會 이사장 간에 이루어진 최고위급 회담이다.

그러나 이 회담은 정치적인 문제에 이견을 좁히지 못하여 5년간 열리지 못하다가 미국 클린턴 대통령의 중국 방문으로 인하여 국제사회에서 대만의 위상이 점차 약화되는 시점에 대만 대표인 구

---

211) 법무부, 앞의 책(2008), pp.445 - 446.
212) 行政院大陸委員會, 「政府大陸政策重要文件」(2007. 11), p.96.
213) 汪辜회담은 兩岸 대표들의 성(性)을 따서 붙인 회담의 명칭이다.

전푸(辜振甫)의 대륙방문으로 다시 접촉이 시작되었다. 중국과 대만은 교류협력의 안정적인 확대를 위하여 반관반민기구 설립을 목적으로 여러 차례 접촉을 시도하였으나 쌍방의 정치적 입장이 달라 제한된 범위 내의 합의에만 도달하여 왔다.[214) 하지만 양안의 비정치적 민간교류와 협력은 중국정부와 대만정부가 인위적 규제로 통제하기 어려울 정도로 확대되고, 쌍방의 경제에 매우 중요한 비중을 차지하면서 양안의 정치적 대립과 갈등을 억제해 주는 기능을 한 것은 분명하다.

1995년 리덩후이의 방미 이후 중국과 대만 간의 정치적·군사적 대립이 고조된 상황에서도 중국과 대만은 기존의 교류협력을 통제하는 정책을 취하지 않았다. 특히 중국은 대만에 대한 군사적 시위를 추진하는 상황에서도 대만과의 경제교류의 중요성을 강조했다.

대만에서는 이 시기 정치경제적 대외상황의 부정적인 측면을 고려하여 1995년 4월 8일 리덩후이 총통이 1월 30일 장쩌민이 발표한 ≪江八條≫에 대한 대응으로 ≪李六條≫를 발표하였다. 첫째, 중국의 一國兩制 방식을 부정하고, 一國兩治의 기초 위에 국가적 통일의 방법을 찾아야 한다. 둘째, 중국문화의 기초 위에 쌍방의 영역 안에서 교류를 강화하여야 한다. 셋째, 대륙을 중심부로 해서 대만경제의 발전을 추진하고, 대만의 기술과 경협을 제공하여 대륙농업의 개선에 협조한다. 넷째, 양국은 평등한 입장에서 국제조직에 참여하고, 양안의 지도자가 자연스럽게 회견해야 한다. 다섯째, 양안은 일체의 분쟁을 평화방식으로 해결해야 하며, 중국은 대만에 대한 적대상태의 종료를 선포해야 한다. 대만은 1991년 중국에 대

---

214) 문흥호, "양안관계연구", 정재호 편, 「중국정치연구론」(2000), p.242.

한 적대상태의 종료를 선포했다. 여섯째, 1997년 이후 대만은 홍콩과 마카오에 대한 교류를 지속적으로 할 것이며, 쌍방은 공히 홍콩과 마카오의 번영과 안정 그리고 이 지역의 민주화를 촉진한다는 내용이다.215)

이러한 대만의 교류협력강화 움직임에 대해 중국은 1999년 7월 리덩후이의 양국론 제기 이후 대만에 대한 비난의 강도를 높이는 과정에서도 양안 간 인적 왕래와 교류 및 경제무역관계의 적극적인 확대의 필요성을 강조했다.216) 이는 양안의 교류협력이 쌍방의 정치적 관계에 일정한 영향을 받는 동시에 다른 한편으로는 양안의 정치협상에 영향을 미친다는 사실을 입증한 것으로 해석된다. 그래서 정치학자들은 양안관계의 이러한 특성을 고려하여 정책결정이론, 게임이론, 갈등이론 등 기존의 국제관계이론을 이용하여 양안 간 긴장과 대립의 해소방안을 찾아보려는 노력도 있어 왔다.217)

당시에 대만의 정치적 지위에 대한 쌍방합의가 불가능한 상황에서 정치경제적 고려에 의해 추진되는 교류협력의 한계는 상당했다. 그래서 대만은 2000년 3월 17일 새 총통으로 당선된 천수이볜이 정부출범 4일 만인 3월 21일 입법원에서 ≪離島建設條例≫를 통과시켰다. 이 조례 18조는 "金門·馬祖·澎湖 지역과 중국대륙 간의 通航을 허용한다는 것으로 양안 간의 인적·물적 왕래와 상업적인 행위를 허용한다."고 되어 있다. 대만은 이 조례를 통하여

---

215) 최명길, 앞의 논문, pp.156 - 157.

216) "鎔基總理在九居全國人大三次會議上的政府工作報告", 人民日報(2000. 3. 6).

217) 蔡瑋, "從國際關係理論探討解決兩岸困境支道", 「中國大陸研究」第41卷(1998. 6), pp.37 - 65.

그동안 삼불정책에 묶여 있던 양안 간의 교류를 합법적인 교류로 전환하는 계기로 삼게 됐다.

이 조례는 또 대만이 「小三通」을 실시할 수 있는 근거도 마련하게 되었다. 대만정부는 2000년 6월 13일 입법원 제23차 회의에서 소삼통에 대해 다음과 같이 의결하였다. 첫째, 정부는 3개월 이내에 소삼통에 대한 평가를 완성하고 다음 3개월 내에 계획을 완성한다. 그리고 우선 실시하는 조건은 '법제화'와 '가능화'이다. 둘째, 대만정부는 상기 항목의 틀 속에서 우선 離島에 대한 종교통항을 실시한다. 셋째, 이러한 평가 및 계획과 동시에 정부는 양안 간의 협상을 회복하는 데 전력을 다한다는 등의 내용으로 되어 있다.

「小三通」의 구체적 내용을 보면 대만 지역의 金門島 및 馬祖島와 중국대륙의 샤먼과 푸저우 간의 접촉과 교류를 허용한 것이다. 따라서 대만은 2005년 1월 2일 金門島와 馬祖島에서 출발한 여객선을 중국의 푸젠 성에 있는 샤먼에 도착시킴으로써 50년 만에 양안 간의 직항로 시대를 개막했을 뿐만 아니라 양안 간의 소삼통의 개항과 더불어 「大三通」의 가능성을 보여 주었다. 대만정부가 그동안 중국정부의 '三通'정책에 불응하다가 민진당 정부 출범 후 갑자기 소삼통을 허용한 배경은 중국과의 교류확대를 통한 긴장완화와 그동안 고수해 왔던 삼불정책을 중심으로 한 소극적인 대중국정책을 더 이상 지속할 수 없다는 판단으로 풀이된다. 이것은 80년대 이후 중국이 대만보다 국제적인 관계에서 우월한 지위를 확보하고, 90년대에는 홍콩 · 마카오의 반환으로 중국경제가 급성장하게 된 데 이어 2001년 12월에는 중국의 WTO 가입으로 대만이 국제사회에서 고립될 것이 우려되자 대만 지도부가 어쩔 수 없이 선택한 결과로 보인다.[218] 1992년 대만의 「小三通」 구상 이후 양안 간의 교류현황은 아래의 <표 3-2>, <표 3-3>과 같다.

<표 3-2> 金馬「小三通」航運往來統計表[219]

연도 구분	我方船舶(척)		大陸船舶(척)	
	金門－廈門·泉州	馬祖－福州	廈門·泉州－金門	福州－馬祖
2001년	83(여객 81)	54(여객 52)	34(화물 22)	11(화물 9)
2002년	288(여객 233)	147(여객 59)	116(화물 76)	42(화물 41)
2003년	467(여객 442)	309(여객 136)	531(화물 182)	36(화물 35)
2004년	820(여객 773)	401(여객 268)	1,215(화물 448)	593(화물 593)
2005년	1,207(여객 947)	388(여객 277)	1,467(화물 580)	1,214(화물 1,214)
2006년	1,817(여객 1,656)	436(여객 363)	1,713(화물 294)	494(화물 494)
2007년	2,375(여객 2,154)	640(여객 394)	2,153(화물 365)	223(화물 179)
2008년 1월~10월	3,407(여객 2,190)	785(여객 355)	1,809(화물 323)	312(화물 121)
소 계	10,464(여객 8,476)	3,160 (여객 1,904)	9,038(화물 2,290)	2,925(화물 2,686)
합 계	13,624(여객 10,380 · 화물 3,244)		11,963(여객 6,987 · 화물 4,976)	
총항차	쌍방운항왕래 횟수 25,587(여객 17,367 · 화물 8,220)			

* 출처: 臺灣 行政院大陸委員會 經濟處

<표 3-3> 金馬「小三通」人員往來統計表[220]

연도 구분	我方人民 <출국인수>		大陸人民 <입국인수>	
	金門－廈門·泉州	馬祖－福州	廈門·泉州－金門	福州－馬祖
2001년	9,738	1,991	951(411)	90(10)
2002년	26,151	1,936	1,039(118)	319(96)
2003년	78,782	2,977	2,936(2,468)	824(684)
2004년	193,937	8,434	9,865(7,279)	2,544(2,301)
2005년	244,504	13,739	14,132(9,480)	4,475(4,073)
2006년	278,060	16,709	35,399(14,466)	6,530(5,712)
2007년	319,502	19,116	45,509(17,803)	7,813(6,673)
2008년 1월~10월	360,791	22,797	27,852(16,328)	7,049(6,333)
소 계	1,511,465	87,699	137,683(68,353)	29,644(25,882)
합 계	1,599,164		167,327(94,235)	
총인원	쌍방 인원 왕래 수 1,766,491명			

* 출처: 臺灣 行政院大陸委員會

---

218) 법무부, 「홍콩·마카오 特別行政區域基本法解說」(2003), pp.221-227.
219) 臺灣 行政院大陸委員會 홈페이지 참조. http://www.mac.gov.tw
220) 臺灣 行政院大陸委員會 홈페이지 참조. http://www.mac.gov.tw

「小三通」은 양안의 경제발전에 이득을 주면서 긍정적인 기능을 해 왔으나 2000년 이후 천수이볜 총통이 대륙과 정책이 맞지 않는 '독립론'을 제기하여 우여곡절을 겪어 왔다. 하지만 중국의 베이징 올림픽을 앞두고 2008년 3월 대만에서는 마잉주가 새 총통으로 당선되면서 양안의 분위기는 밝아졌다.

대륙의 '三通'정책에 대한 대응전략으로 대만은 2008년 8월 베이징 올림픽 개최 당시 롄잔 전 국민당 주석이 대륙을 방문했다. 또 11월 3일에는 중국 해협회 천윈린(陳雲林) 회장단이 대만을 방문한 다음 날인 11월 4일 대만 해기회 장빙쿤(張丙坤) 이사장과 만나 '通航, 通郵, 通商', 즉 '三通'의 전면실시에 합의[221]함으로써 그동안 간접방식으로 이루어져 오던 양안교류가 직접방식으로 전환하는 대역사를 기록하게 되었다.

3. 대만의 중국관련법제

대만지구의 현행법규는 1949년 12월 국민당의 잔여세력이 대만으로 후퇴하여 중화민국을 건립한 후 형성된 특수지구의 법규에 속하며, 중국의 지방규범의 속성을 가지고 있다.[222] 대만지구의 사회관계를 조정하는 각종 규범을 총칭한다. 대만은 지난 60년 동안 대만지구의 대내외 환경변화에 따라 모든 법규를 제정하면서 대륙

---

221) 제3차 국공합작이라 불리는 '三通'의 전면실시 합의는 양안분단 이후 처음으로 대륙의 장관급 인사가 대만에 방문한 것이어서 양안 언론의 주목을 받았을 뿐만 아니라 미국·일본·한국 등 세계의 주목을 받았다. 2008년 11월 3일 文匯報, 中國時報 등 양안 신문 참조.

222) 張万明, 앞의 책, p.3.

과 관련한 법규도 제정 또는 수정해 왔다.

대만의 대륙과 관련한 사무법규는 2005년 7월 15일 기준으로 총 173개 법규가 있다. 이 가운데 <組織目>이 20개 법규이고, <基本法規目> 13개 법규, <入出境規定目> 29개 법규, <文交規定目> 44개 법규, <財經(通商)規定目> 20개 법규, <交通(通航)規定目> 7개 법규, <法政社會目> 31개 법규, <兩岸及港澳協議目> 8개 법규, <其他目> 1개 법규로 되어 있다.[223)

대만이 중국과의 분단 이후 그들이 겪어 온 통일논의 과정에서 제정한 인적·물적 교류협력정책과 법제는 국민당 정권의 장제스 총통 이후 민진당의 천수이벤 총통까지 삼불정책과 양안관계조례, 입출경 규정, 소삼통 규정 등 여러 가지가 있어 왔다.

하지만 2008년 3월 국민당의 마잉주 총통이 출범하면서 중국 대륙과의 관계가 급속하게 친밀해지고 있다. 2008년 베이징 올림픽을 앞둔 5월에는 양안 주민의 상호관광을 실시하고, 대륙에 대해 '양안공동시장'을 제의하는 등 '新三通四流'[224) 정책이 새롭게 주목받고 있다. 이 '신삼통사류'는 양안주민들의 지지를 받고 있어 조만간 실현될 것으로 전망된다.

(1) 兩岸關係條例

대만의 대륙 관련 기본법규 중에는 ≪臺灣地區與大陸地區人民關係條例≫(이하 ≪兩岸關係條例≫라 약칭함)가 가장 기본적인

---

223) 이들 법 규목에 대한 구체적인 법률은 〈부록-2〉 참조.

224) 원래 三通四流는 중국 대륙이 대만에 제의한 것인데 '양안공동시장'은 대만이 대륙에 三通四流에 필적할 만한 놀라운 역제의를 한 것이어서 필자가 '新三通四流'라고 명했다.

법률로 6장 96조로 구성되어 있다. ≪양안관계조례≫는 1988년 말부터 대만정부가 초안 작성을 시작해 1989년 2월 4일 ≪臺灣地區與大陸地區人民關係條例≫를 명칭으로 하는 전문 47조의 법률초안을 완성하고 행정원에 심의를 부쳤다.[225] 이 조례는 이후 4년의 입법과정을 거쳐 '잠정'이라는 용어를 삭제하고, 1992년 7월 31일 총통이 정식으로 공포함으로써 시행되게 되었다. 양안관계조례 제1조는 "국가가 통일되기 전에 대만지구의 안전과 주민의 복지를 확보하고, 대만지구와 대륙지구 주민의 왕래를 규범화하며 이로부터 파생되는 법률사건을 처리하기 위하여 특별히 양안관계조례를 제정한다."고 입법목적을 명시하고 있다.

그리고 제10조 1항은 대륙지구주민은 대만 내정부의 허가를 받지 아니하고는 대만지구에 입경할 수 없다고 규정하고 있다. 이와 함께 제2항에는 허가를 받아 입경한 대륙지구 주민은 허가 목적에 부합하지 않는 활동에 종사할 수 없다고 규정되어 있다.

양안관계조례 제16조 2항은 첫째, 대륙지구 주민이 대만지구 주민의 직계혈족 및 배우자로서 연령이 70세 이상이거나 12세 이하인 사람, 둘째, 대만지구의 배우자가 사망하여 대만지구에 있는 친생자를 돌보아야 하는 사람, 셋째, 1945년 이후 병역관계로 인해 대륙지구에 체류한 대만 본적의 군인 및 그 배우자, 넷째, 1949년 정부가 대만으로 천도한 후 작전 또는 특수임무수행으로 인해 포로가 된 前 국민당 군관병 및 배우자, 다섯째, 1949년 정부가 대만으로 천도하기 전에 국비로 대륙지구에 파견되어 공부하던 자와 그 배우자, 여섯째, 1987년 11월 1일 이전에 선박고장이나 해난 또

---

225) 최명길, 앞의 논문, pp.202 - 203.

는 기타 불가항력의 사유로 인해 대륙지구에 체류한 자로서 원래 대만지구에 호적을 가진 어민이나 선원 등에 해당하는 경우는 대만지구에 정주를 신청할 수 있다고 규정하고 있다. 또 제69조 제1항은 대륙지구의 주민·법인·단체 또는 기타 기관 등이 투자한 회사는 주무기관의 허가 없이는 대만지구에서 부동산 물권을 취득·설정·이전할 수 없다고 규정하고 있다.

제63조 제1항은 양안관계조례 시행 이전에 대만지구 주민과 대륙지구 주민 간에 성립한 민사법률 관계 및 그로 인해 취득한 권리와 부담할 의무는 대만지구의 공서약속에 위반되지 않는 경우에 한하여 그 효력을 인정할 수 있다고 규정하고 있다. 제48조 제1항은 채권계약의 경우 당사자가 달리 약정한 경우 그 약정에 따르고, 그런 약정이 없으면 계약체결지의 규정에 따른다고 명시하고 있다. 제52조 1항은 결혼 또는 합의이혼의 방식 및 기타 요건은 행위지의 규정에 따르도록 규정하고 있으며, 동 조 제2항은 재판상 이혼의 사유는 대만지구의 법률에 따른다고 규정하고 있다.[226]

혼인의 성립요건에 있어 양안의 규정은 큰 차이를 보이고 있는데 대륙은 등기혼인주의(登記婚姻主義)이고, 대만은 의식혼인주의(儀式婚姻主義)를 취하고 있다. 또 대만이 대륙과의 교류협력을 공식적으로 인정하는 양안관계조례는 대만과 대륙주민의 법률적 행위능력과 물권관계, 채권관계, 혼인관계, 친족관계, 상속관계 등에 대한 민사문제를 상세히 규정하고 있다.[227]

---

226) 법무부, 앞의 책(2008), pp.450 - 454.
227) 行政院大陸委員會, 「兩岸人民關係條例許可辦法」(台北 : 大陸委員會, 1998), pp.232 - 238.

동 조례는 대만이 중국과 대등한 정치실체를 인정받는 이전단계에서 적용되는 한시법이자 특별법 성격으로 서로 다른 법률규범을 가진 중국과 상호교류를 통해 파생되는 법률문제를 처리하려고 하였다. 이 조례는 대만과 중국의 정치ㆍ경제적 환경변화에 따라 10차례나 개정되었다.228)

2003년 8차 개정에서는 제4조에 "양안인민왕래 관련 업무는 기구를 설치하거나, 요건을 충족하는 민간단체에 위탁한다."는 문구를 삽입했다. 10차 개정에서는 동 조례 제38조에 "대륙지구의 화폐권을 소지한 인민이 대만지구를 방문했을 때에는 허가한 소지한도액 범위 내에서 세관에 신고하고 대만화폐와 교환이 가능하도록 한다."는 문구를 추가하였다. 이와 함께 제92조는 "이 규정을 어긴 자는 대만 화폐 10만 위안에서 150만 위안까지 벌금을 물도록 한다."는 문구를 증수하였다.

(2) 입출경 규정

대륙사무에 관한 ≪入出境規定≫은 1987년 10월 15일 대만 행정원이 양안의 전통윤리와 인도적 고려라는 입장을 표방하며, 1987년 11월 2일부터 대만지구 주민의 대륙 친척방문을 허용하기로 결정하면서 제정되었다. 대만정부는 원래 1987년 10월까지 대만지구 주민229)의 대륙지구 방문을 일체 허용하지 않았다. 하지만 1980년

---

228) 兩岸關係條例는 1차 개정(1993. 2. 3), 2차 개정(1994. 9. 16), 3차 개정(1995. 7. 19)에 이어 4차 개정(1996. 7. 20), 5차 개정(1997. 5. 14), 6차 개정(2000. 12. 20), 7차 개정(2002. 4. 24), 8차 개정(2003. 10. 29), 9차 개정(2006. 7. 19), 10차 개정(2008. 6. 25)을 했다.

229) '臺灣地區住民'은 대만지구에 호적을 두고 생활을 하는 사람을 말한다.

들어 중국의 평화공세가 계속되고 홍콩·마카오 등지를 통한 대만지구 주민들의 대륙방문이 공공연히 이루어져 대만정부가 이에 효율적으로 대응하기 위하여 입출경 규정을 제정한 것이다.

하지만 대만정부는 허가절차에 있어 삼불정책, 특히 불접촉원칙을 견지하는 의미에서 기존 법제의 개정 없이 현행 법 규정을 적절히 변통하였으며, 정부차원에서는 가급적 관여를 않는다는 입장에서 민간단체인 중화민국 적십자회 주관기관으로 방문허가 절차를 대행하도록 하였다.[230)]

이후 1992년 9월 18일부터 ≪兩岸關係條例≫가 제정·시행되면서 대륙 출입경 절차도 이 조례에 의거해 통일적인 규율을 받게 되었다. 양안관계조례 제10조 제1항은 대륙지구 주민은 내정부의 허가를 받지 아니하고는 대만지구에 입경할 수 없다고 규정하고 있다. 또 제2항에는 입경한 대륙지구주민은 허가목적에 부합하지 않는 활동에 종사할 수 없다고 규정되어 있다.

제3항은 입경허가 방법은 내정부가 하도록 위임하고 있다. 이에 따라 내정부는 1993년 2월 8일 ≪대륙지구 주민의 대륙지구진입허용에 관한 법≫(大陸地區住民的臺灣地區進入許可辦法)을 제정하였다. ≪兩岸關係條例≫에 의하면 양안 인민의 출입경, 정착, 대륙노동력의 대만진출, 대륙학력의 인정, 통항, 무역, 대만상인의 대륙에 대한 투자·기술합작·금융왕래 등의 14개 사무에 대하여 내정부, 교통부, 국방부, 경제부, 교육부, 노동위원회 등 각 행정부가 허가판법(許可辦法)·관리판법(管理辦法)·작업요점(作業要點) 등의 형식으로 관리하게 만들어 행정원에 보고하고 행정명령으로 다시

---

230) 법무부, 앞의 책(1995), pp.301 - 303.

실행하게 만들었다. 예를 들면 인원의 왕래분야에 있어 ≪대만지구
주민이 대륙지구에 진입하는 허가판법≫, ≪대륙지구주민이 대만
지구에 진입하는 허가판법≫, ≪대륙지구 주민이 대만지구에 정
착·거주하는 판법≫, ≪대륙의 법률·위생 등 전업인사들이 대만
에서 법률·위생 등 활동을 함에 있어서 허가판법≫ 등이 각 행정
부마다 제정되어 있다. 이러한 규정들은 제정과 개정이 행정부 자
체 내에서 가능하고, 정황에 따라 대만 당국의 행정명령에 의해 변
동되기도 하였다. 결국 대만 당국은 대륙과의 급격한 경제교류로
인하여 대만경제의 대륙 의존도가 크게 높아질 것을 우려하여 이
처럼 여러 규정들을 붙여 양안관계의 급속한 발전을 제한하려 한
의도를 볼 수 있다.[231]

(3) 三通規定

대만은 1980년대 중반까지 원칙적으로 삼불정책에 입각하여 기
업이나 개인의 대륙에 대한 직접 접촉을 금지하고, 중국투자와 교
류도 간접적으로 이루어지도록 하였다. 1986년 9월 대만은 야당
설립 금지조치를 철폐한 데 이어 1987년에는 계엄령까지 해제하고,
대만 주민의 대륙 방문을 허용하는 등 중국과의 관계 개선 조치를
취하였다. 그러나 양안 교류는 ≪양안관계조례≫ 등 관련 판법을
따르도록 하였다. 이 시기에 중국 대륙이 제안한 '通商, 通航, 通
郵', 즉 '三通'도 대만 기업이나 주민들이 양안관계조례에 의거하
여 제한적으로 교류를 해 온 것은 당연하다.

---

231) 張万明, 앞의 책, pp.128-129.

대만정부는 1991년 대만경제뿐 아니라 국가안보를 고려하여 삼통을 실시하는 전제조건으로 중국이 대만을 대등한 정치적 실체로 인정할 것과 대만에 대한 무력사용을 폐기할 것 그리고 대만의 국제사회 활동을 반대하지 않을 것 등 세 가지를 제안하였다.

「三通」의 내용을 살펴보면 「通商規定」은 ≪兩岸關係條例≫ 제 35조 제2항 규정에 의하여 제정된 4개의 판법에 따른다. 1993년 3월 1일 제정된 ≪在大陸地區從事投資惑技術合作許可辦法≫과 1993년 4월 26일 제정된 ≪臺灣地區與大陸地區貿易許可辦法≫, 1993년 5월 3일 제정된 ≪大陸地區産業技術引進許可辦法≫, 1994년 1월 31일 제정된 ≪在大陸地區從事商業行爲許可辦法≫ 이 그것이다.[232] ≪在大陸地區從事投資惑技術合作許可辦法≫은 2004년 2월 2일 개정되었다. 동 ≪판법≫ 제2조는 "대만지구의 주민·법인·단체 등이 대륙지구에서 투자 또는 기술합작을 할 경우 본 판법의 규정에 의거해 처리한다. 동 판법에 규정하지 않은 경우에는 관련 법령의 규정에 따른다."고 규정하고 있다. 또 제4조 1항에는 대륙지구에 투자라 함은 대만지구의 주민·법인·단체 등의 기관이 ① 신회사 또는 사업의 창설, ② 현지에 원래 있던 회사 또는 사업에 대한 증자, ③ 현지에 있는 회사 또는 사업의 주주권 획득, 다만 상장회사의 주식구매는 포함하지 않는다. ④ 지사 또는 사업의 설립이나 확장을 하는 행위에 해당한다고 규정하고 있다.[233]

≪臺灣地區與大陸地區貿易許可辦法≫ 제5조는 "대만지구와 대륙지구 사이의 무역은 별도의 규정이 있는 경우 외에는 반드시 간

---

232) 行政院大陸委員會, 앞의 책(1998), pp.187 - 201.

233) 법무부, 앞의 책(2008), pp.479 - 480.

접방식으로 진행해야만 하고, 매수인 또는 매도인은 반드시 대륙지구 외에서 직접무역에 종사하는 제3지구 업자여야 하며, 그 화물은 반드시 제3지구를 경유해야 한다.”고 규정하고 있다. 제7조는 “대륙지구 물품을 부득이 대만지구에 수입할 때는 주관기관의 비준·허가를 받아야 하고, 그 물품은 민족예술품, 종교문물, 의료용 약재 그리고 각 관련 판법이 허가하는 물품을 수입할 수 있다.”고 규정하고 있다. ≪大陸地區産業技術引進許可辦法≫ 제2조는 “대만지구의 재단법인 연구기관·농공업·기술서비스업에서 대륙지구의 산업기술을 도입하는 경우 본 판법의 규정에 따라 처리한다.”고 규정하고 있다. ≪在大陸地區從事商業行爲許可辦法≫ 제2조는 “대만지구 주민·법인·단체 등이 대륙지구에서 투자, 기술합작, 무역 이외의 상업행위에 종사하는 경우 본 판법의 규정에 의하여 처리한다.”고 규정하고 있다.

「通航規定」은 1995년 5월 제정되어 1997년 6월 개정된 ≪臺灣地區與大陸地區民用航空運輸間接聯運許可辦法≫에 의거한다.

이 판법은 대만지구의 양안관계조례에 근거하여 규정되었는데 주관기관은 교통부와 민용항공국이다. 동 조례 제28조에서 제32조까지는 통항규정에 대해 규정하고 있다. 제28조는 “중화민국의 선박·항공기 및 기타 운송수단은 주무기관의 허가를 받아 대륙지구로 운항할 수 있다. 그 허가 및 관리방법은 본 조례가 개정 통과된 후 18개월 이내에 교통부와 관계기관에서 협의하여 입안하고, 행정원에서 심사·확정하며 필요한 경우 입법하여 보고·비치한 후 연장할 수 있다.”고 규정하고 있다. 또 제29조 1항은 “중화민국의 선박·항공기 및 기타 운송수단은 주무기관의 허가 없이 대만지구의 제한·금지수역, 타이베이 비행정보제한지역에 들어올 수 없다(臺北飛航情報區限制區域)."고 규정하고 있다.

제30조 1항은 "외국의 선박·민용 항공기 및 기타 운송수단은 대만지구와 대륙지구의 항구·공항 사이를 직항할 수 없다. 또한 외국의 선박·민용 항공기 및 기타 운송수단을 이용하여 대만지구와 대륙지구의 항구·공항 사이를 포함, 제3지구를 경유하여 항행하는 정기항로업무를 경영할 수 없다."고 규정하고 있다. 제32조 1항은 "대륙의 선박이 허가 없이 대만지구의 제한·금지수역에 들어올 경우 주무기관은 즉시 축출하거나 그 선박·물품의 압류, 관련자들의 억류 또는 필요한 방위조치를 취할 수 있다."고 규정하고 있다.[234] 이러한 엄격한 규정 때문에 양안 간의 통항은 다른 분야보다 실적이 거의 없다. 1990년 베이징 아시안게임 기간 동안 양안의 항공회사 간에 접촉이 이루어졌다. 1995년에는 양안의 항공회사 간에 화물운송과 항공기표 결산에 관한 협의가 이루어졌다. 그리고 마카오 항공회사와 대만은 항공협정을 체결하여 마카오 항공기가 번호만을 바꾸어 대만에 직접 운항할 수 있도록 허가하였다. 1996년 8월에는 홍콩 국적의 항공기가 똑같은 형식으로 중국에서 대만으로 직항하였다. 2003년 1월 26일부터 2월 10일까지 구정을 전후한 보름 동안 중국 내 대만기업인의 편의를 위해 대만 전세기의 중국 직항을 허용하여 한시적이지만 양안 간에 항공기 직항이 처음으로 성사되기도 했다. 양안 간 선박교류도 1979년 이후 중국이 각 지역항구에 대만선박 접대소를 설치하여 대만해협에서 대만선박의 안전항해를 돕게 했다.

---

234) 行政院大陸委員會, 앞의 책(1998), pp.34 – 36.

중국은 1988년 들어 대만선박의 양안 화물수송에 대해 최혜국 대우를 하였으며, 대륙에 대만선박공사와 항운대표사의 설립을 비준하였다. 1985년 대륙에서는 삼통과 관련한 7개의 법률을 선 제정하여 반포한 데 이어 1996년에는 ≪臺灣海峽兩岸間航運管理辦法≫과 ≪臺灣海峽兩岸間貨物運輸代理業管理辦法≫을 공포하였다.[235] 1997년에는 중국의 해협양안 항운교류협회와 대만의 해협양안항운협회가 양안 선박항해에 대한 구체적인 협의를 하여 중국과 대만 선박이 외국국적 등록을 하고, 제3국을 경유하여 푸저우 항·샤먼 항·가오슝 항 간에 화물운송을 하는 데 합의하였다. 이로써 양안 간 선박이 처음으로 상대방 항구에 입항할 수 있게 되었다. 이후 1998년 4월까지 6개 중국 항운회사와 4개의 대만 항운회사의 선박이 1,200여 차례에 걸쳐 상대방 항구에 입항하였다. 2001년에는 진먼(金門)과 마주(馬祖)·푸젠(福建) 연안지구의 해상객과 화물운송 선박을 중심으로 小三通을 시작하고, 가까운 시일 내에 확대하기로 하였다.

「通郵規定」은 1979년 1월 중국이 '고대만동포서'를 통해 양안주민들의 안부 등을 서로 알 수 있도록 하자며 通郵를 주장했다. 이어 1979년 6월 중국은 대만의 일반우편물을 접수하는 등 비록 제한적이지만 역사적인 양안의 通郵를 실현하였다.[236] 대만 당국은 중국의 이러한 태도에 대해 ≪改進郵寄大陸地區信件措置≫와 ≪開放臺灣地區與大陸地區民衆間接通話實施辦法≫에 의거하여 소극적 입장을 보여 왔다. 이에 따라 양안 간 우편물 교류는 1987년

---

235) "兩岸海上直航", 新華社(2008. 11. 4).
236) "兩岸海上直航", 新華社(2008. 11. 4).

까지 제3국을 경유하여 이루어졌다. 1988년 중국이 ≪대만우편물의 전송과 반출입에 관한 규정≫을 발표하고, 대만정부가 대만 적십자사의 우편함을 이용하여 대만 주민이 중국에 우편물을 발송할 수 있도록 허용하면서 양안 간 우편물 교류가 급증하게 되었다. 1989년에는 대만우체국이 중국의 우편물을 직접 수령하게 되었으며, 대만전신국은 제3국을 통하여 대만 주민이 중국 주민들과 직접 통화할 수 있도록 편의를 제공하였다.

1993년에는 양안 간에 모든 우편물 교류가 가능하게 되었으며, 1997년에는 양안 간에 5,000만 건의 우편물 교류와 6,000만 건의 전화통화가 이루어졌다.[237] 2000년 천수이볜 총통 집권 이후 양안 간 정치적인 긴장관계와는 달리 민간차원에서는 무역 및 경제교류 활성화의 관건인 '通商・通航・通郵'의 삼통교류의 확대를 도모하였다.

대만 행정원 대륙위원회에서는 2002년 12월부터 대만의 진먼・마주・평후(金門・馬祖・澎湖)의 3개 섬과 중국의 푸젠 성 연해도시들을 잇는 소삼통을 시험적으로 허용할 것을 선언하였다. 대만은 민간의 삼통 요구에 밀려 2001년부터 중국 남부 푸젠 성에 인접한 진먼과 마주를 우선 개방하는 소삼통을 실시한 바 있다.[238] 이때까지 양안의 三通 중 通商・通郵는 상당 부분 실현되었다고 평가된다. 하지만 양안 간 교류협력 확대와 관련하여 중요한 문제로 대두되는 것은 通航이다.

이 통항문제도 2008년 8월 베이징 올림픽을 앞두고 중국과 대만

---

237) 오승렬 외, 「남북교류・협력과 북한의 변화 – 중국과 대만의 경험을 중심으로」(통일부 통일교육원, 2003), p.66.

238) 문준조, 「중국과 대만의 인적교류법제」(한국법제연구원, 2001), p.31.

이 상호 관광에 나서는 등 최근 후진타오 총서기와 마잉주 총통 간에 교류협력의 분위기가 조성된 가운데 마잉주 총통에 의해 '하나의 공동시장'까지 제안된 바 있어 향후 三通의 전면합의는 시간문제라고 하겠다.

(4) 新三通 開幕 – 양안공동시장

1987년 이후 대만의 대륙에 대한 주민들의 방문허용은 양안관계 발전의 시발점이 되었을 뿐 아니라 기타 교류협력의 확대요인으로 작용하였으며, 양안관계의 특성상 단순한 왕래 이상의 정치적·사회적 의미를 지니고 있다고 하겠다. 첫째, 대만 국민당 정부가 친척방문을 중심으로 인적 교류를 허용할 당시 국민당 내에서는 반공정책의 포기로 받아들일 정도로 보수세력의 반대가 있었으나, 집권 말기 장징궈의 정치적 결단으로 성사될 수 있었다.

이는 국민당 정부의 대륙정책 변화를 예고하는 것이었다. 둘째, 인적 교류의 확대는 대륙에 대한 투자와 무역·학술·취재교류의 기회로 활용되었다. 셋째, 이러한 양안의 교류는 초기 대만의 삼불정책과 삼통금지 등의 조치를 완화하는 계기로 작용하였다.[239] 이러한 교류는 민진당 출신의 천수이볜 총통을 중심으로 대만 독립론 주장이 극심했을 때인 2005년 야당인 국민당 주석이 대륙을 방문하는 데 좋은 명분이 되었다.

2005년 4월 26일부터 5월 3일까지 중국을 방문한 롄잔 대만 국가주석은 후진타오 중국공산당 총서기 겸 국가주석의 초청으로 중

---

239) 문흥호, 앞의 논문(2000), pp.224 – 225.

국을 방문한 자리에서 '양안공동시장'을 제안했다. 이때 국공 양당의 수뇌부는 양안 간의 전면적인 경제교류 등 5개항[240])에 합의했지만 국민당이 야당이었기 때문에 실질적인 진전은 없었다. 그 후 3년이 지난 지금은 대선과 총선에서 승리한 국민당이 집권여당이 되면서 마잉주 총통은 자신의 공약사항인 '양안공동시장'의 실현을 위해 중국 대륙과의 제3차 국공합작이라고 불릴 만큼 획기적인 교류협력을 선보이기 시작했다. 이와 관련하여 현재 대만 국민당 주석인 우보슝(吳佰雄)과 중국공산당 후진타오 총서기는 2008년 5월 28일 베이징 인민대회당에서 역사적인 회담을 갖고 서로의 입장을 재확인했다.

이 자리에서 양안의 지도부는 리덩후이 전 총통과 민진당 집권기간 동안 제대로 이루어지지 못했던 양안협의[241]) 재개를 비롯해 주말 전세기 직항과 중국 관광객들의 대만관광 허용 등을 조속히 실현하기로 합의했다. 중국과 대만정부는 각각 通航의 필요성을 공감하고 있기 때문에 비록 직항형태는 아니더라도 이와 유사한 방

---

240) 렌잔과 후진타오가 합의한 5개항은 첫째, 양안 간의 협상을 가능한 한 빨리 회복하고 양안 인민의 복지를 함께 모색한다. 둘째, 적대적 상태 종료 촉진 및 평화합의를 체결한다. 셋째, 양안경제의 전면적 교류를 촉진하고, 양안경제협력시스템을 건립한다. 넷째, 대만 민중의 관심사인 국제활동 참여문제에 대한 협상촉진. 다섯째, 黨 대 黨의 정기적 소통경로 건립이다. 법무부, 앞의 책(2008), pp.580 - 582.

241) 현재까지 중국과 대만은 당국 간 공식적인 협의를 통하여 협정·합의서 등을 체결한 사실은 없으나, 중국의 海協會와 대만의 海基會 등 민간기구를 통해 협정을 체결한 사실은 있다. 첫째, 1990년 9월 해협양안의 적십자 기구가 金門에서 쌍방이 증인으로 참여하고, 주관부서가 형사범·형사피의자·밀입경자를 해상에서 송환하는 것에 관하여 협상한 후 체결한「金門協議」, 둘째, 1993년 4월 27일 - 29일까지 싱가포르 汪辜會談에서 체결된「汪辜會談共同協議」,「양안 공증서 사용 및 조사증명에 관한 협의」,「양안 등기우편 조사 및 보상사무 협의」, 셋째, 1994년 12월 해협양안관계협회와 해협교류기금회가 '우편으로 부칠 수 있는 공증서 부본의 증가에 관한 일'에 대한 상호확인 서신, 넷째, 1997년 6월 해협양안관계협회와 해협교류기금회를 거쳐 상호 확인한「홍콩·대만 해상운송 상담요록」, 다섯째, 2002년 6월 29일의「홍콩·대만 간의 항공운송 관련 안배」, 여섯째, 2005년의 후진타오 - 렌잔 회담 공보(公報)이다. 법무부, 앞의 책(2008), pp.170 - 171.

식의 통항이 추진될 가능성이 높은 것으로 예측했다. 중국과 대만은 이미 베이징 아시안게임 당시 부정기 전세기를 취항한 경험을 갖고 있다. 특히 대만에서는 야당 등의 일부 반발은 있지만 대만내 국민여론이 경제협력을 위한 관광과 직항로 개설 등 三通을 촉구하는 방향으로 모아지고 있고, 홍콩・마카오의 중국반환 등 국제적인 여건을 감안하면 삼통은 단계적으로 현실화될 것으로 전망된다.

양안은 최근 국공합작을 강화한다는 뜻에서 양안협상을 주도하는 반관반민단체인 중국의 「海峽兩岸關係協會」와 대만의 「海峽交流基金會」의 상호방문도 합의했다. 이에 따라 양안은 2008년 7월부터 중국의 주요 도시와 대만 간에 직항로와 관광의 문을 열고, 환전도 자유롭게 이루어지도록 했다. 이른바 신삼통(新三通)시대가 도래하였다[242]는 평가도 내놓고 있다.

대만은 2008년 8월 8일 베이징올림픽 개막식에 롄잔 전 주석 등 국민당 수뇌부들이 참석하겠다는 약속도 지켰다. 현재 양안 간의 이러한 교류협력의 분위기를 볼 때 향후 양안공동시장으로 발전하는 것은 시간문제일 것으로 평가된다. 마잉주 대만 총통이 제시한 양안공동시장은 다음과 같다. 첫째, 현행 40%로 되어 있는 중국의 대만기업에 대한 투자제한 완화와 대만첨단기업의 본토 이전과 항공・해운의 직항로 개통을 위한 각종 규제를 완화하고 철폐한다. 둘째, 상호투자 보장 및 경제・무역분쟁의 중재장치 마련과 공동금융 활용 등 장기적 협력을 위한 제도적 장치를 마련한다. 셋째, 대만을 미국 실리콘벨리 – 타이베이 – 상하이 또는 도쿄 – 타이베이 – 상하이를 통한 세계첨단산업중심지로 건설하고, 대만을 동아시아의

---

242) "중국 – 대만 하나의 시장 탄생시킬까", 앞의 잡지(2008. 6. 16), p.72.

항공운송허브와 함께 양안의 교통축으로 육성한다. 넷째, 동아시아 지역포럼(EARIF) 등을 활성화하여 양안을 중심으로 한 타국과의 FTA 실현 등이다.[243)]

이러한 노력의 결과로 2008년 11월 3일 천윈린(陳云林) 중국 海協會 회장이 대표단을 이끌고 국공 내전 이후 59년 만에 처음으로 대만을 방문하는 역사적인 사건이 일어났다. 천윈린 회장은 방문 다음 날인 11월 4일 대만의 장빙쿤(江丙坤) 해기회 이사장과 만나 삼통의 전면실시에 전격 합의했다.[244)]

상하이 등 중국 63개 항구와 가오슝 등 대만의 11개 항구를 12월부터 개방하기로 하고, 지난 7월부터 시작된 여객 직항기는 주말 36편에서 매일 운항 108편으로 증편을 합의했다. 또 항저우와 시안 등 중국 16개 도시에서도 추가로 직항기를 취항시키기로 했으며, 상하이와 광저우 공항에서 타이베이와 가오슝 공항으로 매월 화물전세기 60편을 띄우기로 합의했다.[245)] 우편교환도 지금까지 등기우편만 허용하던 것을 소포와 속달 등 일반우편까지 확대하기로 합의했다.

이러한 양안 간의 합의는 2008년 12월 15일 오전 9시 30분에 전격적으로 실현됐다. 중국의 톈진 등 63개 항구와 대만의 가오슝 등 11개 항구를 잇는 해운 직항로가 본격적으로 개방되면서 화물을 가득 실은 선박들이 일제히 닻을 올렸다. 화물선 운항이 시작되자 중국 중앙방송(CCTV) 등 양안의 언론들은 "중국과 대만동포가 꿈에 그리

---

243) "중국 - 대만 하나의 시장 탄생시킬까", 앞의 잡지, p.72.

244) "친중 노선에 힘 실어준 중국", 조선일보 A 19면(2008. 11. 5).

245) 臺灣 海峽交流基金會, "兩會復談邁向和平互利", 兩岸經貿 8月號(2008). pp.1 - 4.

던 대삼통(大三通)이 실현됐다."며 흥분을 감추지 못했다. 자칭린(賈慶林) 중국인민정치협상회의 주석과 마잉주 대만 총통이 각각 톈진항과 가오슝 항으로 달려가 축하를 했다. 大三通의 실현으로 양안은 물리적 거리를 획기적으로 단축하면서 앞으로 양안 주민의 1일 생활권을 가능하게 만들 전망이다. 양안의 경제협력은 대만과 홍콩·마카오를 하나로 아울러 금융위기를 넘자는 '중화권 경제협력프로젝트'를 통해 가속화될 전망이다.246) 향후 양안 지도자들은 大三通247)의 실시를 계기로 '하나의 공동시장'이 이루어지면 '화폐 단일화'의 추진에도 관심을 가질 것이고, 이후 양안의 경제통합이 자연스럽게 실현되면 통일구상도 어떤 식으로든 논의하게 될 것으로 전망된다.

4. 대만의 대륙투자법제

(1) 조례상의 투자규정

대만은 1980년대 이후 중국과의 교류를 제3국을 통한 비공식적인 간접무역방식으로 행하여 오다 1992년 7월 31일 리덩후이 총통이 공포한 ≪양안관계조례≫에 의해 공식적으로 이루어지게 되었

---

246) 이명진, "中·대만 대3통 …… 바닷길까지 다 뚫려", 조선일보 A 3면(2008. 12. 16).

247) 중국과 대만의 교류는 덩샤오핑의 개혁개방정책 이후 간접방식에 의해 지속되어 왔다. 공식적으로는 1993년 등기우편의 교환을 시작으로 2001년 1월에는 대만의 진먼·마주섬과 중국 푸젠 성의 3개 도시를 개방하는 小三通이 실시되었다. 그리고 베이징 올림픽을 앞둔 2008년 7월 4일 중국의 5개 도시와 대만 8개 도시 간에 주말 38편의 항공노선 운항을 시행한 데 이어, 11월 4일에는 양안 해협회장이 대만에서 전격적으로 大三通을 합의한 사항을 2008년 12월 15일 양안정부가 전면시행에 들어갔다. 이번 대삼통의 실현은 양안분단 59년 만에 중국 63개 항구 간 직항노선의 전면 개통 및 중국 21개 도시와 대만 8개 도시 간에 매주 운항하는 108편 정기 항공노선의 평일 운항 그리고 소포와 일반·속달우편 등 모든 우편물의 교환 허용. 우체국을 통한 송금 허용 등으로 매우 중요한 의미를 갖고 있다.

다. 그동안 고수해 오던 삼불정책도 포기하는 계기가 된다. 동 조례 제35조 1항은 "대만지구의 주민·법인·단체 등은 대만 경제부의 허가를 받아 대륙지구에 투자·기술합작에 종사할 수 있다. 그 투자 및 기술합작의 상품이나 경영항목은 국가안전과 산업발전을 고려하여 금지유형과 일반유형으로 구분하고, 경제부가 관련기관과 협의하여 항목리스트와 개별안건 심사원칙을 정하여 이를 공고한다."고 규정하고 있다. 단, 일정금액 이하의 투자는 신고방식으로 할 수 있다.

제35조 4항은 1항 및 2항의 허가요건·절차·방식, 제한 및 기타 준수사항에 관한 판법은 관계 주무기관에서 입안하며 행정원에서 심사·확정한다고 규정하고 있다. 위 조항을 종합해 보면 양안관계조례는 대륙과 무역·투자에 대하여 허가주의(許可主義)를 원칙으로 하되 소규모 투자는 신고주의(申告主義) 입장을 채택하고 있다고 볼 수 있다.[248]

과거 대만지구의 주민·법인·단체 등은 대만지구와 대륙지구 간의 상품 및 상품에 부속된 지적재산권의 수출입 등 무역활동이 원칙적으로 간접방식에 의하던 것이 직접무역방식으로 변화하게 된 것이다.

하지만 대륙과의 급격한 무역 증가에 우려를 느낀 대만 당국은 1996년 9월 리덩후이 총통 당시 대만상인의 대륙투자에 대해 "원칙적으로 용인하면서도 서두르지 않고 신중히 효율적으로 한다."는 戒急用忍 방침을 천명했다. 또 대륙투자원칙은 각 분야별로 '간접·일방향'을 권고했다.

---

248) 법무부, 앞의 책(2008), p.475.

이로 인해 대만과 대륙의 교류협력은 엄청나게 증가했고, 2000년 이후에는 중국경제의 급성장으로 대만과 중국의 무역수지가 역조상태에 이르는 한편 대만 중소기업들의 대륙 직접투자와 경영으로 공장부지와 노동력 등에 대한 중국 의존도가 커지게 되었다. 2001년에는 민진당 천수이볜 총통이 각 당파와 상공계와의 경제발전회의에서 대만의 독립적인 경제발전을 위해 대륙에 대한 교류협력정책에 있어 戒急用忍한다는 방침을 재확인하기까지 했다.

2003년 당시 대만의 대중국 간접투자는 1,837건에 금액은 45.95억 달러로 나타났으며 이후 점점 증가하고 있다. 대만 경제부 투자심의위원회에 의하면 2001년도 양안 간의 교역액은 323억 8천만 달러로 대만 교역 총액의 11.2%를 차지했고, 대중국 수출액의 대만 총수출액 비중은 17.6%를 차지하며 199억 4천만 달러의 무역흑자를 기록했다. 2002년 양안의 교역규모는 전년도에 비해 38.1% 증가한 446억 6천만 달러를 기록했다. 또 2003년에는 양안 교역액이 584억 달러로 크게 늘어나 대만은 중국으로부터 404억 달러의 흑자를 달성했다. 중국과 대만이 본격 교류를 시작한 1987년부터 2003년까지 양안의 교역 총액은 3,318억 달러로 이 가운데 대만의 대중국 수출액은 2,748억 달러를 차지하여 누적 흑자규모는 2,177억 달러에 이르렀다.

이 규모는 2003년 말 대만의 외환보유고 2,066억 달러를 상회하는 규모여서 대만의 대중국경제에 대한 의존도가 심화되어 왔음을 말해 주고 있다.

1991년 이후 최근까지 대만경제인의 대륙투자 규모는 <표 3-4>와 같다.

〈표 3 - 4〉 대만경제인의 대(對)중국대륙 투자금액 통계[249]
Taiwan Investment in the Mainland China

(단위: 백만 달러)

기간	대만 경제부 승인 자료 Approved by Ministry of Economic Affairs, ROC			중국대륙의 대외 공개 자료 Official Data from Mainland China		
	건수	실질 투자금액	건당 평균금액	건수	건당 평균금액	실질 투자금액
1991	237	174	0.73	3,815	0.87	862
1992	264	247	0.94	6,430	0.86	1,051
1993	9,329	3,168	0.34	10,948	0.91	3,139
1994	934	962	1.03	6,247	0.86	3,391
1995	490	1,093	2.23	4,847	1.21	3,162
1996	383	1,229	3.21	3,184	1.61	3,475
1997	8,725	4,334	0.50	3,014	0.93	3,289
1998	1,284	2,035	1.58	2,970	1.00	2,915
1999	488	1,253	2.57	2,499	1.35	2,599
2000	840	2,607	3.10	3,108	1.30	2,296
2001	1,186	2,784	2.35	4,214	1.61	2,980
2002	3,116	6,273	2.16	4,853	1.39	3,971
2003	3,875	7,699	1.99	4,495	1.90	3,377
2004	2,004	6,941	3.46	4,002	2.33	3,118
2005	1,297	6,007	4.63	3,907	2.65	2,152
2006	1,090	7,642	7.01	3,752	-	2,136
합계	35,542	54,899	1.54	72,285	-	43,911

* 출처: 臺灣 經濟部 投資審議委員會/中國 商貿部
법무부, 「中國과 臺灣의 交流協力 法制硏究」(2008), pp.135 - 136.

결국 대만의 대륙투자는 덩샤오핑 집권 이후인 1980년대 들어 허용되어 해마다 투자규모가 증가해 왔고, 지금은 투자규모가 관리 감독이 힘들 정도로 급격하게 늘어나고 직접투자도 크게 증가하고 있다. 대만 당국은 이제 각 분야별 투자법규와 법률을 통한 규제방 향으로 정책을 선회하고 있다.[250]

249) 臺灣 行政院大陸委員會(兩岸經濟統計 月報) NO.170, 표 10 참조.

대만은 투자규모와 투자항목을 효과적으로 제한하기 위해 ≪在
大陸地區總事投資或技術合作項目審査原則≫ 등의 규칙을 제정
하여 투자심사를 실시하고 있다. 이 심사원칙은 첫째, 농업부문은
① 대만에서 생산이 안 되고 자급률이 저하된 농산품, ② 대만에서
도 생산되지만 국제경쟁력이 떨어지는 농산품, ③ 대만에서도 생산
되지만 외부 의존도가 높은 농산품, ④ 대만과 대륙의 발전에 유리
한 농산품을 기준으로 한다. 둘째, 제조업은 ① 대륙의 부존자원을
이용하여 대만의 산업을 발전시킬 수 있는 제조업, ② 대륙의 노동
력을 활용할 수 있는 노동집약산업, ③ 대만에도 산업이 존재하지
만 국제경쟁력이 떨어지는 제조업분야 등은 투자나 경제협력을 제
한하고 있다. 셋째, 서비스업종은 ① 소규모 경영자 또는 자영업,
② 과거부터 유래한 전통산업, ③ 대만에 불리한 영향을 주지 않는
산업 등을 심사기준으로 해서 투자와 경제교류 여부를 결정한다[251]
는 것이다. 투자항목에 대해서도 위 원칙에 따라 경제발전과 주요
산업, 국가안전 그리고 국방 등에 위해한 품목이나 상품은 교류협
력을 금지하고 있다.

≪兩岸關係條例≫ 제46조 1항은 양안 간의 교류로 인하여 발생
하는 민사사건의 처리에 대해서도 규정하고 있다. 먼저 대륙지구
주민의 법률행위 능력은 대륙지구의 규정에 의한다고 규정하고 있
다. 다만, 미성년자로서 이미 결혼자의 대만지구에서의 법률행위에
대해서는 행위능력이 있는 것으로 본다. 동 조례 제71조는 "허가를
받지 않은 대륙지구의 법인단체 또는 기타 기구가 그 명의로 대만

---

250) 宋方靑, 「臺灣 涉外投資法硏究」(北京: 法律出版社, 2005), pp.165 – 166.
251) 宋方靑, 위의 책, pp.168 – 169.

지구에서 타인과 법률행위를 한 경우 그 행위자는 당해 법률행위에 대하여 대륙지구 법인단체 또는 기타 기구와 함께 연대책임을 부담하여야 한다."고 규정하고 있다. 또 제33조 1항은 대만지구의 주민·법인·단체·기타 기관은 법률에 달리 규정한 경우를 제외하고 원칙적으로 대륙지구의 법인·단체·기타 기관의 직무를 담임하거나 그 성원이 될 수 있다고 규정하고 있다.252) 이 밖에 양안관계조례 제51조 제1항과 2항은 물권의 법적용에 대해서는 그 물건소재지의 규정에 따르고 권리를 목적으로 하는 물권은 그 권리성립지의 규정에 따른다고 규정하고 있다.

그러나 동 조례 제69조 1항은 대륙지구의 주민·법인·단체·기타 기관 또는 제3지구에 투자한 회사는 주무기관의 허가 없이 대만지구에서 부동산물권을 취득·설정·이전할 수 없다고 규정하고 있다. 제63조 제1항은 채권의 법적용에 대해 동 조례 시행 이전에 대만지구 주민과 대륙지구 주민 간 또는 대륙지구 주민 상호 간 및 외국인 간에 대륙지구에서 성립한 민사법률 관계 및 그로 인해 취득한 권리와 부담할 의무는 대만지구의 공서양속에 위반되지 않는 경우에 한하여 그 효력을 인정한다고 규정하고 있다.

동 조례 제48조 1항은 채권계약의 경우 당사자가 달리 약정을 했을 때는 그 약정에 따르고 그러한 약정이 없으면 계약체결지의 약정에 따른다고 규정하고 있다. 상속에 대해 《양안관계조례》 제60조는 "피상속인이 대륙지구 주민인 경우 당해 지구의 규정에 의한다. 다만 대만지구에 있는 유산은 대만지구의 법률을 적용한다."고 규정하고 있다. 제61조에서는 "대륙지구 주민의 유언에 있

252) 법무부, 앞의 책(2008), pp.449 - 450.

어서 그 성립 또는 철회의 요건 및 효력은 당해 지구의 규정에 따른다. 다만 유언으로써 대만에 있는 재산을 증여하는 경우에는 대만지구의 법률을 적용한다."고 규정하고 있다.[253]

(2) 대만의 대륙투자법

(가) 교류금지 단계(1949년~1978년)

이 시기는 대만과 중국이 각각 국민당 정부와 공산당 정부를 건립하여 양안해협 간에 정치적·군사적으로 대치하는 무력충돌 직전의 상황이었고, 또 이념적으로 냉전 상황이었기에 상호 간 경제교류와 투자는 금지되어 있었다.

대만 당국은 1949년 6월 대만 주민의 대륙과의 교류를 금지하고, 이를 어기면 '자비(資匪)·반란(叛亂)' 등의 각 죄목으로 처벌하였다. 동시에 특수한 사명을 띤 '力行小組'는 미국과 대륙의 경제봉쇄 움직임을 면밀히 조사하고 대비하게 하였다. 하지만 대만지구 주민들은 홍콩 등 3국을 통해 친척방문이 이루어졌으며 양안 간의 무역도 간접무역 방식으로 교류를 해 왔다.

공식적으로 중국과의 교류가 금지된 상태였지만 대만 기업이나 주민의 간접방식을 통한 인적 교류와 물적 교류는 점차적으로 증가하는 추세에 있었으며 대만 당국도 중국 대륙의 정치 및 경제 사정 등의 정보 파악을 위하여 이를 묵인하고 있었다.

(나) 단선개방 용인단계(1979년~2001년)

1979년부터 87년까지는 대만정부와 중국정부가 공식적으로 투자

---

253) 臺灣 行政院大陸委員會, 「臺灣地區與大陸地區人民關係條例」 5판(2005. 12), pp.38-50.

교류를 시작한 시기이다. 이 시기 대만은 중국과의 교류를 절대 금지하던 방침을 전환하게 된다. 1979년 중국이 전국인민대표대회에서 「고대만동포서」를 발표한 후 양안의 대치국면이 해제되고 긴장이 완화됐기 때문이다.

1987년부터 1990년까지는 대만과 대륙의 투자가 점진적으로 발전하는 시기였다. 대륙의 저렴한 노동력과 풍부한 부존자원, 발전된 시장경제 그리고 호혜정책은 대만상인들의 투자를 끌어내게 되었다. 1987년 대만은 38년간 유지해 오던 '계엄상태'를 해제하고 대만상인의 대륙투자도 허용했다.

1990년 10월 대만경제부는 ≪對大陸地區總事間接投資和技術合作管理辦法≫을 공포하고, "대만지구 인민·법인·단체 등은 대륙에 직접투자는 금지하지만 간접투자는 허용한다."고 발표했다. 1992년 봄 덩샤오핑이 남순강화(南巡講話)를 통해 중국의 사회주의 시장경제 발전을 강조하자 대만상인들은 대만의 대륙정책이 신속하게 변화할 것을 기대하며 대륙투자를 결정했다.

1992년 대만 당국은 ≪兩岸關係條例≫를 공포하고 향후 확대될 양안투자 과정에서 발생할 법률사건에 대비한 법률제정에 나섰다. 또 1993년 대만 경제부는 ≪在大陸地區投資或技術合作管理辦法≫을 공포하고 3월에 시행에 들어간 한편 종전의 ≪大陸地區從事間接投資和技術合作管理辦法≫을 폐지했다.

2001년 9월 17일 대만 당국은 중국 대륙과 「台澎金馬單獨關稅區」254)와의 무역조약을 받아들임으로써 양안의 경제협력은 더욱

---

254) 대만은 1990년 1월 「台澎金馬單獨關稅區」 명칭이 국제적으로 통용될 수 있도록 GATT에 가입을 신청하여 1992년 9월 이사회 심의를 거쳐 1995년 1월 1일 승인을 받았다.

발전하게 되었다.[255] 「台澎金馬單獨關稅區」는 臺灣·澎湖·金門·馬祖地域의 個別關稅領域을 약칭한 것이다. 이어 중국과 대만은 WTO에 잇따라 가입하면서 양안 간의 무역개방의 폭을 확대하는 계기를 맞는다.

(다) 쌍방개방 단계(2002년~現在)

중국은 2001년 12월 11일 국가주체 자격으로 WTO에 가입하고, 대만은 2002년 1월 1일에 독립관세지역 자격으로 가입하여 그동안 단선개방이었던 경제교류를 쌍방개방 방식으로 전환하는 계기를 맞게 되었다.

이에 따라 대만 당국은 2002년 7월 ≪在大陸地區投資惑技術合作許可辦法≫ 제4조 규정을 수정하여 대만상인이나 법인, 단체 등이 자유로운 판단 아래 대륙지구에 간접투자 또는 직접투자도 가능하도록 길을 열어 두었다. 대만 당국은 또 2003년 10월 9일 ≪兩岸關係條例≫ 제25조 1항, 제40조 1항·2항, 제73조, 제93조 1항을 수정하여 대만과 대륙 간의 직간접투자를 자유롭게 할 수 있도록 진일보시켰다.

수정된 양안관계 조례의 주요내용은 첫째, 대륙지구 인민과 법인, 단체, 기타 기관 등이 대만에 투자해서 얻은 이익에 대해 과세하는 방식에 관한 것이다. 둘째, 대륙에서 대만에 설립한 지사의 업무활동규범에 관한 내용이다. 셋째, 대륙투자공사의 투자자격·투자규모·허가조건·투자방식·투자항목 등 투자 사업에 대한 비준 사항이다. 이 시기 중국경제는 급속하게 발전하였으며, 대만은

---

255) 宋方靑, 앞의 책, pp.39 - 42.

중국 대륙 기업이나 주민들의 대만투자에 대해 문호를 개방함으로써 양안의 경제교류 및 투자도 급격하게 늘어나게 되었다.

(3) 대만의 대외투자법 체계

대외투자법의 입법방식은 한 국가의 경제적 발달과 법률 제도적 발전과정과 밀접한 관계가 있다. 냉전시대 대만에 있어서의 외국투자법 입법방식은 크게 두 가지로 통일을 염두에 둔「統一式 立法方式」과 양안을 염두에 둔「分離式 立法方式」이 있다.[256] 대만은 과거 대륙과의 경제교류와 투자에 있어 개인이나 법인 등 개체의 이익과 중국 사회주의 경제의 공익개념 사이의 모순을 해결하는 데 주안점을 두지 않을 수 없었을 것이다.[257] 대만의 대외투자법체계는 중국의 개혁개방정책 이후 외국자본과 화교, 대륙과의 교류협력이 늘어나면서「僑外投資法」,「對外投資法」,「大陸投資法」,「國際條約」등 4가지로 분류한다.「僑外投資法」은 중국동포, 즉 화교들의 대만투자에 대한 법률로서 대만경제발전을 위한 투자보장과 제한을 위한 법규범이다. 이 법은 첫째, 입법상으로 볼 때 법률과 명령으로 구분된다. ≪華僑回國投資條例≫와 ≪外國人投資條例≫, ≪加工出口區設置管理條例≫, ≪科學工業圓區設置管理條例≫ 등은 법률이고, 이에 따른 법률수권적 규정ㆍ규칙ㆍ세칙ㆍ준칙 및 명령이 있다. 둘째, 법규체계로 볼 때 모법과 자법이 있는데 ≪華僑回國投資條例≫와 ≪外國人投資條例≫는 화교와 외국인

---

256) 宋方靑, 앞의 책(2005), p.7.
257) 徐杰, "論經濟法的立法宗旨",「海峽兩岸經濟硏討會論文集」(2001), pp.17－23.

투자법규의 모법이자 기본법이 된다. 셋째, 활용범위를 규정할 때는 고문법과 상관법으로 구분되는데 ≪加工出口區設置管理條例≫와 ≪科學工業圓區設置管理條例≫가 이에 해당된다. 넷째, 내용상으로는 실체법과 절차법으로 구분된다. 「對外投資法」은 대만에 투자하는 외국자본의 투자장려와 관리, 보호를 위한 법률이다. 여기에는 ≪促進産業昇級條例≫와 ≪國家投資補助辦法≫, ≪公司法≫, ≪所得稅法≫과 같은 장려법규가 있고, ≪中國輸出入銀行辦法≫ 등의 관리법류, ≪保險法≫, ≪海外投資保險辦法≫ 등 보호법류가 있다. 「大陸投資法」은 대만상인들의 대륙투자관련법과 대륙상인들의 대만투자관련법 두 가지가 있다. 이 법은 첫째, 기본관계규범으로 ≪臺灣地區與大陸地區人民條例≫, ≪大陸地區人民進入臺灣地區許可辦法≫ 등이 있다. 둘째, 대만상인투자대륙규범으로는 ≪在大陸地區總事投資或技術合作許可辦法≫, ≪在大陸地區總事投資或技術合作審查原則≫ 등이 있다. 셋째, 대륙자본의 대만투자관련 규범은 ≪大陸地區産業技術流入許可辦法≫, ≪大陸地區人民台灣地區取得設定≫ 등이 있다.

「國際條約」은 우방국 간에 행해지는 투자관련 조약으로 ≪相互投資保障協定≫과 ≪相互投資促進合作協定≫, ≪相互重課稅免除協定≫ 등이 있다.[258]

---

258) 宋方靑, 앞의 책, pp.9 - 12.

제3절 소결

1978년 덩샤오핑의 '4개 현대화' 개혁개방정책 이후 중국지도자들이 지속적으로 천명해 온 三通이 30년이 지난 지금 新三通[259]으로 재탄생하고 있다.

중국 지도자들이 덩샤오핑 이후 꾸준하게 지켜 온 '하나의 중국' 원칙이 그동안 양안 간의 교류협력으로 빛을 발하면서 대륙의 해협회 천원린(陳雲林) 회장이 대만의 해기회를 방문하여 2008년 11월 4일 장빙쿤(張丙坤) 이사장과 역사적인 삼통의 전면실시에 합의를 한 것이다.

이로써 양안은 일일생활권을 구현하게 됐으며 앞으로 문화·체육·관광 등 '四流'는 물론 경제공동체 실현에 탄력을 받게 될 것이다. 이미 대만의 마잉주 총통은 대륙에 '하나의 공동시장'을 제안한 바 있고 이번 합의에서 양안은 화폐단일화까지 의견을 교환했다. 양안 간에 '하나의 공동시장'이 실현되면 양안은 통일의 문턱에 들어선 것이나 마찬가지로 판단된다.

양안의 교류협력이 여기에까지 이르기 위해서는 양안 지도자와 공민들의 많은 노력이 있었고, 이를 뒷받침하는 법제의 변화과정이 있어 왔다. 특히 사회주의 중국의 경우 덩샤오핑의 개혁개방정책이 없이는 오늘날 이와 같은 결실을 맺을 수 없었다. 이후 중국 대륙의 지도자들이 덩샤오핑의 개혁개방정책을 현대에 걸맞은 중국의

---

259) 덩샤오핑이 집권 당시 대만에 제안한 '三通四流'가 30여 년이 지난 21세기 새 시대에 그 성과가 나타나고 있다는 뜻에서 筆者가 부여한 용어이다.

대외정책260)으로 잘 견지해 온 것도 큰 버팀목이 되었다고 하겠다. 이를 계기로 중국은 대만과의 교류협력을 더욱 강화해 나갈 것이며, 통일의 전 단계인 '하나의 공동시장'을 구축하기 위해 매진할 것이다. 그리고 공동번영의 시기에 자연스럽게 일정분야에 대한 법제의 단일화를 시도하며, 중국 대륙이 주도하는 '하나의 중국'을 위해 나아갈 것으로 판단된다. 그런 점에서 앞으로 양안의 학자들 사이에는 양안의 헌법 및 교류협력법제의 충돌문제에 대한 연구와 논의가 활발하게 진행될 것은 분명해 보인다.

---

260) 중국의 대외정책은 첫째, 多種原理의 竝存原則, 둘째, 社會主義 外交原則, 셋째, 平和共存의 原則, 넷째, 反覇權主義原則, 다섯째, 孤立主義原則, 여섯째, 國家主義原則, 일곱째, 신현실주의적 독립외교원칙을 견지하고 있다. 사회주의 외교원칙에는 무산계급 국제주의·반제국주의·반식민주의를 견지하고 있다. 行政院大陸委員會, 「中國-硏究導論」上輯(2007), pp.500-516.

제4장

양안교류협력의 법적 충돌

양안의 법적 충돌 배경은 여러 가지 원인이 있지만 크게는 3가지로 나눌 수 있다. 첫째, 주권적 문제로 양안은 60년 가까운 분단으로 서로의 주권에 대해 다른 견해를 갖게 되었다는 점이다. 대륙은 대만을 중화인민공화국의 일부분으로 생각하고 있고, 대만은 독립적 실체를 주장하고 있다. 둘째, 대륙인은 중국 정체성의 개혁과 발전에 대해 믿음을 갖고 있다는 점이다. 동서냉전과 분단으로 인해 침체된 중국이지만 언젠가는 세계무대에서 다시 중국의 지위를 회복할 것이고, 그렇게 되면 대만은 중국문제에서 탈피할 수 없다는 생각이다. 셋째, 양안의 국민은 반세기 이상 분단된 상태로 살다 보니 제도와 생활문화에 큰 차이를 보여 법적인 충돌이 불가피하다는 것이다.

중국인의 주권관은 자연일체 · 천인합일사상의 철학이어서 서방의 승천적 교화를 쉽게 받아들이지 못했다. 그래서 중국은 서방의 현대양식의 교육을 늦게 받아들여 서방교육을 일찍 받아들인 일본과의 1904년 중일전쟁에서 패해 요동반도를 침탈당했다. 조선을 식민지화한 일본은 요동반도에 만주국을 만들어 대륙점령의 전진기지로 삼았다.

일본의 영토침탈에 대해 뒤늦게 각성한 중국은 내부에서 근대화개혁운동이 잇따라 일어났다. 시안사변을 계기로 쑨원의 삼민주의운동이 중국인을 일깨운 가운데 국민당과 공산당의 권력투쟁이 항일운동으로 이어지면서 중화사상을 기반으로 한 중국인의 근대화된 주권관이 형성되었다.[261] 당시 중국에서 국공내전이 한창일 때 미국과 소련은 내부적으로 국민당과 공산당 양측 중 한쪽을 지원하는 경쟁이 치열하게 전개되었다. 중국 대륙은 공산당의 내전승리로 공산주의를 국가이념으로 채택하였다. 내전에서 패해 대만으로 도주한 국민당은 장제스 총통을 중심으로 사실상 중국인의 마음속에 남아 있는 삼민주의를 국가이념으로 숭배해 오다 1980년대 들어 상당한 정도의 미국식 서방제도를 수용하였다. 많은 대만인들이 미국으로 유학을 갔고, 이후 정치적으로 민주와 인권·자유주의를 받아들였다. 대만에서는 경제적으로는 자본주의 시장경제 개념이 확산되었다. 이에 반해 중국 대륙은 미국을 중심으로 한 연합군에 맞서 한국전쟁을 치렀으며, 이후 수십 년 동안 사회주의 개조운동에 의한 인민민주주의공화국의 일당독재와 국가의 강제적인 제도 아래 계급투쟁과 인민의 자각성 준수 등에 내몰려 있었다.[262] 이어 중국은 마오쩌둥의 문화대혁명 시기를 거치면서 미국 제국주의와의 이념투쟁에 젖어 들었다.

이러한 변화의 과정 속에 반세기 이상을 분단 상태로 살아온 중국 대륙과 대만은 이념이나 제도·생활문화 등에서 많은 차이를 보이는 것은 당연한 것이어서 통일과정에 법적 충돌 요인이 되는 것은 분명하다고 하겠다. 특히 통일로 인하여 발생할 수 있는 양안 주민 간의 개인적인 계약에서부터 채권채무관계 계승·혼인·기업 간 투자 및 무역 등에서 발생하는 민사상 법률충돌은 어쩔 수 없이 겪어야 할 혼란임에 틀림없다.

---

261) 石之瑜, 「兩岸關係概論」(台北 : 昱泓圖書, 1999), pp.2－5.

262) 王泰銓·陳月端, 「兩岸關係法律」(台北 : 大中國圖書, 2000), p.88.

대만은 한때 일본의 식민지였던 경험도 있고 서방의 개인주의적인 정치제도를 접촉한 바 있어 단순한 민족주의는 수용하지 못한다는 입장이다. 그래서 대만의 독립적 실체를 인정한 주권과 양안 주민의 복지와 미래를 위한 정치공동체를 주장한다. 또 一國兩制 혹은 一國兩區 어느 쪽이 되었든 간에 통일 후에는 양안의 현상을 그대로 유지할 것을 주장하고 있다. 중국은 초기에 대만의 본토회복 주장에 대해 국가분열사상[263]이라며, 무력해방 등의 정책으로 견제하는 등 부정적인 반응을 보였다. 그러나 지금은 서로 간에 교류가 많아지고 이해의 폭도 넓어져 현재 상태를 인정하는 한편 서구 자본주의제도에 대한 대만의 경험을 높이 평가하는 분위기여서 양안의 법적 충돌 문제도 점차 절충점을 찾아갈 것으로 전망된다. 다만 헌정체제에서 발생하는 국가 정체성과 통일 후 양안의 체제 문제는 양안국민과 학자들 사이에 논란이 지속될 것으로 전망된다.

제1절 헌정체제 충돌

1. 一國兩制 문제

대륙 중국에서 「一國兩制」 개념은 1970년대 말 덩샤오핑의 개

---

263) 외국학자들은 1949년부터 1978년까지 양안의 의식적인 敵意와 불승인정책에 대해 국가 분열 기간으로 간주했다. Gregory Henderson, Richard Ned Lebow, and John G. Stoessinger, ed. Divided Nations on A Divided World(New York: David Mckay Co. Inc. 19740).

혁개방정책 이후 1982년 8월 중국공산당 중앙고문위원회 회의에 영국 대처수상을 초청하여 중국방문 때 홍콩반환 담판을 위해 '일국양제'의 개념을 제안하였다.[264]

덩샤오핑은 1984년 2월 대처수상과의 회담에서 홍콩반환문제를 담판하면서 '홍콩은 자본주의'·'대륙은 사회주의'라는 통일 전 과도기의 一國兩制 개념을 부각시켰다. 당시 세계의 흐름이 식민지를 폐기하는 방향으로 흘러가면서 영국도 중국에 홍콩을 반환하는 결정을 한 것이다.[265]

이후 중국은 《葉九條》와 《江八條》 등의 각종 발표에서 일국양제를 일관되게 고수하면서 홍콩·마카오의 회수에 이어 장래 대만과의 통일에도 대비해 왔다. 장쩌민을 중심으로 한 제3세대 영도집단은 당의 제1세대, 제2세대 영도집단과 마찬가지로 조국통일 대업의 실현을 위해 확고부동한 一國兩制 방침을 견지했을 뿐 아니라 실천적으로도 많은 성과를 올렸다.[266] 1989년 장쩌민은 국경 40주년 대회에서 "중국공산당 제11기 3중전회 이후 평화적 조국통일 방침과 일국양제의 구상이 우리의 기본정책이다."라고 선포하였다.[267] 이에 대해 대만은 一國兩區를 주장해 왔지만 세월이 지날수록 일국양제에 파묻히는 형국이다. 홍콩과 마카오의 중국반환 이후에는 一國兩區의 주장이 대외적으로 거의 사라지고 있다고 해도 과언이 아니다. 대만이 제안한 一國兩區의 특별행정구제도가 양안 헌정상의 충돌은 물론 법적 충돌의 문제점을 포괄하고 있기 때문

---

264) 鄧小平, 「建設有中國特色的社會主義」(香港: 三聯書局, 1987), pp.5-7.
265) 沈己堯, "香港回歸的歷史教訓", 「海峽評論」(1996. 8), p.40.
266) 최명길, 앞의 논문, p.145.
267) "江澤民의 中國特色의 社會主義", 「特輯報道」(北京: 中央文獻, 2003), p.482.

이다. ≪香港特別行政區基本法≫은 중국내지위원 36명을 비롯해 상업·금융·법률·종교 등 각계 전문가로 구성된 香港위원 24명으로 이루어진 기초위원회가 1990년 2월 완성하여 동년 4월 중국 제7기 전국인민대표대회 3차 회의에서 정식으로 통과되었다. 홍콩특별행정구기본법의 핵심내용은 홍콩의 중국 반환 후에도 홍콩은 홍콩인이 다스리며, 고도의 자치권을 갖고 사회안정과 경제번영을 50년 동안 보장한다는 것이다.[268] 이로써 ≪香港基本法≫은 헌법 제31조 특별행정구 규정의 기본법 규범이 되었으며, 헌법 제62조의 전국인민대표대회 직권에 의해 법률로 제정되게 되었다. 중국학자들은 기본적으로 홍콩기본법을 반대하는 입장이었지만 헌법 제31조 "특별법이 기존「사회주의 4개항」[269]의 기본원칙에 우선한다."는 예외조항을 들어 합헌적인 요소가 있다고 보고 이를 받아들였다.

사회주의 4개항 중「人民民主專政」은 중국대륙헌법 제1조에 규정된 "중화인민공화국은 농업과 공업을 기초로 한 人民民主專政의 사회주의국가이다."에 의거한다. 중국 대륙학자들은 "국가적 계급의 본질을 일개 계급과 일개 계급의 전공"으로 규정한다. 고로 인민민주전정은 두 방면의 의미를 담고 있는데 한 방면은 인민적 민주, 다른 방면은 적대적 계급에 대한 전정이며 이 두 개 방면은 서로 보완관계에 있다고 규정한다.

중국대륙헌법 제28조는 "국가는 사회질서 유지를 위해 사회치안을 위해하거나 사회주의경제를 파괴하는 등 기타 범죄활동에 제재

---

268) 沈己堯, 앞의 잡지, p.39.
269) 사회주의 4개항은 특별조약 제1조(인민민주전공과 사회주의제도), 제2조(인민대표제), 제5조(사회주의 법제), 제6조(사회주의 공유제)를 말한다. 王泰全·陳月端, 앞의 책, p.111.

를 가한다."고 규정하고 있다. 오늘날 경제영역에서 경제사범에 대한 엄벌규정도 인민민주전정에 근거를 두고 있다.[270]

또 헌법 제67조 1항 사회주의제도에 속하지 않는 특별행정구의 실행은 전국인민대표대회의 해석에 따른다는 규정도 홍콩기본법 제정에 합헌적 요소로 작용하였다. 중국학자들은 ≪香港基本法≫의 성질 및 법률적 지위에 대해 ① 홍콩기본법은 소헌법이 아니다. ② 홍콩기본법은 지방성 법규가 아니라 전국성 법률이다. ③ 홍콩기본법은 홍콩특별행정구의 근본대법이다. ④ 홍콩기본법은 홍콩은 중앙정부로부터 고도의 자치권을 인정받아 기존법률을 유지한다고 이해하고 있다.

≪香港基本法≫은 12가지 기본정책으로 되어 있다. 첫째, 홍콩은 중국 회수 후에도 一國兩制 원칙에 따라 홍콩특별행정구를 시행한다. 둘째, 외교·국방사무를 제외하고 홍콩특별행정구에는 직할의 인민정부를 두고, 고도의 자치권을 보장한다. 셋째, 홍콩특별행정구는 현행대로 행정관리권·입법권·사법권을 유지한다. 넷째, 홍콩의 토지는 당연히 홍콩인이 관리한다. 다섯째, 홍콩의 사회·경제제도와 생활방식은 그대로 유지하고, 주민의 권리와 자유·사유재산·기업소유권·합법승계권 등을 보장한다. 여섯째, 자유항과 독립관세지구는 그대로 유지한다. 일곱째, 증권·금 등 기타 재화시장 개방과 금융중심지 지위도 그대로 유지한다. 여덟째, 재정독립·향항세 징수를 금지한다. 아홉째, 영국과의 교류는 홍콩의 이익을 위해 유지한다. 열째, 국제사회에서의 홍콩의 명칭을 유지하고, 경제·문화 등의 협정을 할 수 있다. 열한째, 홍콩치안은 스스

---

270) 許惠祐, 「兩岸交流政策與交流」(台北: 華泰文化, 2007), pp.81 - 82.

로 유지한다. 열두째, 홍콩특별행정구기본법을 제정하고 마카오기본법271)도 1993년 제정한다.

이에 반해 대만은 일국양제에 대해 ① 대만은 홍콩·마카오와 다르다. ② 대만인의 절대 다수는 중국식 일국양제를 접수하지 못한다. ③ 마카오는 국민이 선택하지 않은 식민지이지만 대만은 자신의 역량으로 선택한 것으로 생각하고 있다. 바로 이러한 양안정부의 인식 차이가 헌법충돌 또는 양안주민의 민사상 법률충돌을 일으키는 것은 당연하다고 하겠다.272)

결국 중국의 일국양제 통일정책이 1997년 홍콩회수에 대비한 홍콩기본방침의 근간으로 작용하고, 이후 1999년 마카오의 주권회수는 물론 장래 대만에 대한 통일정책에도 일관된 원칙으로 작용해 온 것이다. 그런 점에서 일국양제(一個國家 兩種制度)의 가장 큰 결실은 ≪香港基本法≫이라 하겠다.273) 그리고 오늘날 헌정상에 양안통일의 원칙적인 해결책으로도 작용하고 있다.

중국학자들은 냉전시대에는 이념대결의 분위기 때문에 중국이 결코 대만의 독립적 지위를 인정하지 않다가 냉전 후에는 인적 왕래가 많아지고 경제교류가 확대됨에 따라 양안의 국가주권 개념도 한계가 불분명해져 더 이상 양안관계를 국제정치학적인 냉전적 사고로 보기에는 맹점이 있다고 주장한다.274) 즉, 중국학자들은 국제정치학자들이 양안문제를 냉전적 사고로 보는 것은 양안의 분리를 지속적으로 가져가려는 의도가 있다고 지적하고, 이를 내부 민족

---

271) 趙國强, 「마카오特別行政區基本法」(北京: 五洲傳僑出版社, 1999), pp.6 - 17.
272) 王泰銓·陳月端, 앞의 책, pp.111 - 114.
273) 위의 책, pp.103 - 104.
274) 石之瑜, 앞의 책, pp.28 - 29.

간에 개혁·개방 등 교류협력을 통해 해결해야 할 국내문제라고 생각하는 것이다. 양안이 언제 어떤 방식으로 통일을 하느냐는 국제질서에 큰 변화를 갖고 오는 만큼 전 세계 국가들이 관심을 갖고 있는 문제이다. 중국은 1991년 3월 제정한 ≪國家統一綱領≫에서 양안통일은 3단계에 의해 달성된다고 규정하였으며, 각 단계별 소요시간은 3년에서 5년이 걸릴 것으로 전망한 바 있다. 당시 대만행정원 대륙위원회 부주임 마잉주는 공개강연에서 "양안의 통일은 단순히 국토적 통일이 아니라 제도적 통일이다."라고 밝힌 바 있다. 즉, 양안통일이 일국양제방식이든 어떤 방식이든 간에 양안의 상호존중과 대만의 현행제도를 존속하고, 세금징수를 그대로 유지하며 대만인에 대한 병역과 재정의무도 부담을 지우지 않아야 한다는 것이다.

대만의 헌법학자 중에는 일국양제 원칙하에 대만이 고도의 행정권을 갖고 대륙정부에 참여하게 되면 중국은 국가체제 방면에서 첫째, 국가부주석 1인을 추가하여 고정적으로 대만인사에게 할당한다. 둘째, 전국인민대표대회 부위원장 중 1인을 고정적으로 대만에 할당한다. 셋째, 전국정치협상회의 부주석 중 1인을 대만 국적의 인사에게 할당한다. 넷째, 국무원 부총리 중 1인을 고정적으로 대만인사에게 할당한다. 다섯째, 1999년 마카오 회귀 후에는 대륙인사 2명, 대만·홍콩·마카오 각 1인으로 5인의 주석단을 만들자는 제안을 하기도 하였다. 또 대외 방면에서는 외교승인국가 중 대륙의 대사관에 부관장 1인을 대만인사로 파견하고, 대만 대사관에는 대륙인사 1인을 부관장으로 파견하자는 제안도 있다. 이 밖에 군대와 지휘권 방면은 평상시 대만군대는 그대로 유지하고 비상시에는 연합지휘부를 마련한다는 통일안으로 제안하는 학자도 있다.[275] 중국은 홍콩과 마카오 회수 이후 국제적인 신인도가 올라가고, 경제적인 면에서도 큰 부가효과가 발휘됨에 따라 대만과의 통일에 대해서도 단순한 국토통일차원을 넘어 세계경제대국으로 나아가는 데 일조를 하는 파트너로서 고려하는 단계에 접어들었다고 판단하고 있다.

중국은 홍콩·마카오 회수 이후 두 지역과의 기본법 제정 등 법률적 충돌경험을 바탕으로 양안통일을 둘러싼 법적 충돌 문제도 보다 순조롭게 협의해 나갈 것으로 전망된다. 이러한 협상 분위기는 2008년 3월 대만의 마잉주 총통이 집권하면서 대만정부가 먼저 제안하고 나서 전망은 밝다고 하겠다.

2. 區域衝突法

(1) 兩岸區域衝突法의 개념

국제사법상 채택되고 있는 「法律衝突理論」과 중국 안에서 사용되는 「區域法律衝突理論」은 기본적으로 입법 자체가 다르다. 국제적으로는 각국의 주권이 보장되는 상태에서 상호 충돌적인 면이 발생했을 경우 어느 일방을 배제할 수는 없다. 그래서 각 국가는 적정한 법률을 제정하여 상호 충돌 문제를 해결하고 있다. 중국의 「民法通則」 중 「涉外民事關係法適用」, 일본의 「法例」, 독일 등

---

275) 沈己堯, 앞의 잡지, p.48.

유럽의 대륙법계 국가의 「國際私法」, 영미법계의 「衝突法」(Conflict of Laws)이 그것이다.

중국과 대만의 一國兩制나 一國兩區적 이념은 당연히 법권충돌을 발생시키는데 이것은 법리상으로 해석할 때 국가 안에서의 「區域法律衝突」로 간주하기 어렵다.[276) 실제로 1개 주권국가 안에서 하나의 안건이 2개 또는 그 이상의 구역에 충돌을 미치게 되면 이는 구역법률충돌 문제이지만, 하나의 안건이 2개의 다른 국가와 충돌된다면 이는 「國際衝突法」 또는 「國際私法」의 문제가 된다는 것이다.

區域法律衝突 문제에 대한 구체적인 사례를 들면 첫째, 두 개 국가 또는 그 이상의 국가가 새로운 하나의 국가로 연합하거나 합병을 하는 경우, 둘째, 역사적으로 열강에 의해 분리된 국가가 복국 또는 국가 부활을 했을 경우, 셋째, 제2차 세계대전 당시 독일과 이태리처럼 여러 국가를 점령하여 발생한 다법역국가를 말하는 국가적 겸병의 경우, 넷째, 1871년 독일의 '法蘭克福條約'처럼 조약에 의하여 다른 나라의 영토를 취득하는 국가 영토적 할양의 경우, 다섯째, 홍콩과 마카오처럼 할양 또는 조차된 영토의 국가 영토적 회귀의 경우, 여섯째, 내부적 또는 외부적 요인에 의해 하나의 국가가 두 개로 분열되어 각각의 정권통치자를 유지하고 있던 국가의 분열국가적 통일의 경우 등이 있다. 양안의 경우는 마지막에 해당된다[277)고 보고 있다.

중국과 대만은 60년간 분단된 상태에서 각기 다른 법률체계를

---

276) 王泰銓, 「當前 兩岸法律問題分析」(台北: 五南圖書, 1997), pp.6－7.
277) 王泰銓·陳月瑞, 앞의 책, pp.93－95.

갖고 왔기 때문에 하나의 중복안건이 발생했을 때 각자의 법률에 의해 판단을 해 온 것은 당연하다. 그래서 양안이 통일을 논의할 때 충돌점이 발생하는 것은 당연한 일인데, 이 문제를 해결하려면 양안인민관계조례의 법리 차이를 풀어야 한다는 전문가들의 견해도 있다.[278]

양안의 교류과정에서 발생하는 一國兩區 문제는 헌정상의 문제로 1980년대까지 대만의 국내여론상 해결의 실마리를 찾기는 상당히 어려웠다. 하지만 1990년대 들어서 대만은 중국이 경제적으로 급성장하고 국제적 위상이 크게 높아지자 '하나의 중국'의 원칙하에서 一國兩區를 생각하는 방향으로 정책이 선회한다. 즉, '양안의 형사안건 법원관할문제', '중국·대만의 사법관리권 문제', '토지관할원칙' 그리고 '하나의 중국' 개념하에 이루어진 홍콩과 마카오의 중국반환 이후에도 대만의 독립적 지위 인정 등 여러 가지 충돌문제에 대해 고민을 하지 않을 수 없게 된 것이다.

이것은 대만이 수정헌법 제10조에서 "자유지구와 대륙지구 간 인민권리의무처리는 특별법에 의거한다."고 규정한 데서 잘 나타난다. 형법상 양안주민의 범죄행위 처벌을 위한 법원관할권 문제도 국가주권 및 영토통치권과도 연관이 있는 중요한 문제여서 양안이 통일에 앞서 적극적으로 풀어 나가야 할 헌정상의 법적 충돌 과제임에 분명하다. 또 대만은 수정헌법 제2장 제7조 '평등원칙'과 '위임입법'의 요구사항도 양안통일의 법적 충돌점이라 하겠다.[279]

---

278) 王泰銓, 앞의 책(1997), p.7.

279) 李念祖, "兩岸人民關係條例中三項基本憲法問題初探", 「理論與政策」 第7券(1993), pp.12 - 17.

(2) 兩岸區域衝突의 특징

대륙과 대만 양안 간의 법률충돌은 하나의 국가 내에 서로 다른 두 개의 사회제도와 연원을 달리하는 두 개의 법률체계가 존재함으로 인하여 발생하는 문제이다. 일반적으로 국제사법은 각 국가의 공민 또는 법인 등이 민사문제로 충돌했을 경우 포괄적 규범에 의해 조정을 한다. 그리고 각 국가 간의 국제적 쟁점을 사법적 입장에서 해결한다.

국제사법의 법률충돌 조정방식은 간접조정방식과 직접조정방식 두 가지로 나뉜다. 첫째, 간접조정방식은 당사자 간의 권리·의무 관계 등 준거법 규정에 의거하여 조정한다. 둘째, 직접조정방식은 국제조약이나 통일적인 실체규정 등 직접 규정에 의거하여 민상법상의 여러 가지 충돌문제를 조정한다.[280] 그러나 중국과 대만의 법률충돌 문제는 장기간에 걸친 정치적 대립과 투쟁의 지속으로 인하여 서로 상대방을 인정하지 않는 상황에서 발생한 것으로 국제사법의 전통적 이론으로 해결하는 것이 불가능하다는 인식하에 일반적인 구역충돌법 개념과는 다른 단일국가 내에 여러 법역 간의 법률충돌 문제 즉, 區際衝突法[281] 문제로 평가해야 한다는 것이 대륙·대만 학자들의 대체적인 견해라고 할 수 있다.[282]

세계적으로도 홍콩의 중국반환시기인 1997년 이전까지 서로 다른 사회제도를 가진 법역 간의 구역법률충돌, 즉 사회주의제도와

---

280) 吳祖謀·李双元, 앞의 책, pp.430-431.

281) 대만학자들은 區際衝突法을 일국 내부에 같지 않은 2개 법역의 民事法律衝突에 관한 국내법으로 간주하지만 國制私法과도 다르다고 주장한다. 黃進, 「區際衝突法」(台北: 永然文化出版, 1996), pp.146-148.

282) 법무부, 앞의 책(2008), p.152.

자본주의제도 간의 법률충돌은 출현하지 않았다. 일반적으로 구역법률충돌은 동일한 법계 내에 다른 법역 간의 구역법률충돌과 일개 국가이지만 역사적으로 다른 법계에 속하게 되어 달라진 각 법역 간의 법률충돌의 경우 두 가지를 말한다.[283] 후자의 경우는 미국의 루이지애나 州가 프랑스 속국으로 대륙법계의 영향을 받아 1803년 미국으로 편입되면서 영미법계와의 법률충돌을 한 사례이다. 그런 점에서 양안 간 법률충돌 문제가 일반적인 법률충돌과 구별되는 특징은 다음과 같다. 첫째, 양안 간의 법률충돌은 국제법률충돌과 다르다. 국제법률충돌은 국가와 국가 간의 법률충돌로서 상호 독립된 별도의 수개의 주권국가를 전제로 하고 있으나 양안 간에는 하나의 국가만이 존재할 뿐이다. 둘째, 양안 간 법률충돌은 연방국가 내 연방 간 구제법률충돌과도 다르다고 주장한다. 연방국가 내의 존재와 통일된 헌법의 존재를 전제로 하고 있으나 양안 간에는 공동의 중앙정부도 통일된 헌법도 존재하지 않는다.[284] 셋째, 양안의 법률충돌은 대륙과 홍콩·마카오 간의 법률충돌과 다르다. 양안은 현재 각기 '하나의 중국'을 주장하면서 원칙적으로 자신만이 중국의 유일한 합법정부라고 주장하며, 서로 상대방을 합법정부로 승인하지 않고 있다.

  법률충돌 문제는 두 개 이상의 상이한 법역과 관련된 사건을 처리하는 문제이다. 어떤 사건이 두 개의 주권국가와 관련되어 있다면 국제법률충돌 문제로 보고 國際私法에 의해 해결하는 것이 관례이다. 홍콩·마카오특별행정구의 경우 별도의 법률체계를 가지고

---

283) 王泰銓·陳月端, 앞의 책, p.95.
284) 법무부, 앞의 책, p.153.

있다. 즉, 중국 최고인민법원과 최고인민검찰원의 지휘를 받지 아니하는 법원과 검찰기관에 의해서 사법업무가 다루어짐으로써 특별행정구와 중국 내지의 각 지방 간의 관할권 경합·문서송달·증인소환·범인체포·판결이행 등과 관련한 법률충돌이 일어나게 된다. 특히 중국정부는 영미법계와 대륙법계의 법률제도를 유지하고 있는 홍콩·마카오 특별행정구와 서로 다른 법역이기 때문에 사법공조를 통해 법률충돌 문제를 해결해 나갈 수밖에 없다고 하겠다.

따라서 중국은 영국과 포르투갈로부터 반환받은 홍콩·마카오와의 법률충돌 문제를 중국 내부의 서로 다른 법역 간의 법률문제로 규정하고 있으며, 대만과의 법률충돌 문제도 기본적으로 홍콩·마카오처럼 구제법률문제로 해결하려는 입장을 보이고 있으나 위의 특수성 때문에 어려움이 예상되고 있다.

(3) 兩岸區域衝突의 법적 검토

중국은 단일제 국가로서 특별행정구 성립 전까지 전국적으로 통일된 법률제도를 시행하여 하나의 최고인민법원과 최고인민검찰원의 지휘 아래 있는 전국 각 지역 법원과 검찰기관이 사법 관련 사무를 일률적으로 처리하여 왔기 때문에 중국에서 법률충돌 문제와 사법공조문제는 존재하지 않았다.

그러나 중국이 일국양제 방침에 의하여 홍콩·마카오에 특별행정구를 설치함에 따라 현재 중국에는 3개 法域이 독립된 법률체계로 동시에 존재하고 있다. 그래서 각 법역 간에 법률충돌 문제가 발생하는 것은 당연하다. 중국이 대만과의 통일을 실현하는 경우 대만에서도 특별행정구를 실시할 것이기 때문에 그때가 되면 대만 특별행정구의 법률체계를 합쳐 4개 법역이 성립될 것이다.[285] 하지만 대만은 영국과 포르투갈의 조차지였던 홍콩과 마카오와는 다른 입장이어서 ≪區域衝突法≫을 적용하는 것이 옳다거나, ≪區際衝突法≫을 적용하는 것이 옳다고 주장하기에는 무리가 따르는 점도 있다.

區際衝突法은 단일국가 내부의 다법역 지역의 민사법률충돌에 적용되는 국내법으로 간주하는 '전국통일적 구제충돌법'과 각 주나 성의 입법관할권[286]의 범위를 규율하는 '법역자유적 구제충돌법' 두 가지로 나눈다. 구제충돌법과 국제사법의 관계는 구별설, 동일설, 절충설을 주장하는 학자들이 있다.[287] 그러나 이러한 구제충돌법을 현재 내전으로 인한 정전상태에 있는 양안관계에 적용하기에는 국제적으로나 국내적으로 매우 힘든 측면이 있다. 또 구제충돌법을 적용한다고 하더라도 양안 간에는 입법관할권을 놓고, 이견이 존재할 것이기 때문에 더욱 복잡한 문제라 하겠다.

그래서 결국 이 문제는 양안 간에 정치담판을 통해 합의가 이루어져야만 완전히 해결될 것으로 판단된다. 그때까지는 중국과 대만이 각각 법률을 제정하여 교류협력과정에 발생하는 민형사상 충돌점을 해소할 수밖에 없다.

그런 점에서 대만은 양안통일과정에서 헌정체제의 충돌을 완화

---

285) 黃進, 「中國的區際法律問題研究」(北京 : 法律出版社, 2001), p.58.

286) 국제사회에서 각 국가는 평등한 주권을 갖고 있기 때문에 구제충돌법을 적용할 때에는 항상 입권관할권이 문제가 된다는 것이 학자들의 견해이다. 黃進, 앞의 책(1996), pp.217 - 224.

287) 위의 책, pp.149 - 164.

하고 대륙사무를 효율적으로 진행하기 위하여 「大陸事務機構」를 설치하였다. 이 대륙사무기구는 첫째, 국가통일위원회, 둘째, 행정원 대륙위원회, 셋째, 해협교류기금회 등이 대표적이다. 1990년 10월 7일 시행된 「國家統一委員會」는 총통부 산하에 설치되고 위원은 25인에서 31인 이내로 구성하도록 규정하고 있으며, 2개월에 1번 회의를 개최한다. 민주주의 원칙하에 국가통일의 가속화를 위한 국가통일방침을 정하고 양안의 헌정체계에 충돌을 일으킬 수 있는 관련 기구와 기능을 조정하는 역할을 한다.

행정원 대륙위원회는 1990년 10월 18일 대만 행정원에 설치되어 양안법무와 대륙법제·내정·위생·노무·인적 교류 사무 등을 연구하고 대중국 정책실무를 총괄한다. 해협교류기금회는 1990년 11월 21일 재단법인 형태로 설립된 이후 민간단체 차원의 양안 인민 왕래·신분관계증명·문화교류·간접무역·권익보호사무 등을 선의적으로 처리하고 있다.[288]

대만 해기회는 초대 이사장인 구전푸(辜振甫)가 1991년 2월 출범 초기부터 2005년 6월 9일까지 역임하며 많은 일을 해 왔다. 2005년 6월 10일에는 해기회 제5기 이사회 제11차 연석회의에서 張俊雄 前 행정원 원장이 취임하여 양안교류에 보다 구체적이고 발전된 변화가 예상됐었다.[289] 양안 주민은 반세기 이상 각각 다른 정치·경제·사회제도와 생활방식 속에서 살아왔기 때문에 교류과정에 법률적인 충돌문제는 항상 발생할 수 있다.

다행히 대만에는 독립론을 주장해 온 천수이볜 정권이 2008년 3

---

288) 張万明, 앞의 책, pp.130-133.
289) 海基會, 「兩岸經貿」(台北 : 海峽交流基金會, 2005. 6.), pp.1-2.

월 총통선거에서 퇴진하고, 마잉주 정권이 들어섬으로써 대륙과의 교류협력 및 평화통일 분위기가 고조되고 있다. 양안의 법조계나 학자들은 상호 모순되는 법률충돌 문제를 해결하기 위해 연구에 속도를 내고 있다.

양안 간 법률충돌 문제를 해결하는 방안에 대해 아직 확립된 이론이나 제도는 없지만 학자들 간에는 다음과 같은 주장을 펴고 있다. 첫째, 國際私法 및 國際刑法의 원칙이나 방식을 그대로 적용하거나 준용하는 「國際衝突法 方式」을 주장하고 있다. 둘째, 국제사법상 서로 상대방을 승인하지 않는 일국 내부의 두 정부 간 민사 및 상사 법률충돌에 관한 '事實需要의 原則'290)을 적용하여 상대방의 법률을 법원소재지의 공공질서에 위배하지 않는 전제하에서 승인하자는 「區際衝突法 方式」291)이다. 셋째, 양안의 쌍방이 충분히 협의하여 양안관계를 규율하는 단일법규를 제정하는 방안으로 區制特別法 또는 省制特別法을 제정하는 「特別法制定 方式」이다.292) 이것은 쌍방의 합의를 전제로 하는 것이므로 양안관계가 어느 정도 발전단계에 들어섰을 때 국민의 의견을 물어 채택할 수 있는 방안이다.

양안 통일의 전제조건으로 대만정부는 어떤 방식이든 대만의 특별행정구를 홍콩·마카오 특별행정구와는 달리 고도의 자치권을 요구하게 될 것이다. 이것은 중국 대륙과 대만의 고위회담 과정에

---

290) '事實需要의 原則'이란 불법정부의 법률과 기타 조치라 할지라도 그것이 불법정부 점령지역의 질서유지와 주민의 공정행정에 유리한 것이라면 주민은 이를 준수하고 법원 또한 그에 따른 집행을 해야 한다는 것이다.

291) 區際衝突法은 1개 주권국가 영토 범위 내에서 지구나 법률제도가 같지 않아 발생하는 법률충돌 문제에 적용되는 국내법이다. 黃進, 앞의 책(1996), pp.141 - 148.

292) 법무부, 앞의 책(2008), pp.159 - 163.

서 정전협정이 평화협정으로의 전환이 선행되고, 나아가 기존 대만 법률이 그대로 존속될 뿐만 아니라 독립적인 입법권·사법권·행정권이 인정되어야만 양안통일의 선결과제인 법률충돌 문제가 순조롭게 해소될 것이기 때문이다.

제2절 법률충돌 문제

1. 법률충돌의 종류

양안은 반세기 이상의 분단으로 헌정체계의 차이와 각종 이념과 정서상의 차이는 물론 각 교류분야에서 여러 가지 法律紛爭을 낳고 있다. 특히 양안의 정치·경제·사회적 가치와 제도적 차이로 인하여 생활관습과 방식이 큰 차이를 보이고 있어 이러한 분쟁은 더욱 증가할 것으로 보인다. 중국과 대만의 법률분쟁은 양안 간 법률사무의 특수형태로 분류되면서 상호 간에 특수한 법률을 인정하고 있다. 분쟁발생 때에는 양안주민들의 입장을 충분히 존중하며 당사국 법원이 해당 분쟁을 판단한다.[293]

분쟁주체별로는 사인과 사인(자연인, 법인, 단체) 간의 분쟁과 사인과 공권력기관 간의 분쟁이 있다. 또 분쟁객체에 따라서는 민사분쟁·경제분쟁·행정분쟁으로 나누어진다. 그리고 분쟁의 성질에 따라서는 상사분쟁과 공공기관과 사인 간에 벌어지는 세무분쟁 등

---

293) 장명봉, 「남북경제교류협력 활성화와 법제도 개선방안」(민주평통자문회의, 2001), p.13.

비상사분쟁으로 분류할 수 있다.

대만정부는 1992년 7월 31일 제정된 ≪양안관계조례≫에 의거해 양안 간의 법률분쟁을 해결하고 있다. 동 조례는 제41조부터 제74조에 걸쳐 양안의 민사사건 처리에 대해 규정하고 있다. 제51조 1·2항은 물권은 물건 소재지의 규정에 따르고, 권리를 목적으로 하는 물권은 권리 성립지의 규정에 따른다고 규정하고 있다. 제51조 3항은 물권의 소재지가 변경된 경우 그 물권의 득실은 원인사실이 완성된 때의 소재지 규정에 따른다고 규정하고 있다. 제51조 4항은 선박의 물권은 선박 등기지에, 항공기의 물권은 항공기 등기지에 따른다고 규정하고 있다.

하지만 제69조 1항은 대륙지구의 주민이나 법인, 단체 등 기관이 제3지구에 투자한 회사는 주무기관의 허가 없이는 대만지구에서 부동산물권을 취득·설정·이전할 수 없다고 제한하고 있다. 또 양안관계조례 제63조 1항은 채권관계에 대해 동 조례 시행 이전에 대만 주민과 대륙주민 사이 또는 대륙주민 상호 간 및 외국인 사이에 대륙지구에서 성립한 민사법률에 의해 취득한 권리와 부담할 의무는 대만지구의 공서양속에 위반되지 않는 경우에 한하여 그 효력을 인정한다고 규정하고 있다. 제49조는 "대륙지구에서 사무관리·부당이득 등 법률사실에 의해 발생한 채무에 대해서는 대륙지구의 규정에 따른다."고 규정하고 있다.

동 조례 제50조는 "권리침해행위는 손해 발생지의 규정에 따르되 대만지구의 법률에서 불법행위로 인정되지 않는 경우에는 적용하지 않는다."고 규정하고 있다.[294] 혼인문제에 대해서도 양안관계

---

294) 법무부, 앞의 책(2003), pp.449－453.

조례 제64조 1항은 부부 중 어느 일방이 대륙지구에 있고, 다른 일방은 대만지구에 있어서 동거할 수 없는 경우에 일방이 民國[295] 74년인 1985년 6월 4일 이전에 재혼한 때에는 이해관계가 있는 자라고 하더라도 그 취소를 청구할 수 없다. 또 일방이 1985년 6월 4일 이후부터 대만정부가 주민들의 대륙친지 방문을 허용한 1987년 11월 2일 이전에 재혼한 때에는 후혼이 유효한 것으로 본다고 규정하고 있다. 이 규정은 대만이 1987년 11월 2일 대륙친지 방문을 허용하기 이전에 양안 주민이 다시 만날 기약이 없는 가운데 이루어진 재혼관계를 구제한다는 의의가 담겨 있다고 하겠다. 하지만 상호 왕래가 이루어진 이후에 재혼을 한 경우는 여전히 무효로 하고 있다. 또 제41조 1항은 대만지구 주민과 대륙지구 주민 간의 민사사건에는 본 조례에 별도의 규정이 없는 한 대만지구의 법률을 적용한다고 규정하고 있다.

현실적으로 양안의 법률충돌은 양안주민과 기업의 입장에서는 인적·물적 교류에 따른 민법과 상법상의 법률분쟁이 대부분을 이루고 있는 것으로 나타나고 있다. 중국과 대만이 상호 간 민사와 상사 법률분쟁을 양안주민의 권리와 의무를 인정하면서 호혜와 평등의 원칙하에 정확하게 처리하는 것은 장기적으로 양안의 교류협력을 촉진하는 데 중요한 의미를 가질 뿐만 아니라 향후 통일논의에도 큰 도움이 될 것으로 판단된다.

---

295) 대만은 지금도 역사 표기나 서적 표기 등에서 쑨원이 中華民國 임시정부를 세운 1912년을 기점으로 연도를 표기하는 경우가 많다.

2. 법률충돌의 해결방법

(1) 중국의 법률충돌 입법

중국은 1949년 중화인민공화국 건국 이후 냉전적 이념에 의한 폐쇄적 사고를 추구하면서 인접국과 교류가 없어 무력충돌 외에는 다른 국가와 법률적 충돌이나 법률적 분쟁의 여지는 매우 드물었다. 그러나 덩샤오핑의 개혁개방정책 이후 다른 국가와의 무역과 경제교류가 늘어나면서 특히 대만과의 교류협력이 증가하게 되자 민·상사상의 법률분쟁에 적극 대응하지 않을 수 없게 되었다. 중국은 개혁개방 초기에 「民法通則」이 제정되지 않아 1983년 제정된 국무원의 행정법규인 ≪中國公民洞外國人辦理結婚登記的條項辦法≫과 ≪中外合作經營企業法實施條例≫와 1985년 ≪繼承法≫ 제36조, ≪對外經濟合同法≫ 제5조 등을 시행하여 대외적인 법률충돌 문제를 해결해 왔다.

중국최고법원 장마위안 부원장은 1988년 신문발표를 통해 "장기간 단절된 역사적 사실을 감안하여 대만 주민과 대만동포의 권익을 최대한 법률로 보호한다."고 밝혔다. 중국정부는 대만지구 민사법률 문제에 대한 '4개 원칙'을 준수하고 있다. 첫째, 실사구시 원칙의 관철이다. 대만지구에 거주하는 대만 주민이 취득한 대륙에 대한 권리는 중화인민공화국 법률의 기본원칙과 사회공공이익을 위해하지 않는 한 그 효력을 인정한다. 둘째, 통일법제적 원칙의 고수이다. 대만이 중국의 일부분이라는 一國兩制 원칙을 수용하면 대만 주민이 대륙의 친지를 방문하거나 투자와 무역 등에 의한 민사법률 문제가 발생하더라도 대륙주민과 같은 권리와 의무를 갖는다. 셋째, 오랜 분단으로 다르게 형성된 민사법률 문제는 구체적 사안에 따라 구체적으로 처리한다는 원칙이다. 중국 대륙이 개혁개방정책을 펴기 전에 수십 년간 단절된 시간을 충분히 고려하여 합리적으로 처리한다는 것이다. 넷째, 사회주의혁명 성과의 고수원칙이다. 중화인민공화국 건립 이후 전국에서 토지개혁운동을 펼쳐 지주재산몰수, 전범몰수, 관료자본가 몰수, 반혁명가 몰수, 봉건토지제도 소멸 등 사회주의 원칙을 고수하는 범위 내에서 대만 주민의 재산변동을 인정한다는 것이다. 양안승계문제는 '하나의 중국'의 원칙에 의하여 대만 주민은 중화인민공화국 공민이기 때문에 ≪中華人民共和國繼承法≫의 보호를 받는다.

또 중국인민법원은 해협양안 격리 등 역사적 원인이 있는 권리 침해 사례에 대해서는 ≪中華人民共和國民法通則≫과 ≪中華人民共和國繼承法≫에 의거하여 이를 보호한다는 것이다.[296] 중국의 충돌법 입법은 1986년 제정된 「民法通則」 제8장 ≪涉外民事關係的法律活用≫ 규정 9조에 법률충돌 규범이 명시되어 개념으로 사용하였다.[297] 이와 함께 1992년에 제정된 ≪海商法≫ 제14장, 1995년 ≪票据法≫ 제5장, ≪民用航空法≫ 제14장, 1999년 ≪合同法≫ 제126조 등도 법률충돌의 규정으로 활용되었다.

중국정부는 해마다 증가하는 대만과의 경제교류에 따른 법률충돌과 분쟁에 적극적으로 대응하기 위하여 1996년 국무원 대만사무실에 「臺灣商人申告處」를 신설하고 ≪臺灣商人申告協助辦法≫

---

296) 王泰銓・陳月端, 앞의 책, pp.115-117.
297) 于飛, 「海峽兩岸民商事法律衝突問題研究」(北京: 商務出版社, 2007), pp.78-79.

을 제정해 각 지방정부에까지 시행하도록 하였다. 현재 대륙에는 베이징, 상하이, 충칭, 샤먼, 광저우, 다롄, 칭다오, 청두, 시안의 중재위원회와 중국국제경제무역중재위원회, 중국해사중재위원회 등 16개 시범중재위원회에서 대만지구 인사를 초빙하여 중재원 명부에 기록하였다.[298]

1999년 12월 제정한 ≪中華人民共和國臺灣同胞投資保護法實行細則≫ 제27조는 "각급 인민정부의 대만사무실은 대만동포투자에 양질의 서비스를 제공하고, 투자에 대한 자문 상담과 신고 등 분쟁을 해결하여야 한다."고 규정하고 있다. 2000년 12월 29일 시행된 ≪臺灣地區貿易管理辦法≫에서도 대만과의 무역분쟁 처리에 대한 비슷한 규정을 두고 있다.

이 ≪판법≫은 분쟁해결방법으로 첫째, 당사자 간에 분쟁해결, 둘째, 삼자의 조정, 셋째, 중재, 넷째, 소송 4가지를 두고 있다. 당사자 간에 중재약정은 약정이 분쟁발생 전후를 막론하고 당사자가 협상이나 조정을 원하지 않을 경우 중재위원회에 중재를 요청할 수 있다. 협상과 조정 등이 안 될 경우 또는 당사자 간에 중재협의가 없을 경우 어느 일방은 법원에 소송을 제기할 수 있다.[299] 또 판법 시행세칙 제28조는 "대만동포투자자, 대만동포투자기업, 대만동포투자기업협회에서 행정기관 혹은 공무원들이 행정행위로 합법적인 권익을 침해했다고 여길 경우 관련 법률과 행정법규에 의하여 행정 재심사를 신청하거나 행정소송을 제기할 수 있다."고 규정하고 있다. 2002년 12월에는 ≪中華人民共和國民法≫ 초안이 전

---

298) 최명길, 앞의 논문, pp.225 - 226.
299) 위의 논문, pp.224 - 225.

국인민대표대회 상무위원회를 통과함으로써 중국에서도 국제사법 규범과 대등한 일반규정, 민사주체, 물권, 채권, 지적재산권, 혼인가정, 계승, 침권 등 총 8장 94조로 구성된 민법이 탄생하게 되어 오늘에 이르게 되었다.[300]

(2) 대만의 법률충돌 입법

대만지구에서 현행 중요한 법률충돌 입법은 1953년에 제정된 ≪涉外民事法律活用法≫과 1992년에 제정된 ≪兩岸關係條例≫(제32장 민사), 1997년에 제정된 ≪香港澳門關係條例≫(제3장 민사)가 있다. 동법 시행 이전에는 대만지구와 다른 국가와의 법률충돌은 국제사법 규범에 의하여 조정하였으나, 동법 시행 이후에는 대만지구와 대륙지구·홍콩·마카오와의 법률충돌 문제는 區際衝突法 규정에 의해 해결을 했다.[301]

1953년 중화민국 정부가 제정한 ≪涉外民事法律活用法≫에는 본토에 남아 있는 대만인의 가족이나 친척의 국적관계와 신분보장 문제를 비롯하여 결혼한 뒤 분단으로 헤어져 사는 대만인과 본토인의 혼인관계 및 중혼으로 인한 신분관계 변화 등 분단으로 왕래가 끊긴 양안주민의 인권과 신분 등에 대한 법률충돌 문제의 해결이 대부분 규정되어 있다. 하지만 ≪涉外民事法律活用法≫은 양안이 분단된 지 얼마 안 됐고, 또 냉전시기에 체제보호차원에서 마련된 법이기 때문에 미비한 점이 많지만 대만지구 최초의 대외적

---

300) 于飛, 앞의 책, p.78.
301) 위의 책, p.80.

인 민사관련 법률충돌 입법이라는 데 의미가 있다.

1970年代 말 중국의 개혁개방정책으로 양안 간 교류가 시작된 이후 1990년대 들어 양안의 교류협력이 활성화되고, 대만정부의 생각 이상으로 중국경제가 급성장하자 대만지구 입법원은 1992년 7월 대만정부가 제정한 양안관계조례를 통과시킨다. 동 조례는 대만과 중국이 교류협력을 본격화하는 데 필요한 총칙을 비롯해 행정, 민사, 형사, 벌칙 및 부칙 등 총 6장으로 구성되어 있다. 동 조례에는 대륙지구 주민의 대만지구 내에서의 경제활동과 혼인 등의 행위를 규정한 ≪本區法≫과 ≪戶籍法≫ 그리고 상호 간의 투자를 통한 자산 취득 시 발생하는 법률분쟁을 해결하기 위해 ≪登記法≫과 침권행위 여부에 대한 구분을 명확히 하는 ≪准据法≫ 등이 주요내용으로 포함되어 있다.302) 동 조례는 양안의 교류협력이 활성화되면서 1994년, 1995년, 1996년, 1997년, 2000년, 2002년, 2003년 등 시대변화에 맞게 8차례나 수정이 되었다. 이것은 대륙과의 경제교류와 협력이 대만에도 큰 도움이 되고 있다는 사실을 반증하는 것으로 해석된다.

(3) 법률충돌 해결방안

세계 각 국가는 각자 나름의 헌법을 가지고 있다. 이 가운데 다법역국가들은 기존 헌법과 區際法律 간 충돌문제에 대해서는 직접적인 규정과 제한을 두어 분쟁을 해결한다. 이 점은 중국도 마찬가지이다. 첫째, 헌법상의 입법관할권 규범과 區際法律 간의 법률충

---

302) 于飛, 앞의 책, pp.92-95.

돌이 발생하는 경우이다. 원래 입법관할권은 본질상 헌법에 속하는 것이며, 다른 국가의 헌법과 관습 등이 침범할 수 없는 국가규범이다. 하지만 입법관할권 규범과 구제법률 간에 충돌이 생겼을 때에는 심각한 혼란을 야기할 수 있다. 1974년 '南斯拉夫社會主義聯邦共和國憲法' 제281조 제15항 규정인 '남연방입법관할권조항'이 좋은 예이다. 이 조항은 각 법역은 각자의 구제충돌법을 보유하고 있지만 복합법역문제가 발생했을 때는 서로가 합의, 조정한 전국통일적 구제법률에 따른다고 규율하고 있다.303) 실제로 다법역국가들은 중앙최고재판기관이 각 법역에 대한 종심권을 통하여 구제법률 충돌을 조정·완화하고 있다. 그러나 중국은 南斯拉夫社會主義聯邦共和國과는 다르기 때문에 해당 법역의 특별행정구 기본법 가운데 관련 규정에 의거하여 해결할 수밖에 없다.304)

둘째, 양안 헌법과 양안 민상사법 사이의 충돌을 해결하는 것이다. 중국은 4개 법역에 대한 공동모법인 ≪중화인민공화국헌법≫을 갖고 있는 단일제 국가이다. 하지만 대만의 특별행정구는 홍콩·마카오특별행정구와는 달리 독립적인 국가로 존속해 왔고, 중화인민공화국보다 더 깊은 역사성을 갖고 있기 때문에 양안의 헌법적 충돌과 일반 민상사법의 충돌문제가 더 많이 발생하는 것은 당연하다. 따라서 이를 해결하기 위해서는 홍콩·마카오보다 더 넓은 범위의 자치권이 보장돼야 할 것이다. 대만특별행정구가 설치되면 대만에는 입법권·사법권·행정권까지 보장될 수밖에 없다. 홍콩은 중국의 근대화시기 영국의 침탈로 조약에 의해 조차된 지역

303) 于飛, 앞의 책, pp.387 - 388.
304) 법무부, 앞의 책(2003), p.363.

이고, 마카오는 17세기 포르투갈의 점령으로 할양된 지역인 반면 대만은 중국 대륙의 통일내전에 의해 분단된 지역이기 때문이다.305) 또 양안 간에는 헌법과 법률의 충돌 외에 교류협력과정에서 기업이나 개인의 무역과 일반생활 속에서 일어나는 일반적인 민사나 상사적인 분쟁이 일어날 수 있다. 이 또한 양안 간의 일반법률 충돌의 소지가 생기고 있으나 양안은 이에 대해 법인이나 개인이 행위지 내의 법률에 따라 해결하도록 관련법에 각각 규정하고 있다. 이럴 경우 관할지 법원에서 소송으로 해결하는 것이 원칙이다. 소송은 강제력이 있으나 시간과 비용이 많이 드는 것이 단점이다. 대륙과 대만 주민들이 각각 다른 지구에서 소송을 할 경우 각 법원은 다른 지구의 주민들에게도 동등한 법적용을 하도록 서로 관계법으로 규정하고 있다.

셋째, 국제교역에서는 통상적으로 중재조관을 작성하고 조정을 받아들이는 것을 전제로 한다. 조정은 당사자의 문제를 잘 아는 제3의 조정자가 수시로 비공개회의를 개최하면서 분쟁해결의 타협점을 제시하고 조정하는 것을 말한다. 이러한 소송 외 분쟁해결에는 ≪訴訟外解決爭議之制度≫(Alternative Dispute Resolution, ADR)가 있다. 중국에서 ADR 제도는 1994년 8월 31일 공포되어 다음 해 9월 1일부터 시행된 새 중재법에 규정되어 인민의 선택권리를 인정하고, 보다 정확한 분쟁해결을 위해 도입되었다.

세계지혜재산권보호조직(WIPO)도 국제교역의 관례에 따라 중재306)중심으로 각국의 민·상사상의 법률충돌을 해결하고 있는데,

---

305) 于飛, 앞의 책, pp.391 - 392.
306) 仲裁제도는 당사자 간의 분쟁이 발생했을 경우 각기 1명의 중재자를 선정하거나, 공동으로

중국 <ADR> 제도의 원칙은 ① 중재, ② 조정, ③ 간이중재, ④ 조정전치형중재로 나누고 있다.[307]

일반적인 법률분쟁 해결에 있어 양안의 당사자가 소송을 하지 않고 분쟁을 해결하려고 하면 먼저 협상을 통하여 해결을 하고, 협상 가능성이 거의 없거나 서로 생각하는 면에서 차이가 날 때는 조정을 선택할 수 있다. 조정의 제일 큰 장점은 서로 감정을 상하지 않고 편리하게 처리한다는 점이다.

조정을 선택할 의사가 없으면 중재나 소송의 방법으로 처리를 해야 하는데 중재의 장점은 신속, 적시, 비밀유지를 들 수 있다. 양안 기업이나 주민들 사이에 民商事적인 법률분쟁이 발생했을 때 최후수단으로 어떤 방법을 택하느냐는 이해관계 당사자가 해야 할 일이지만, 만약 분쟁이 일방의 과실이나 위약으로 발생했다면 소송의 방법을 취하는 것도 좋은 선택이다.[308]

중국도 이제는 법치주의가 확립되어 있고, 특히 외자기업이나 합작기업 등 기타 소상공인의 투자유치 분야에서는 중앙정부와 지방정부 모두가 적극적이기 때문에 반드시 합법적인 절차를 밟아야만 불필요한 피해를 보지 않고 분쟁발생 때도 보호를 받을 수 있다.

또 양안 간에는 형사분쟁이 발생할 수 있다. 대만이 ≪兩岸關係條例≫를 제정하여 대륙과의 교류를 법제화하기 전인 1992년까지는 교류규모가 적어 대륙을 방문한 대만 주민들의 인신안전 피해가 2건에 불과했다. 그러나 1993년에 교류가 법적으로 보장되면서

3자에 의해 분쟁을 합의하는 제도이다. 국제교역에서는 통상적으로 仲裁條款을 작성하는 것을 전제로 한다. 중국에 중재제도가 도입됐다는 것은 시장경제가 활성화됐다는 증거이다.
307) 汪渡村, "兩岸以訴訟外方式解決", 「中國大陸硏究」第37券(1995. 6), pp.20 - 21.
308) 張万明, 앞의 책, pp.61 - 65.

인적 왕래가 크게 늘어나 형사사건이 급격히 증가하고 있다. 1993년에는 상해 9건, 구속 2건, 단순구금 2건 등 17건이던 것이 1994년에 30건으로 살해사건까지 발생했다. 이후 1995년에는 41건, 1998년에는 64건의 형사사건이 발생하였고, 2003년에는 107건으로 늘어났다. 이어 2005년에는 133건, 2006년에는 197건이던 것이 2007년에는 249건으로 크게 증가하는 등 해마다 급증세를 보이고 있다. 2008년에는 10월까지만 해도 264건이나 발생했다.[309]

형사사건 가운데 병으로 인한 사망이나 법규 위반으로 인한 단순구금, 상해사건 등은 발생지 관할 수사기관이나 법원의 조사와 판결에 따르도록 서로가 인정하고 있지만, 공민권을 가진 국민이 다른 지구에서 살해된 사건은 재수사 또는 공조수사를 통해 사인을 규명할 수 있도록 양안의 관련 법률은 규정하고 있다.

제3절 소결

법은 한 국가의 시스템과 구성원의 행동을 규율하는 사회적 규범이다. 일반사회에서는 법이 없으면 도덕과 윤리, 지식보다는 힘이 난무하는 세상이 되어 사회가 혼란을 겪게 된다. 그런 점에서 법과 제도의 정비는 민주 국가이든 사회주의 국가이든 간에 사회가 필요로 하는 방향으로 국민을 규율하는 데 중요한 역할을 하게 된다. 다법역 국가에서는 연방법이 됐든 통일법이 됐든 간에 모두

---

309) 臺灣 行政院大陸委員會 홈페이지 '중국내 대만상인 인신안전통계' http://www.mac.gov.tw

를 통괄할 수 있는 포괄법이 존재해야만 구역 간 법률충돌 없이 온전하게 나아갈 수 있는 것이다.

중국과 대만의 경우는 오랜 기간 교류를 해 왔기 때문에 정부보다는 기업 활동이나 개인생활에 있어 여러 가지 법률적인 충돌문제가 발생하여 이를 아우를 수 있는 통합법이 필요할 것이다. 하지만 중국과 대만은 궁극적으로 정치협상을 통해 '하나의 중국'에 대한 개념정립과 함께 一國兩制 또는 一國兩區 개념에 대한 양안의 담판과 이를 규율하는 헌정상의 문제부터 풀어야만 일반 법률이 정비될 수 있다. 하지만 양안이 정치담판으로 이 문제를 풀기에는 아직 상호 신뢰가 부족하고, 또 예전처럼 정치지도자들 간의 의지로 이처럼 중대한 문제를 결정하기에는 양안 사회가 너무 민주화되었다.

그래서 양안은 지금까지 긴장과 화해 분위기가 되풀이되는 가운데서도 기업이나 개인 간의 교류를 위해 각각 관련 법률을 제정하여 상호 간의 권리와 의무를 인정하는 정책을 펴 왔다. 대만의 ≪兩岸關係條例≫와 대륙의 ≪中國公民往來臺灣地區管理辦法≫, ≪國籍法≫, ≪反分裂國家法≫이 좋은 사례라고 할 수 있겠다. 양안은 2008년 11월 4일 '三通'의 전면실시 합의로 '하나의 공동시장'과 '화폐 단일화'까지 협의하고 있다.

양안이 적정한 시기에 '하나의 공동시장'을 위한 공동의 법을 제정하여 양안의 경제가 하나가 되고, 나아가 헌정상의 법률충돌 문제를 해결하게 되면 양안이 경제통합을 넘어 정치통합에 이르기까지는 시간문제로 전망된다. 이와 관련하여 대만 행정원 대륙위원회의 고위간부가 2008년 9월말 한국 대학원생들의 대륙위원회 방문단 설명회에서 "양안의 통일은 지금 세대가 해결할 문제가 아니라 차세대의 몫이다."라고 밝힌 말에는 다양한 의미가 담겨 있는 것으로 분석된다.

제5장

양안통일이 한반도에 미치는 의제

　중국과 한국은 1992년 8월 24일 한중수교 발표 이후 지금까지
우호적인 관계를 유지하고 있다. 수교 전 한국과 중국의 관계는 냉
전의 적대관계를 유지했으나, 1970년대 말 중국과 미국 사이에 해
빙의 핑퐁외교로 화해분위기가 불면서 서서히 달라진 것이다. 국제
사회에는 '영원한 동지도 적도 없다'고 하듯이 한중관계도 국제정
치의 역할변화와 서로의 필요에 의해 수교를 하게 되었으며, 이로
인해 한국은 우방국이었던 대만과 단교를 하는 사태까지 겪었다.
현재 한국은 중국과 대만의 통일정책과 논의방향을 지켜보고 있지
만, 양안 또한 남북한의 통일논의 과정을 지켜볼 것이어서 국제사
회에서 국가의 과거와 현재의 행위는 매우 중요하다고 하겠다.

　중국과 대만의 통일은 국제사회에 경제적으로나 정치적으로 엄
청난 변화를 가져오는 것은 물론 동아시아의 질서에도 큰 변화를
가져다줄 것으로 전망된다. 또 중국과 대만의 단일경제권[310]에서
나오는 경제력은 엄청난 시너지 효과를 발휘하면서 한국과 일본,
싱가포르 등 주변국들의 경제성장에 큰 영향을 미칠 것은 분명하
다. 지리적으로 중국과 일본의 중간에 위치한 한국은 자칫 성장동
력을 잃거나, 다자간 무역관계를 잘못 형성하면 강대국 속의 샌드
위치가 되어 실속이 없는 대륙의 관문역할에 그칠 것으로 우려된다.

---

310) 2005년 대만의 롄잔 국민당 의장이 대륙을 방문하여 제안한 '하나의 공동시장'이 단일경
　　제권의 개념이다. 이것은 2008년 11월 4일 대륙의 해협회 회장단이 대만을 방문하여 '三
　　通'의 전면실시에 합의하면서 가능성이 더욱 높아졌다.

하지만 양안의 통일이 남북한에 미칠 파장도 크겠지만 긍정적인 면도 많을 것으로 예측된다. 먼저 정치·경제적으로 대중국 의존도가 높았던 북한은 모든 면에서 변화를 겪으면서 개방의 길을 걷지 않을 수 없을 것으로 예측된다. 사회주의 국가의 맹주로서 중국이 대만과의 통일을 계기로 그동안 북한에 보내 줬던 경제적, 정치적 지원을 더 이상 고수하기가 어려울 수도 있기 때문이다. 따라서 북한도 중국처럼 개혁개방의 길을 택하면서 서서히 변해 갈 것이고, 그로 인해 지구상에 마지막으로 남아 있는 한반도의 냉전적 사고는 종식될 것으로 예측된다. 그렇게 되면 남북한 간의 통일논의도 세계적인 주목을 받으면서 급속하게 진전될 것이며, 이는 냉전의 완전종식으로 이어질 것으로 예측된다. 또한 남북한의 경제교류와 협력관계도 큰 진척을 이루며, 통일논의가 보다 구체화될 수 있다는 점에서 양안의 통일은 한국에 부정적이기보다는 긍정적인 면이 많을 것으로 전망된다. 이러한 통일과정은 외부환경의 변화보다는 사회 내부의 부단한 협력과 자기 성찰적 노력이 병행되어야만 온전해질 것으로 판단된다.[311]

현재 북한은 미국의 정권 교체시기와 김정일 위원장의 건강악화를 연관시켜 국제적으로 북한에 유리한 실리를 얻어 내고, 남한에 대해서도 개성공단 출입제한 등의 압박카드로 향후 6자회담에서 핵 불능화 조치 등의 불이익을 받지 않으려고 강경정책을 펴고 있다. 하지만 대부분의 전문가들은 북한의 강경책은 일시적인 카드로 오래 지속되지 못할 것으로 평가하고 있다.

---

311) 최명길, 앞의 논문, pp.290 - 300.

제1절 양안통일 의제

1. 경제교류 활성화

중국과 대만의 경제교류는 양안관계 발전을 촉진한 중요한 요인인 동시에 향후 관계발전의 지표이다. 중국은 개혁개방정책을 추진한 이후 대만의 자본·기술도입을 적극 고려하였으며, 대만도 대내외적인 요구에 따라 중국과의 경제교류에 적극성을 띠어 왔다. 지난 20년 동안 양안의 경제교류 규모는 대만정부의 '三通' 불허에도 불구하고 매년 증가세를 보여 왔다.

1988년 양안의 무역 총금액은 27억 달러에서 계속 확대되어 2006년에는 881억 달러로 33배나 성장하였고, 누계 무역총액은 5,680억 달러에 달했다. 대만 경제인들의 대륙 투자금액은 1991년 2억 달러이던 것이 2006년에는 506억 달러로 275배나 성장했다. 이 시기 대만 경제인들의 대륙투자금액은 비공식으로 1,000억 달러에서 1,500억 달러에 달하는 것으로 알려졌다.

대만 주민들의 대륙여행 규모도 1988년 45만 명이던 것이 해마다 증가하여 2006년에는 441만 명으로 20년도 안 되어 10배를 기록했다.[312] 홍콩을 경유한 중국과 대만의 간접무역액은 1979년 7,700만 달러에서 1984년에는 5억 5,300만 달러로 증가했다. 또 1988년에는 27억 4,200만 달러로 급증한 데 이어 2002년에는 대만

---

312) 行政院大陸委員會, 「堅持－主權·民主·和平·對等 四個原則的兩岸關係」(2008), p.143.

의 대중국 간접수출액은 294억 달러, 간접수입액은 79억 달러를 기록했다. 대만은 양안의 교역 이후 중국경제가 급속히 발전하게 되는 2000년 이후부터 중국을 대상으로 매년 200억 달러 이상의 흑자를 기록해 왔다. 양안의 경제교류도 초기에는 노동집약적 상품과 원자재 위주에서 점차 자본집약적인 상품으로 전환되었고, 지금은 기술집약적 상품으로 확대되고 있다. 교역방식도 예전의 간접교역 방식에서 직접교역 형태로 달라지고 있으며, 양안기업의 투자방식도 직접투자로 전환될 것으로 전망된다.[313]

중국은 지난 10년간 10% 이상의 경제성장률을 보이며 급속하게 발전하여 지금은 세계 3대 무역국으로 성장하였다. 이를 바탕으로 중국은 2006년에는 1,774억 달러의 무역흑자를 기록하였으며, 2007년 10월까지 2,125억 달러의 무역흑자를 달성했다. 이후 대만은 2007년까지 중국과의 교역에서 해마다 200억 달러 이상의 흑자를 기록했으며, 2008년에도 비슷한 흑자규모를 나타내고 있다. 대만은 현재 중국의 최대 교역국이자 최대 무역 흑자국으로 되어 있으며, 양안경제는 이제 서로 뗄 수 없는 보완관계를 갖게 되었다.

2008년 11월 현재 중국의 외환보유액은 1조 9천억 달러로 세계 1위의 외환보유액을 자랑하고 있다. 양안교류 초기 중국경제 발전의 최대 지원국 역할을 했던 대만은 이제 역으로 중국 시장에 의존해야 하는 관계로 바뀌게 되었다. 이와 같은 양안 경제교류의 발전은 1950년대 이후 냉전시기에도 양안주민 간의 제3국을 통한 비공식적인 간접교류가 밑바탕이 되었다.

결국 이러한 교류는 양안의 충돌 등 긴장상황을 대화나 협상분

---

313) 문흥호, 「중·대만관계의 현황과 발전방향」(민족통일연구원, 1993), p.5.

위기로 가져가는 중개역할을 하게 되었으며, 지금의 양안 통일논의 과정에서도 중개역할을 하고 있는 것은 분명하다 1987년 兩岸교류가 본격화된 이후 지금에 이르기까지 양안의 경제교류협력에는 일련의 특징이 있다. 첫째, 兩岸은 정경분리의 원칙 아래 비정상적인 간접교류 방식을 통한 교류가 이루어졌다.

양안은 당국 간의 공식적인 접촉이 없는 상황에서도 민간차원의 교류·협력은 이루어져 왔다. 다만 반관반민의 중개기구인 대륙의 海協會와 대만의 海基會를 통하여 문제를 해결해 나가는 방식을 취해 왔다. 둘째, 兩岸의 경제발전 속도가 정치적인 장애요인과 간접교류 방식의 한계에도 불구하고 급격한 증가추세를 보이고 있다는 것이다. 양안은 경제 분야에 있어 상호 보완성이 강하고, 언어와 문화의 차이가 적기 때문이다.[314] 셋째, 양안교류의 다원화를 꼽을 수 있다. 투자지역이 각 省과 市로 확대되어 있고, 투자항목도 노동집약적 산업에서 금융 등 서비스 분야 그리고 첨단과학기술 분야까지 다양하게 이루어져 있다. 넷째, 지금까지는 교류수준이 대만의 사업자가 대륙에 투자하는 것이 주류를 이루었는데 앞으로는 대륙의 경제성장으로 역전될 수 있는 특징이 있다. 다섯째, 교류효과도 양안은 경제교류와 협력을 통하여 양안 주민 간의 이질성을 극복하고, 상호 이해의 폭을 넓히는 한편 쌍방의 경제발전을 촉진하는 작용을 하였다[315]는 것이다.

대만경제의 중국 대륙 시장의 의존도는 양안의 교류협력이 진행될수록 심화되어 가고 있다. 2005년까지 중국 대륙에 투자한 총외

---

314) 최명길, 앞의 논문, pp.219 - 220.
315) 최의철·신현기, 「남북한 통일정책과 교류협력 - 사례비교」(백산자료원, 2001), pp.39 - 40.

국자본 중 대만의 비중은 53.3%를 달하였으며, 2005년 한 해만도 대만의 투자비중은 71%나 차지했다. 이러한 대만경제의 대륙의존도는 앞으로 더욱 커질 것으로 예상되며, 이에 대해 대만정부는 대만경제의 '중국화'를 우려하는 단계에 이르렀다.[316] 중국은 이미 대만의 최대 교역국이자 투자목적지로서 중요한 의미를 갖고 있다. 지난 15년간 대만의 노동집약적 기업 상당수는 중국 본토로 공장을 이전했고, 직접투자 누적금액도 3,000억 달러에 달한다. 중국은 대만이 '하나의 중국'의 원칙에 동의한다면 대만과 평화협정을 맺을 수 있다는 적극적인 자세를 보이고 것도 바로 이 때문이다.[317]

중국은 이제 세계 경제대국이라는 위상하에 산업발전계획과 토지관리정책, 외자투자정책, 환경보호규범 등을 개혁하고 있다. 예전의 '招商引資' 방침을 '招商選資' 방침으로 전환하기로 한 것이다. 이에 따라 2007년 1월 '외상투자산업지도목록'을 개정하여 외국인 투자기업에 대한 선별적인 유치에 들어갔고, 2008년 1월부터는 ≪기업소득세법≫과 ≪노동합동법≫을 개정하여 외국인 투자기업의 중국 관련법 준수를 더욱 엄격화하기 시작했다.[318]

결국 중국은 대만 주민들에게 경제적으로 이익을 주면서 대만의 중국에 대한 경제적 의존관계를 심화시키는 한편 대만 내에 친중국 이익단체를 양성하여 대만정부의 대륙에 대한 영향력을 행사하도록 하는 데 성공해 왔다. 그리고 세계경제대국으로 성장하면서 국제적인 위상도 높여 지금은 '경제로 정치를 둘러싸고, 민간으로

---

316) 行政院大陸委員會, 앞의 책(2007), p.15.
317) 이장훈, "밀월 접어든 중국 – 대만 하나의 시장"(위클리조선, 2009호, 2008. 6. 16).
318) 行政院大陸委員會, 앞의 책(2008), p.144.

당국을 압박하여 一國兩制의 통일을 지향한다.'는 중국의 장기적인 양안 통일방식이 최근 급속한 경제성장에 힘입어 자연스럽게 가시화되고 있는 것이다.[319]

2. 교류협력 제도화

(1) 민간기구 상설화

양안 간에 교류협력이 확대되면서 중국과 대만은 교류협력의 상설화에 공감하고, 이를 대행할 수 있는 반관반민 성격의 「海峽兩岸關係協會」와 「海峽交流基金會」를 설립하였다. 두 기구의 설립 이후 가장 의미 있는 성과는 '汪辜會談'이다. 중국과 대만은 '왕고회담(汪辜會談)'을 통해 양안의 공식기구를 대신하는 한편 서로 정치적 의도를 파악하여 화해와 협력을 할 수 있도록 중간에서 매개 역할을 하자는 의도도 갖고 있었다.

즉, 중국은 대만이 三不政策을 고수하는 상황에서 그들을 협상 테이블로 끌어들여 삼불정책의 변화를 모색한 반면 대만은 삼불정책을 카드로 무력사용 포기와 투자보장협정체결 등에 관한 중국의 양보를 받아 내고, 대만의 정치적 실체를 인정받으려는 계산이 깔려 있었다고 하겠다.[320]

1993년 4월 싱가포르에서 처음 개최된 '汪辜會談'에서 다루어진 중요한 의제는 첫째, 海協會와 海基會 간 회담을 정례화한다. 둘

---

319) 최의철·신현기, 앞의 책, pp.216-217.
320) 문홍호, 앞의 논문(2000), pp.7-8.

째, 교류협력과정에서 야기된 각종 범죄와 분쟁처리를 위한 협정을 체결한다. 셋째, 두 기구의 수시접촉을 정례화한다는 것 등이 다루어져 협약이 이루어짐으로써 兩岸 간 협상창구 확보라는 기본적인 목표는 달성하였다.[321] '汪辜會談'은 양안 국민의 문화체육교류를 비롯해 양안 신문계와 과학기술 교류 등을 협의하였다. 이어 양안은 후속적으로 事務商談을 계속 진행하여 '汪辜會談'의 구체화를 위하여 노력하였고, 1995년 5월 제2차 汪辜會談의 예비회담으로서의 역할도 하였다. 중국대륙은 1997년 11월 廈門經濟研討會에 대만의 海基會 비서장을 초청하여 양안의 정치담판을 제안하였다. 이에 대만은 '建設性對話'를 건의하여 쌍방의 의도를 타진하기도 했다.

1998년 10월 대만의 辜振甫 해기회 이사장이 대륙을 방문하여 '汪辜會晤'를 진행하고, 4개항에 공동인식을 했다. 첫째, 양안 쌍방이 대화에 동의하고 협상의 제도화 회복에 적극 노력한다. 둘째, 양안 쌍방은 양 협회의 각계각층 의 교류활동을 적극 추진한다. 셋째, 양안 쌍방은 인민의 권익보호를 위한 각자의 조례를 제정하고 상호 해결에 적극 노력한다. 넷째, 중국 해협회의 汪道涵 회장은 적당한 시기에 대만을 방문하여 이 문제를 계속 논의한다. 이 기간 대만의 해기회 방문단은 천지첸(錢其琛) 부총리와 장쩌민 주석을 잇달아 방문하여 중국의 일국양제 방침과 양안의 국제활동 및 민주화와 긴장완화 등에 대한 의견을 교환하였다.[322]

그동안 무력충돌 등 수많은 고비는 있었지만 중국과 대만은 정

---

321) 문흥호, 앞의 논문, p.8.
322) 許惠祐, 앞의 책, pp.39 - 40.

치 외에 경제와 문화 등 다른 분야에서 인적·물적 교류와 협력이 계속되어 왔고, 이러한 노력이 서로 간의 필요에 의해 상설화되면서 양안의 주민들이 비록 간접교류 방식이지만 지금까지 지속적으로 교류를 할 수 있었던 것이다.

대만정부가 2008년 10월 10일에서 12일 사이에 실시한 '大陸政策與兩岸關係' 민의조사에서 대만 주민들은 첫째, "대만의 海基會와 대륙의 海協會가 양안의 교류문제를 협의·조율하는 대표기구라는 사실을 알고 있느냐"는 질문에 82.61%가 알고 있다고 응답했다. 둘째, 대만 주민들은 2008년 6월 "海基會 장빙쿤(江丙坤) 이사장과 海協會 천윈린(陳雲林) 회장 간의 양안 주말여객기 운항과 대륙관광객 대만방문 협의가 양안관계에 도움을 주느냐"는 질문에 58.1%가 도움을 준다고 응답했고, 도움을 주지 않는다는 30.34%에 그쳤다. 그리고 "6월 담판이 양안의 평화안정에 도움을 주느냐"는 질문에 59.85%가 도움을 준다고 답변했고, 29.97%는 도움을 주지 않는다고 응답했다. 셋째, "양안협의를 대만정부가 기획하고, 조정하는 것에 찬성하느냐"는 질문에 64.29%가 찬성을 했고, 24.52%가 반대를 하였다. 넷째, "양안 경제교류 담판에서 여객기의 편수를 늘리고 거리도 단축하는 방안에 대해 어떠한가"라는 질문에 57.8%가 대만에 유리하다고 응답했고, 25.35%가 불리하다고 응답했다. 그리고 선박의 직항에 대해서도 57.8%가 대만에 유리하다고 응답했고, 27.29%가 불리하다고 응답했다.[323] 이러한 양안 간의 교류협력과 민간기구애 대한 상설화의 노력은 결국 2008년 11월 3일 중

---

323) 行政院大陸委員會에서 2008년 10월 10일부터 3일간 대만지구 20세 이상 69세 이하 성인 1,600명을 대상으로 방문 또는 전화로 실시한 민의조사 결과이다. http://www.mac.gov.tw

국의 장관급 대표단이 대만해협을 건너 타이베이에서 회담을 갖는 결과를 낳게 했다.

중국 海協會 천윈린 회장이 60여 명의 대표단을 이끌고 국공 내전 이후에 59년 만에 처음으로 대만을 방문한 것이다. 천윈린 회장은 11월 4일 대만의 장빙쿤(江丙坤) 海基會 이사장과 회담을 갖고, 전면적인 三通실시에 합의했다. 상하이(上海) 등 중국 63개 항구와 가오슝(高雄) 등 대만의 11개 항구가 12월부터 개방하기로 했다. 지난 7월부터 시작된 여객 직항기는 주말 36편에서 매일 운항 108편으로 증편을 합의했다. 항저우(杭州)와 시안(西安) 등 중국 16개 도시에서 추가로 직항기를 취항시켜 사실상 중국 전역에서 대만 직항이 가능해졌다. 또 상하이와 광저우 공항에서 타이베이와 가오슝 공항으로 매월 화물전세기 60편을 띄우기로 합의했다. 그리고 양안 간 우편교환은 등기우편만 허용하던 것을 소포와 속달 등 일반우편까지 확대했다.[324] 이 밖에 상호 은행주식 취득을 통한 직접투자를 허용하고, 금융위기 극복을 위한 양안공동기금의 설립을 합의했다.

이에 대해 대만의 언론들은 10년 전 '汪辜會談'의 약속을 지킨 제2차 '陳江會談'이라며 큰 관심을 보이며 대서특필했다. 대만의 <聯合報>는 양안의 대사였던 '역사적 현실'이 60년 만에 도래하여 중국과 대만이 일일 생활권으로 변하게 된 것이라며, 양안평화에 기여하기를 기대한다고 보도했다. 또 <中國時報>는 대만의 미래 발전에 도움이 되기를 기대했고, <經濟日報>는 천윈린(陳云林)의 대만 방문이 양안관계 정상화와 대만경제의 발전에 기여하기

---

324) "中·대만, 59년 만에 三通 전면실시", 조선일보 A 2면(2008. 11. 5).

를 기대한다고 보도했다. <聯合晚報>도 천윈린(陳云林)의 대만 방문은 1949년 이후 처음 있는 대사건으로 향후 양안관계의 교류와 정서, 혈연, 실질적인 경제이익 등에 기여하게 될 것으로 보도했고, 홍콩의 <明報>는 사설에서 이번 '陳江會談'을 계기로 양안관계가 긴장완화와 평화의 방향으로 진행하게 될 것이라고 평가했다.[325] 중국 언론 중 신화사 통신은 2008년 6월 북경에서 있은 海峽兩岸關係協會 천윈린(陳雲林) 회장과 海峽交流基金會 장빙쿤(江丙坤) 이사장의 북경합의 이후 7월 4일부터 실시된 양안 항공기의 주말운항이 오늘은 타이베이서 '海峽兩岸空運協議'를 통해 항공기 운항을 확대하고, 상설화하는 서명이 이루어졌다고 보도했다.[326]

<人民日報>는 5일 신문에서 양안의 '通郵, 通商, 通航' 즉, '三通'의 전면적 실시는 우리 모두에게 多多益善이라고 보도했다. 항공직항노선이 이루어지면서 타이베이와 상하이, 베이징은 일일생활권으로 접어들었고, 특히 타이베이 타오웬(桃園) 공항에서 상하이 공항까지 여객기 운항시간이 현재 1시간 22분에서 62분으로 단축돼 연료비 등을 상당히 절약할 수 있어 항공업계는 연간 30억 위안의 수익효과가 생겼다고 보도했다. 또 화물기 직항 이후에는 타이베이에서 상하이, 베이징, 광저우, 샤먼 등지로 직항하면서 지금까지 부담했던 우회비용이 연간 13억 위안이 절약되고, 대륙에서 개방한 63개 항구를 대만이 직항으로 이용하면 연간 12억 위안이 절약되는 것으로 중국 해운업계는 예측했다.[327] 그러나 대만에서는

---

325) "各界輿論高度評價陳云林訪台, 二次 陳江會", 中國, 人民日報 海外版(2008. 11. 4).
326) "兩岸客運包機常態化", 中國, 新華社(2008. 11. 4).

천 회장의 방문 당일부터 '대만독립' 주장과 '양안회담'을 반대하는 시위가 연일 잇따랐다.

대만 민진당의 국제사무부주임인 林成蔚는 신문기고를 통해 "지난 천수이벤 정권 8년간 대만독립을 주장했던 민진당이 중국 海協會 천윈린(陳云林) 이사장의 대만방문에 대한 민중들의 항의는 표현의 자유가 있는 민주국가에서 당연한 일이며, 이번 '陳江會談'은 <主權對等>, <利益平等>, <安全確保> 3대 원칙하에서 이루어져야 한다."고 주장했다.

첫째, <主權對等> 원칙은 대만과 중국의 주권이 필수적으로 대등해야 한다는 것이다. 둘째, <利益平等> 원칙은 양안 개방으로 실현되는 이익은 중국과 대만이 대등하고 균등하게 취득해야 한다는 것이다. 셋째, <安全確保> 원칙은 군사, 정치, 경제 등 종합적인 면에서 대만의 안전이 보장되어야 한다는 것이다. 민진당은 그런 점에서 이번 海基會와 海協會의 회담은 '九二共識'의 전제에 부합하지도 않고, 협의내용도 밀실로 이루어져 국민들의 불신을 받고 있어 마잉주 정부는 저자세 회담을 중단해야 한다고 주장했다.[328]

중국 정부는 대만의 이러한 반발여론을 감안하여 이번 회담에서 정치적 의제는 배제하고, 경제적 의제에만 집중했다고 한다. 대만 정치권의 주장이야 어떻든 결국 이러한 양안의 협력은 각자의 경제활성화를 위한 전략에 의해 실현되고 있다는 점에 주목해야 하겠다. 하지만 양안은 서로 실체를 인정하고, 교류협력기구의 상설

---

327) "四項協議台灣受益多多", 中國, 人民日報 海外版(2008. 11. 5).
328) 林成蔚, "民進黨的兩岸策略", 臺灣, 聯合報(2008. 11. 5).

화를 통하여 주민들의 신뢰를 회복하면서 점진적으로 통일을 이루려는 의지를 갖고 있는 것은 남북한과 분명히 다른 점이다.

그런 점에서 이번 '陳江會談'의 기대효과는 매우 큰 것으로 전문가들은 평가하고 있다. 첫째, 항공과 선박의 직항노선 허용으로 양안의 비용 절감효과가 크다는 점이다. 둘째, 이번 '陳江會談'이 양안의 경제무역교류의 정상화에 기여했다는 점이다. 셋째, 양안기업의 협력으로 대만의 산업구조 개편이 가능해진다는 점이다. 넷째, 항공기 직항 이후 대만이 동아시아 경제무역의 중심축으로 성장할 가능성이 높다는 점이다. 다섯째, 외국인 투자가 증대될 수 있다는 점이다.[329] 이제 양안은 '三通'의 전면실시로 적어도 경제적인 측면에서 공통의 법규와 제도화의 기반을 마련하게 되었다고 하겠다.

(2) 교류협력 법제화

중국과 대만의 교류협력법제는 냉전 이후 1978년까지 당국 간 대화의 단절로 합의서 등 통일된 법제를 구축하지 못하고, 각자가 법률과 행정규칙 등의 제정을 통해 법제를 마련해 왔다. 여기에는 중국대륙이 개혁개방정책을 선언하기 전인 1978년까지만 해도 비록 면적은 작아도 대만이 튼튼한 경제력을 바탕으로 대륙의 피폐한 경제를 흡수, 통합할 수 있을 것이라는 생각에 공동의 합의서 등 법제정에 소홀한 점이 있을 것으로 짐작된다.

그러나 양안정부가 대륙과 대만의 정체성을 놓고, 반세기 이상

<hr />

329) 莊奕琦, "大三通的經濟戰略意義", 臺灣, 中國時報(2008. 11. 5).

대립과 갈등을 빚어 왔더라도 주민들 간에는 비공식적인 교류를 계속 이어 왔기 때문에 실사구시적인 측면에서 각자의 법률과 행정규칙 등을 만들어 적용하지 않을 수 없는 상황에 처해 있었다는 점을 간과해서는 안 된다.

현재 양안 간에는 연간 800억 달러를 초과하는 경제교류규모와 총 26만 명을 넘어선 양안주민의 결혼이라는 현실적인 문제는 양안 당국자들을 긴장시키지 않을 수 없다. 양안 당국은 당연히 각종 민·상사상의 문제를 신속하게 처리하기 위해 서로 인정할 수 있는 범위 내에서 각자의 법제 정비를 서두르지 않을 수 없는 상황에 처해 있다고 하겠다. 교류가 늘어나면서 예전에는 나타나지 않던 문제가 실생활에서 발생하고, 이것은 양안의 법률충돌 문제로 이어지고 있기 때문이다.

양안 교류법제는 각종 형식이 다르고, 구법을 새롭게 해석해야 하는 문제가 있어 양안 주민의 권익을 보호하는 전제하에서 새롭게 정비해야 한다. 첫째, 각종 방식과 규정을 유사하게 제정하여야 한다. 양안관계는 급변하고 있지만 서로 간의 법률적인 문제는 완전하지 않아 새로운 현실을 뒷받침하지 못하고 있다. 단일 방향의 입법은 상대방 지구 주민의 권리와 의무에 영향을 미치게 되는 것이다.[330] 예를 들면 대만의 ≪對臺少額貿易管理辦法≫은 대만해협의 소액 사거래를 성행하게 했다. 또 중국의 ≪반분열국가법≫의 제정은 대만의 반발을 일으키게 하는 것이다. 해기회와 해협회의 회담은 정치·군사문제 외에 양안의 민간교류문제를 해결하는 데 중요한 역할을 한다.

---

330) 王泰銓·陳月端, 앞의 책, p.81.

둘째, 정책과 법규를 서로 인정하고 실제로 적용되도록 해야 한다. 대만은 '一國兩區'의 국제문제화를 주장하고 있고, 중국은 '一國兩制'의 국내문제화를 주장하고 있다. 또 대만은 교류정책의 전략상 국가안전, 사회안전을 주장하고 있고, 중국은 '以商圍政' 즉, 교류와 관련된 법은 허용하지만 정치적인 문제는 제한하고 있다. 그리고 대만은 양안문제의 국내문제화를 인정하지 않기 때문에 대만지구 주민과 대륙지구 주민을 구분한다. 영해와 인접구역, 금지수역 등의 진출입구도 국제사법에 준하여 적용한다. 하지만 중국대륙은 양안문제를 국내문제로 계속 적용시키고 있다.

대만 교통부가 《臺灣海峽兩岸間航運管理辦法》과 《特殊管理的國內運輸》를 제정·적용하고, 중국 국무원은 《關於鼓勵臺灣同胞投資的規定》과 대만 주민의 대륙 거주 또는 공장 근무 등 일반투자보장협정 등을 제정하여 적용하는 것이 실례라 할 수 있다. 또 대만에서는 국가안전을 강조하면서 제3국을 거치는 조건하에 대륙인사의 대만방문을 허락하고, 명절 때 대륙지구 인민의 전세 비행기를 통한 대만관광을 개방하는 小三通을 허락하였다. 대륙에서는 '하나의 중국' 원칙을 고수하면서 《臺灣往來規範》을 제정하고, 《臺灣地區確定民事裁判與仲裁判斷》을 제정하였다. 이런 점에서 볼 때 중국이 양안의 정치문제를 제외하고는 인민권익을 보장하고, 양안교류법제를 제정하여 양안교류의 정상 발전을 촉진하여 온 것은 분명하다고 하겠다.

셋째, 각자 입법 후 공통부분을 찾도록 한다. 대만은 양안관계에 관한 50여 개의 법을 제정했고, 대륙은 20여 개의 행정법규와 부분 규장 등 법률을 제정했다. 양안 중혼문제에 대하여 대만 대법관 제

242호 해석과 대륙 최고인민법원의 ≪關於人民法院處理涉臺案件的幾個法律問題≫는 사실 존중의 원칙을 적용하였다. 또 양안인민 교류에 있어 대만은 ≪境外航運中心設置作業辦法≫을 제정했고, 대륙은 ≪臺灣海峽兩岸間航運管理辦法≫을 제정하였다. 이처럼 양안의 교류협력에 관한 법률이 늘어나면서 장래 양안 간 교류협력의 질서를 확립하기 위하여 공동입법의 제정은 필요한 것으로 느껴진다. 하지만 대만 야당과 주민들의 반발이 커서 현실적으로 어렵고, 동서독처럼 통일법을 제정하는 것도 곤란하다. 그래서 양안은 현 상태를 유지하면서 양안주민의 권익을 보장하는 준칙하에 각자의 입법을 제정하고 있는 것이다.[331]

3. 양안의 정치담판

대만은 1979년 중국이 ≪告臺灣同胞書≫를 공포한 이후에도 중국을 신뢰하지 못해 기업과 개인의 대륙교류에 일정한 제한조치를 취했으나, 1987년 들어 국제환경의 변화와 중국의 경제성장을 감안하여 대만 주민의 대륙방문을 허용하는 등 대륙과의 본격적인 교류를 하게 되었다.

양안은 2008년 11월 4일 '三通'의 전면실시 합의에 이를 정도로 교류협력의 분위기가 절정에 달해 있지만, 양안의 통일을 위한 정치담판을 이루어 내기에는 아직 해결해야 할 문제가 많다. 또 구체적인 합의를 이루어 내기에는 국내외 여건이 덜 성숙해 있어 더 이

---

331) 許惠祐, 앞의 책, pp.41 - 44.

상의 진척이 힘든 상태에 있다. 그렇지만 양안은 中華思想이라는 동질적인 관념을 갖고 있고, 냉전시기 무력충돌 등 많은 어려움을 겪으면서 상호 교류를 계속 이어 온 경험도 갖고 있다.

그런 점에서 양안의 통일방안은 유럽식 이론과 통합방식보다는 동양사상에 맞는 독자적인 통합방식을 채택할 것으로 전망된다. 1990년대 들어 양안은 교류협력을 위해 서로가 많은 노력을 해 왔는데 그 과정은 <표 5 - 1>과 같다.

〈표 5-1〉 兩岸交流與協商大事紀(民國 84. 5~87. 4)

일시	사건요점
84. 5. 27	제2차 辜汪회담. 제1차 예비성 磋商. 八項共識 달성. 6월27일 磋商합의. 7월 北京 辜汪會談 거행
6. 16	海協會, 海基會의 辜汪會談 지연 발표
6. 17	大陸委員會 협상의 제도화유지 및 辜汪회담 제2차 磋商 거행 성명발표
6. 30	海協會, 海基會에 제도화협상 지연 전화통지
7. 21 - 26	中共當局, 대만해협에 제1차 미사일 위협발사
8. 15 - 25	中共當局, 대만해협에 제2차 미사일 위협발사
85. 3. 8 - 23	總統·副總統 직선 전날 중공당국 대만에 3차 위협발사. 군사훈련
4. 29	海基會, 海協會에 辜汪會談회복 및 제도화 협상 건의
5. 2	海協會, 辜汪會談 제도화협상 거절
7. 3	海基會이사회, 海協會 이사진 상호 방문안 통과 해협회에 통보·의견 타진
7. 5	海協會 회복의견. 구체적 설명 없이 추진 의견
86. 11. 6	海協會, 海基會 焦秘書長에 경제무역토론회 참가 및 사먼(厦門) 등 방문요청
11. 7	海基會, 海協會 辜董社長團에 참관단을 사전 방문해 환영행사 요청
11. 11	海協會, 焦秘書長 사전 불방문 신문보도. 海協會·海基會 협상 기회상실. 海基會, 경제토론회 불참선언
87. 1. 19	海基會, 海協會에 전화통지문 응답 요청
2. 20	行政院肅院長, 입법원 정책건의에 따라 양안협상 일관입장 선언

2. 24	海協會, 兩會 교류사안에 따라 협상가능 의사 회시
3. 5	海基會, 海協會에 환영 및 장래 협상단 파견 회시
3. 11	海協會, 海基會 초청토론회 전날 참관단 방문 의사 전달
3. 17	海基會, 해협회에 방문단 4월 중순 토론회 전날 도착 통보 쌍방 공동 관철문제 협의교환 의견 전달
3. 26	海協會, 海基會 조국방문단 방문 환영. 구체교류항목 희망
4. 3	海基會, 구체협의 위해 부비서장급 방문의사 전달
4. 13	海協會, 副秘書長 방문 환영. 참관단 방문일시 4월 21일 또는 4월 22일 확정 건의.
4. 17	海基會, 海協會 副秘書長 長志宏의 4월 22일 또는 24일 접수
4. 20	海協會, 副秘書長 長志宏 4월 11일에서 4월 24일까지 海基會 방문 동의

* 출처: 李銘義, 「兩岸關係與中國研究」, 台北: 新文京開發, 2006, p.68 - 69.

현재 세계 최대의 경제력을 자랑하는 중국은 향후 양안의 통일 방안에 대해 동서독의 통합과정과 통합 이후 나타나는 후유증 등 문제점을 분석하면서 그동안 양안의 정치회담에 대한 내용을 분석 할 것이다. 또 중국은 대만의 민진당 등 재야세력의 독립주장도 통 일과정의 걸림돌이 될 것임을 잘 알고 그에 대한 대비책도 마련하 고 있을 것이다. 어떠한 통일방식이 양안 주민들에게 도움이 되고, 또 주민들이 원하는 방식인지를 연구해야만 양안 당국 간에 순조 로운 통일논의가 진행될 것이기 때문이다.[332]

양안의 통일방안에 대해 양안 정치지도자나 학자들은 자신의 주 장을 계속하여 왔다. '하나의 중국'에 대한 양안의 인식 차이는 통 일협상을 어렵게 하는 요인이 된다. 중국은 '하나의 중국'에 대해 "중국정부가 전체 중국을 대표하는 유일한 합법정부이며, 대만은 중국의 일부분이다."라고 규정하고 있다. 이에 대해 천수이볜 총통

---

332) 張惠玲, "兩岸政治談判的困境與未來", 「台北: 共黨問題研究」(2000. 7), p.72.

은 2002년 8월 "대만해협 양쪽에는 각각 별개의 국가가 있다."는 일변일국론(一邊一國論)과 중국과 대만 간의 대등주권론을 제시하기도 했다.333) 양안의 통일방안에 대해 일반적으로 <聯邦制 模式>과 <歐盟整合 模式>, <一國兩制 模式>이 제시되고 있다. <聯邦制 模式>은 1776년 독립을 선언한 미국의 경우처럼 양안이 장래에 연방제 실시를 선언하고, 연방조약(Article of Confederation)을 제정하는 것이다. 연방제는 한 개 주권에 평등을 누리는 방식으로 대만에서 선호할 방식인데 대륙과의 정치담판이 필요하다. 원래 漢文 중 聯邦의 '邦'은 '國家' 또는 '省'을 포함하는 의미가 있다. 그래서 '聯邦'을 환언하면 하나의 '國家聯盟'을 말하게 되며, 1999년 7월 리덩후이 총통이 주장한 '特殊的國家與國家關係'와 뜻을 같이한다. 대륙학자 辛旗早 교수는 2001년 1월 '聯邦制'를 통일과정의 하나의 방안으로 고려하는 것은 가능하다고 밝히면서 세 가지 전제를 지적했다. 첫째, 주권분할문제이다. 중앙연방의 주권과 지방연방의 주권과의 관계를 말하는데 일방적인 독립주권은 안 된다는 것이다. 둘째, 국제조직 등 대외관계에서 중앙연방이 대표성을 가져야 한다는 것이다. 셋째, 군사문제는 형제관계로서 서로 不對抗을 원칙으로 하고, 대외 방어용으로서 군대를 보유한다.334) <歐盟整合 模式>은 유럽통합 방식으로 개별국가의 주권적 지위는 갖고 있지만, 연맹을 형성하여 경제적 이익을 공유하는 방식이다. 향후 국가통합을 위한 정치논의도 가능하다. 제2차 세계대전 이후 미국의 독주에 대항하려는 유럽의 움직임이 1993년 정식으로

---

333) 조동제, "경제는 가까이, 통일은 더 멀리 양안관계 딜레마", 한국일보 10면(2002. 12. 3).

334) 李銘義, 「兩岸關係與中國研究」(台北 : 新文京開發出版, 2006), pp.158 - 164.

유럽연맹(歐洲聯盟)을 탄생시켜 1999년에는 '단일통화'까지 이루어 냈다. 현재 유럽중앙은행, 유럽의회, 유럽연방재판소 등이 존재하며 <공동시장>과 <공동외교·안전정책> 등으로 유럽연맹의 공동의 가치를 실현하고 있으나, 최근에는 미국의 금융위기 여파로 인하여 회원국들이 자국의 이익을 우선하는 정책을 펴는 모순된 일이 발생하기도 했다. 양안이 이 제도를 채택하면 <中華聯盟> 또는 <中國聯盟>이라는 초국가조직이 탄생하는데 중국이 절대 용납할 수 없어 실현 가능성은 없다.

<一國兩制 模式>은 중국이 시종 고수해 온 통일 방식이다. 1978년 11월 덩샤오핑이 미국 워싱턴 포스트 기자를 접견한 자리에서 제시한 "대만과의 평화통일 원칙을 고수하고, 대만에 비사회주의적 경제제도의 운영이 가능하다."는 방침을 밝혔다. 이어 덩샤오핑은 1982년 1월 11일 미국 대통령과의 정상회담에서 '一個國家, 兩種制度', '一國兩制'적 개념을 대외적으로 공식 천명하면서 지금까지 중국의 통일정책으로 고수되고 있다.

이 방식은 현상유지를 바라는 대만이 반대하는 통일방식이지만 국제적으로 전체 중국을 대표하는 중국 대륙이 수십 년 동안 고집해 온 방식이어서 향후 양안 정치회담의 마지막 의제가 될 것임은 분명하다.

중국의 一國兩制 원칙은 진일보하여 대만의 사법독립과 종심제 허용, 대만의 자기적 군대 인정 등으로까지 변화하고 있다.335) 양안이 정치담판을 통하여 통일문제를 풀어 나가려면 먼저 양안의 적대관계를 해소하고, 협력을 하는 조치가 필요하다고 제안하는 대

---

335) 李銘義, 앞의 책, pp.165 - 172.

만의 학자도 있다. 그 전제로 첫째, 양안이 평화협정을 맺는 것이다. 이것은 대만이 항상 우려하는 대륙의 무력통일 방침을 공식적으로 폐기하는 것으로 대륙의 정책에 대한 신뢰성을 높이는 것이다. 둘째, 양안 군사교류 체제를 만드는 것이다. 예를 들면 공동 군사훈련을 실시하고, 상호 자문단을 파견하여 군사연구에 대한 결과를 공개하는 등의 노력을 통해 서로 군사위협에 대한 투명화 조치를 해 나가자는 것이다. 셋째, 아태지역 안전기구에 공동으로 가입하자는 것이다. 이미 ARF(Asean Regional Forum) 형식으로 남북한과 미국·중국 4자회담이 이루어진 것처럼 대만도 중국과 함께 통일을 국제사회에서 논의하자는 방식이다.[336] 하지만 이 조치는 앞의 두 가지 제안과는 달리 중국의 대만정책과는 거리가 멀어 가능성이 전혀 없다고 하겠다.

양안 정치회담이 중요한 것은 중국과 대만 상호 간의 이해를 높이고, 양안교류에서 발생할 수 있는 여러 문제점을 단번에 해결하는 것이다. 그렇게 하면 누적된 공동인식과 신뢰를 바탕으로 미래에 적정한 환경적 조건하에서 서로의 이상을 실현할 수 있는 것이다. 아직은 서로의 신뢰와 인식이 부족한 상태에서 정치담판의 조건이 구비되어 있지 않은 것도 사실이다.

이 사실을 뒷받침하는 것은 2008년 후반기 대만정부가 실시한 민의조사에서 잘 나타난다. 설문 중 하나인 "향후 대만과 대륙의 관계를 어떻게 형성하는 것이 좋겠느냐"는 질문에 조속한 통일 1.76%, 조속한 독립 14.80%, 현상유지 후 통일 4.44%, 현상유지 후 독립 12.49%, 현상유지 후 독립과 통일을 재검토 36.17%, 영원

---

336) 李銘義, 앞의 책, pp.113-116.

한 현상유지 25.53%, 무응답 4.81% 순으로 나왔다. 광의로 해석하면 대만 주민의 대다수인 78.63%가 현상유지를 바라는 것으로 해석된다. 따라서 향후 양안의 정치지도자가 통일을 위해 정치회담을 개최했을 때 이러한 민의를 충분히 고려해야 할 것으로 판단된다.[337]

양안의 정치담판을 위한 전제조건은 첫째, 서로 상대방을 인정하고 담판을 진행하는 것이다. 둘째, 양안이 서로 주고받는 것은 담판의 과정이다. 셋째, 담판의 성공은 협의에 있고 협의는 서로에게 이익이 되어야 한다. 넷째, 쌍방이 전쟁은 피할 의사가 있어야 하며, 정치회담 전에 중국은 대만의 정치실체를 인정하고, 대만은 중국의 일부분이라는 사실을 서로가 인정하여야 한다는 것이다.[338] 양안 정치회담의 주요의제 중 하나는 국제사회에서 양안이 지속적으로 논쟁을 빚고 있는 一國兩制의 문제이다.

양안은 남북한과 옛 동서독처럼 오랜 분열로 인해 서로 다른 제도를 갖고 있지만 국제사회에서 대만의 존재는 미미하고, 절대다수의 국가들은 대만을 중국의 일부분으로 이해하고 있다. 중국은 국제사회에서의 우위를 바탕으로 一國兩制를 주장해 왔고, 대만은 리덩후이 시절 一國兩區를 주장했다.

또 대만은 2000년 이후 민진당의 천수이볜이 집권하면서 국제적인 민주화 분위기를 타고 대만의 독립과 분치주의를 주장해 왔으나, 2008년 3월 국민당의 마잉주 후보가 총통으로 당선되면서 양안은 다시 '하나의 중국'을 위한 정치담판을 할 수 있는 분위기를

---

337) 臺灣 行政院大陸委員會, 앞의 설문조사, http://www.mac.gov.tw
338) 張惠玲, 앞의 논문, p.72.

만나고 있다.

　정치담판은 <事務性談判>과 <政治性談判>으로 구분할 수 있다. <事務性談判>은 1987년 대만에 대한 대륙주민의 방문이 허용된 후 양안주민 간에 발생하는 '非法入境'과 '劫機犯', '漁事紛爭' 등 여러 가지 민사적인 법률문제를 해결하는 것이다. <政治性談判>은 사무성 의제를 제외한 국가통일 및 UN 등 국제조직에 양안의 공동참가 그리고 양안의 '國體'와 '政體' 의제를 해결하는 것이다.339) 그러나 양안은 지금까지 정치담판을 진행하지 못해 왔다. 양안이 정치담판 원칙과 의제에 대해 공동인식을 하지 못해 왔고, 담판과정과 결과에 대한 양안의 견해 차이가 너무 크기 때문으로 판단된다.

　양안 정치담판에 대한 중국의 입장은 첫째, 양안담판의 주도적 지위를 취득해야 한다는 것이다. 장쩌민이 1998년 6월 미국 클린턴 대통령과의 정상회담에서 "대만과의 통일문제를 무한정 늦출 수 없다."고 밝힌 것은 대외적으로 주도권을 쥐려는 발언이다. 둘째, 정치담판의 국제적 이해를 높이는 것이다. 중국은 1998년 왕고회담(汪辜會談) 이후 海協會 고위간부를 미국과 일본, 태국 등지에 파견하여 양안의 평화적인 정치대화와 통일을 위한 노력에 대해 홍보를 했는데, 이는 향후 정치담판에 대한 국제여론의 지지를 얻으려는 것이다. 셋째, 관료들의 계파문제를 해결하는 것이다. 홍콩과 마카오의 회수 이후 장쩌민이 1999년 "양안관계의 정치담판은 금세기 안에 해결해야 할 문제라고 주장한 것"은 대만에 대한 중국의 평화통일 정책을 천명함과 아울러 대륙 내에서도 지도부의 통

---

339) 張惠玲, 앞의 논문, p.74.

일정책에 대한 관료들의 다른 의견을 사전에 차단하기 위한 것으로 예측된다.[340)

양안 정치담판에 대한 대만의 입장은 첫째, 汪辜會談 이후 촉진된 상호교류와 협력을 위한 공동인식이 행동으로 이행되어야 한다. 둘째, 정치담판 재개의 전제조건은 대만 주민을 위협하는 중국의 도발적인 무력통일 발상을 폐기하고, 대만의 안전을 보장하는 것이다. 셋째, 양안관계 촉진을 위한 '건설성 대화'를 계속하자는 것이다. 중국은 대만과의 통일을 위한 '정치성 대화'를 요구하는 등 압박을 계속하고 있으나 대만은 양안관계의 정상화를 위한 건설적인 대화부터 먼저 한 뒤에 상호 교류와 신뢰가 누적되면 더 이상의 발전으로 나가야 한다는 입장이다.[341)

이러한 양안의 정치담판 논의는 사회주의 一黨이 영도하는 중국에서는 가능하겠지만 대만에서는 사회이심현상 때문에 접근하기 매우 어려울 것이다. 2008년 3월 집권에 성공한 대만의 마잉주 총통이 베이징 올림픽 직전인 5월에 중국에 '하나의 공동시장'을 제의할 만큼 양안통일방안 마련에 적극적이었으나, 지금은 신중한 자세로 접근하는 것도 사회이심현상을 우려한 때문이다. 2008년 10월 25일 대만의 광복절에도 최대 야당인 민진당이 총통부 앞에서 '台獨'을 주장하며, 중국과의 통일반대 시위를 지속적으로 벌이는 상태여서 국민당 정부가 중국공산당과의 정치담판에 응하는 것을 어렵게 하는 요인이 되고 있다.[342) 양안의 통일을 위한 정치담판은

---

340) 張惠玲, 앞의 논문, pp.75-76.

341) 위의 논문, pp.76-77.

342) "光復節 民進黨員 二十萬名 '台獨' 示威", 台北, 中國時報(2008. 10. 26).

서로 관련법이 없는 상태에서 공동인식에 의존해야 하는 문제이다. 하지만 대만 국민당은 정치담판에 대해 민심의 영향을 많이 받기 때문에 다음 선거를 위하여 사회이심현상을 고려하지 않을 수 없는 입장인 반면 중국공산당은 민심을 의식할 필요가 없어 정치담판을 계속 주장하고 있다.

중국과 대만이 통일을 위해 선택할 수 있는 경로를 대만의 주민 여론을 수렴한 整合과 未整合, 統一과 未統一 등 4개 변수를 설정하여 분석한 兩岸의 統一政策經路를 살펴보면 <표 5-2>와 같이 예측해 볼 수 있다.[343]

아래 도표에서 (Ⅰ)는 정치통일과 국민들의 여론이 고도로 합의된 이상적 국가 상황을 말하고, (Ⅱ)는 정치는 미통일 상태이지만 정치체 간에는 여론이 고도로 합의된 상황을 말한다. (Ⅲ)는 정치도 미통일 상태이고 정치체 간의 여론도 합의되지 않은 국가 상황을 말하고, (Ⅳ)는 정치는 통일되었으나 국민적 여론은 합의되지 않은 국가 상황을 말한다.[344] 중국에 반환된 홍콩과 마카오 그리고 영국에 통합된 북아일랜드가 도표 (Ⅳ)의 例로 들 수 있다.

〈표 5-2〉 兩岸統一政策 經路

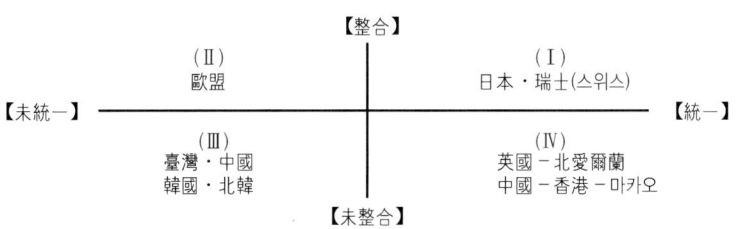

343) 張惠玲, 앞의 논문, pp.78-79.
344) 위의 논문, pp.78-79.

향후 중국과 대만의 통일방식이 一國兩制 또는 一國兩區 방식으로 이루어지든, 아니면 '하나의 중국' 내 특별행정자치구로 이루어지든 간에 양안의 통일과정은 사무성협상과 정치담판을 통해 (Ⅲ)에서 (Ⅱ)의 과정을 거쳐 (Ⅰ)의 상황으로 가는 것이 가장 바람직한 경로로 전망된다. 하지만 이 경로로 가기 위해서는 중국이 대만 주민들의 여론의 지지를 받기 위한 경제교류와 협력을 강화하고, 무력통일 폐기와 평화통일 의지를 재확인하는 노력이 필요하다.

결론적으로 현 상태에서 양안통일을 위한 정책은 중국이 대만에 더 큰 배려를 하여야 한다. 중국은 대만을 단순히 홍콩·마카오 같은 존재로 여겨서는 안 되며, 하나의 정치적 실체로 인정하여 단계별로 통일수순을 밟아 나가야만 성공을 이룰 수가 있을 것이다. 그 단계는 대만 주민이 공동으로 인식할 수 있는 수준의 통일정책 경로가 되어야 할 것 같다.

그것은 본서에서 지적했듯이 첫째, 양안이 지금처럼 경제교류를 활성화하고 둘째, 경제교류를 뒷받침하는 교류협력의 법제화와 제도화를 더욱 구체화해 나가며 셋째, 양안 간에 경제통합이 이루어지고, 국가통일에 대한 주민들의 공동인식이 무르익어야만 양안지도자 간에 정치협상과 담판이 자연스럽게 가능해질 수 있다는 것이다. 이와 관련하여 국립대만대学의 王泰銓 교수는 "양안이 분단된 현실에서 대만독립 주장은 정당하다고 밝히면서도 양안의 경제통합 후 자연스럽게 다가올 수 있는 통일논의는 차세대의 현실적 과제라"며 미래 상황에 대해서는 유보적인 입장을 취하였다.

현실은 매우 빠르게 변화하고 있다. 2008년 11월 4일 양안의 '삼통' 전면실시 합의에 대해 대만행정원 신문국 스야핑 국장은 양안관계의 역사뿐 아니라 아태지역 평화에도 큰 영향을 미치는 매우 중요한 사건이라며 몇 가지 의미를 지적했다. 첫째, 평등협상과 상호묵인의 구현이다. 양안 해협회와 해기회는 1990년 초 첫 접촉을 시작한 뒤 홍콩과 싱가포르, 베이징에서 회담을 한 바 있다. 이번 회담을 위해 대만에 온 천윈린 회장은 1949년 이후 대만을 방문한 중국 인사 중 최고위급 인사이다. 양안회담이 타이베이에서 열린 것은 현재 양안관계가 발전하고 있다는 것을 보여 준다. 이번 회담은 평등·존엄·호혜의 원칙에 따라 진행되었고, '대만에 의한, 국민에게 이로운'이라는 기존의 입장을 고수했다. 따라서 마잉주 총통이 친중국 성향이라는 비판은 근거가 없을 뿐만 아니라 사실과 전혀 다르다는 것이다. 둘째, 마잉주 총통의 '분쟁차치, 상생추구' 이념의 실현이다. 이번 회담에서 양안은 해운직항 시행, 평일 전세기 운항, 직항로 증편, 우편교류 및 식품안전을 뼈대로 한 4개 항목에 합의했다. 양안 교류의 강화는 양안 국민들에게는 편리함과 이익을 가져다줄 뿐 아니라 상생추구라는 목적을 실현할 수 있게 해 준다. 이 외에도 아태지역은 이미 전 세계에서 경제무역활동이 가장 활발한 지역으로 성장한 만큼 아태지역 교통요충지에 자리잡은 대만은 전 세계 운송체계에서 유리한 전략적 위치를 점하고 있다. 따라서 양안 간의 직항 운항은 대만의 비즈니스 환경 및 기업의 경쟁력을 높일 뿐 아니라 더 많은 해외투자를 유치하고, 이를 통해 대만은 글로벌 운영 허브로서의 경쟁력을 높일 수 있을 것이다. 셋째, 양안 간의 제도적 대화에 대한 국제사회의 인정이다. 양안관계의 개선은 대만해협에서의 인정이다. 양안관계의 개선은 대만해협에서의 충돌발생 가능성을 최소화하고, 대만해협의 긴장완화는 동아시아 지역의 평화발전에 크게 기여한다. 현재 미국, 일본, 유럽연합 등 국제사회 구성원들은 양안관계 개선에 긍정적인 평가를 하고 있다.[345]

제2절 한반도에 미치는 시사점

1. 경제협력 활성화

한국과 중국은 1992년 8월 24일 한중수교 발표 이후 지금까지 우호적인 관계를 유지하고 있다. 수교 전 한국과 중국 관계는 냉전의 적대관계를 유지했으나, 1970년대 말 중국과 미국의 핑퐁외교로 화해분위기는 불고 있었다. 국제사회는 '영원한 동지도 적도 없다'고 하듯이 한중관계는 국제정치의 역할변화와 서로의 필요에 의해 수교를 하게 되었으며, 이로 인해 한국은 우방국이었던 대만과 단교를 하는 사태까지 겪었다.[346] 현재 한국은 양안의 통일정책과 논의방향을 지켜보고 있지만, 중국과 대만 또한 남북한의 통일논의 과정을 지켜볼 것이어서 국제사회에서 국가의 과거와 현재의 행위는 매우 중요하다고 하겠다. 남북한의 통일은 결국 민족 내부의 합의를 통해 해결해야 할 문제이지만, 국제사회 주변국들의 협력이 없으면 해결될 수 없는 한계도 있는 것은 분명한 사실이다. 한국전

---

345) 스야핑, "아태평화의 고리 - 2차 양안회담", 한겨레신문 27면(2008. 11. 14).
346) 何彤梅, 「中韓政治外交關係研究」(延邊大學校出版部,, 博士論文, 2008), pp.88 - 89.

쟁의 정전서명을 비롯해 당시 남북한의 분단 자체가 외세에 의해 이루어졌기 때문이다. 1951년 7월 개성에서 열린 한국전쟁 정전회담은 국제연합군 수석대표인 미 해군 조이 부제독과 한국군 대표 白善燁 소장 그리고 공산군 수석대표인 북한군 南日 중장과 중공군 대표 謝放 소장 등 4자 간에 이루어졌다.[347]

그래서 지금도 남북한과 관련한 주요 회담에는 한국전쟁의 정전회담 당사자였던 4개 국가가 참여하는 4자회담과 주변국인 러시아·일본이 참가한 6자회담으로 개최되는 것이다. 한국은 이러한 국제사회와의 협력도 상황에 따라 융통성을 갖고 접근해야 할 것 같다. 북한이 국제사회에서 공개적으로 합의한 핵 불능화조치도 어기는 불량집단으로 회귀하고 있기 때문이다. 현재 북한정권이 심각한 식량난으로 정권유지에 큰 어려움을 겪고 있는 것은 알고 있지만 영변의 핵 굴뚝을 폭파한 지 두 달도 안 되어 180도로 정책을 바꾸고, 또 다른 핵시설을 건설 중에 있다는 것은 도저히 이해가 가지 않는 행동이다. 북한이 이해가 가지 않는 행동을 하는 것은 결국 한국정부가 북한 사정에 매우 어둡다는 증거가 된다. 북한이 어떤 정책으로 나올지 사전에 예측하지 못한다는 것이다. 정부 간 공식적인 대화창구가 없는 데다 중국의 海協會[348]와 대만의 海基會와 같은 반관반민기구가 가동되지 않는 것도 큰 원인 중에 하나다.

한국도 향후 북한과의 경제교류에 있어서 반관반민의 확실한 협상창구는 필요하다고 판단된다. 물론 북한이 이러한 기구 간의 공

---

347) 김학준, 『한국전쟁 – 원인·과정·휴전·영향』(서울: 박영사, 1999), pp.263 – 265.

348) 중국의 海峽兩岸關係協會는 1990년 11월 대만이 설립한 海峽交流基金會에 대응하기 위하여 1991년 12월 16일 설립됐으며, 그 역할은 대만이 삼불정책을 고수하고 있는 상황에서 海基會를 통하여 양안의 三通과 黨대黨 차원의 격상된 협상분위기를 조성하는 것이다.

식적인 회담을 꺼리는 폐쇄적 집단이라는 점도 있지만 그래도 한국정부는 중국처럼 계속 노력을 해야 한다. 현재 남북한 간에는 남한의 뜻있는 여러 단체에서 북한의 민족경제협력협의회와 민간차원의 교류협력은 하고 있지만, 중요한 현안이나 의제가 있을 때 즉각 재개하지 못하는 한계가 있다.

또 순수 민간차원에서 현대아산이 대북사업을 전담하고 있지만 민간 기업이라는 위상 때문에 큰 역할을 기대하기는 어렵다고 하겠다. 기업은 公益보다는 사익을 우선으로 하기 때문에 더욱 그렇다고 하겠다. 2008년 7월 금강산 한국 관광객 피격사건을 보더라도 현대아산이 유일한 대북창구였지만 현장검증이나 대책을 마련하는 데는 한계가 있을 수밖에 없다. 민간사업자인 현대아산이 공적인 책임을 대신할 수 있는 주체가 아니기 때문이다.

결국 대북사업을 현대아산에만 의존해 온 한국정부는 안일한 대북정책과 통일정책을 대내외에 드러낸 꼴이 됐다. 이렇게 해서는 중국처럼 대만을 리드하면서 통일논의를 할 수 없는 것은 자명한 이치이다. 대한민국의 통일정책은 냉전시대의 무력통일을 위한 군사 대치상황에서 김대중 정부의 햇볕정책을 거쳐 참여정부의 친북성향 민족주의 통일정책 그리고 이명박 정부의 친미성향의 실용주의 시대를 맞고 있다. 다행히 이명박 정부는 이에 걸맞게 중국과의 관계도 소홀히 하지 않고 있다. 이명박 정부는 지금부터라도 남북한이 통일논의를 제대로 할 수 있는 체계화된 정책을 마련해야 할 것이다.

또 남북한은 중국과 대만처럼 先 경제교류 활성화, 後 정치적 통일이라는 논의의 과정을 착실하게 밟아 나가야 하겠다. 1980년대 후반까지 남북한의 경제교류는 단순히 북한지역에서 완성품을 반출입하는 단순교역으로 출발한 이후 1990년대 중반부터는 남한이 북한에 원자재를 공급한 후 북한이 이를 제조·가공하여 납품하는 방식의 위탁가공방식으로 발전하였다. 2000년 6월 남북정상회담 개최 이후 남한기업이 개성공단사업[349]과 금강산관광사업[350]을 시행하고, 공장을 건설하는 등 북한지역에 대규모로 직접 투자하는 단계에까지 이르게 되었다.

금강산 관광객 수는 처음 시작한 1998년 11월에서 12월 말까지 10,554명에서 1999년에는 148,074명, 2000년에는 213,009명으로 크게 증가했다. 하지만 남북관계가 경색됐던 2001년에서 2003년까지는 한 해 평균 6만 명에서 7만 명으로 관광객이 감소했다가 2004년에 다시 268,420명으로 늘어났으며, 2005년에 298,247명, 2007년에 345,006명으로 대폭 증가해 왔다. 2007년에는 10월까지 총 200만 명이 넘는 남한주민이 경제, 문화, 예술 등 다양한 분야의 남북협력과 금강산관광 등을 목적으로 북한을 방문한 것으로 집계됐다.

개성공단의 경제협력은 2007년 말 88개 기업에서 12,571만 달러어치를 생산하여 2,740만 달러어치를 수출했고, 2008년에는 9월 말 현재 18,648만 달러어치를 생산하여 2,897만 달러어치를 수출했다.

---

349) 개성공단사업은 2000년 8월 22일 현대아산과 북한과의 합의로 시작되어 2003년 6월 30일 1단계 330만 제곱미터에 대한 착공에 들어가 2007년 말 완공하였다. 통일부 홈페이지 참조. http://www.unikorea.go.kr

350) 금강산관광사업은 1998년 4월 30일 정부의 '남북경협활성화조치'에 따라 같은 해 6월 정주영 현대그룹 명예회장이 북한을 방문하여 조선아시아태평양평화위원회와 개발사업에 합의하고 11월 18일 금강호를 출항시키면서 시작됐다. 2003년 9월에는 육로관광도 시작함. 통일부 홈페이지 참조. http://www.unikorea.go.kr

남북한의 연간 교역액은 1998년 2억 2천만 달러에서 2000년 4억 2천만 달러, 2003년 7억 2천만 달러로 늘어난 데 이어 2005년 들어 최초로 10억 달러를 초과했다. 이후 2006년에 13억 4,974만 달러, 2007년에 17억 9,789만 달러에 이르는 등 증가 추세를 보이고 있다. 각 분야별 교류협력을 위한 남북회담은 문민정부 시절인 1993년에서 1997년 사이에 28회가 이루어졌고, 국민의 정부 시절인 1998년에서 2002년 사이는 무려 87회나 개최됐다. 이것은 2000년 평양에서 있은 김대중 대통령과 김정일 위원장 간에 이루어진 「6·15 남북공동선언」[351]의 영향이 큰 것으로 판단되며, 이후 참여정부 시절에도 88회나 이루어졌다.

한국은 정치, 경제, 사회 등 모든 측면에서 북한을 압도하고 있기 때문에 중국과 대만의 경우와 같이 북한과 '通信, 通關, 通行', 즉 三通문제를 먼저 해결한 뒤 분위기가 성숙하면 교류협력의 제도화를 통한 통일논의의 순서로 나가야 할 것이다. 그러기 위해서는 지금의 간접무역 등 경제교류 분야를 확대해 나가고, 기존 개성공단사업의 활성화와 추가지구에 대한 개발에 박차를 가하는 등의 노력과 함께 북한이 경제를 적극적으로 개방할 수 있도록 투자협력방안도 구체적으로 실현해 나가야 하겠다.

북한에는 풍부한 지하자원과 한민족의 동질성을 가진 노동력이 있기 때문에 한국에 큰 이점으로 작용할 것으로 예상되고 있다. 그

---

351) 「6·15 남북공동선언」의 합의문은 남북관계에 대한 포괄적인 내용을 담고 있으나 법적 구속력을 갖지 않는 '신사협정' 성격이어서 국회의 동의를 받지 않았다. 당시 정부는 경의선 철도연결사업, 금강산관광사업, 개성공단건설사업 등 경제 분야의 협력 사업을 활발하게 추진하기 위해 2000년 12월 6일 4대 남북 경협합의서에 서명하였다. 이후 법적 구속력을 부여하기 위해 남한은 2003년 6월 30일 국회 동의를 받았고, 북한은 2003년 7월 24일 최고인민회의 상임위원회를 통과하여 8월 18일 효력을 발생시켰다.

래서 미래 남북한 간의 통일논의에 대비한 경제교류의 활성화는 매우 중요한 선결과제라고 하겠다. 그러나 북한이 2008년 12월 들어 김정일 위원장의 와병설 속에 갑자기 개성공단 기업의 상주인원 제한과 출입제한 등 강경 조치를 취하여 한국 정부를 당황하게 만들고 있어 신중한 판단이 요구되고 있다.

2. 교류협력 법제화

동일한 분단국가이지만 남북한은 중국·대만과는 달리 1991년 9월 UN에 동시가입을 하였다. 1991년 12월에는 남북한의 관계가 "국가 간의 관계가 아닌 통일을 지향하는 과정에서 잠정적으로 형성된 특수관계"[352]라는 인식을 바탕으로 서로 상대방의 체제를 인정하고 존중하자는 《남북 사이의 화해와 불가침 및 교류협력에 관한 합의서》(남북기본합의서)[353]에 합의했다.

남북한의 교류협력 관련법제는 관련법이 없어 각자 관련 법제를 준용하여 적용하였으나, 1990년대 들어 남북한의 간접교류가 진행되고 《남북기본합의서》가 체결됨에 따라 법적 효력 부여와 교류협력법제의 구축으로 나아가는 발판을 마련하게 된 것이다. 《남북기본합의서》는 서문과 4장 25조로 구성되어 있는데 서문에는 7·4공동성명[354]의 조국통일 3대 원칙을 재확인하고, 민족공동의 이익

---

352) 통일부, 「남북한 사이의 화해와 불가침 및 교류·협력에 관한 합의서」 전문(1991. 12. 13. 체결) 및 「남북관계 발전에 관한 법률」 제3조(2005. 12. 29. 제정).

353) 1991년 12월 13일 서울에서 열린 제5차 고위급회담 결과 체결된 남북기본합의서는 다음 해 2월 평양 제6차 고위급회담에서 합의서 문건을 정식 교환했다.

354) 남북한 당국이 1972년 공동 선언한 자주, 평화통일, 민족대단결의 3대 원칙을 말한다.

과 번영도모 등의 원칙을 천명하였다. 제1장은 남북 화해 부분을 다루어 상호체제 인정, 내부문제 불간섭, 상호 비방·전복행위 금지, 군사정전협정 중지 등으로 되어 있다.[355]

이후에도 남북한은 냉전의 긴장상태에서 충돌 위기와 화해 분위기를 반복하여 오다, 2000년 6월 15일 김대중 전 대통령이 평양을 전격적으로 방문하여 김정일 위원장과 남북정상회담을 가져 전 세계를 놀라게 했다. 그리고 개성공단의 착공 등 남북한의 교류협력이 크게 진전됐으며, 금강산관광 사업도 이루어졌지만 더 이상 활성화되기에는 북한의 준비 부족과 체제수호를 위한 폐쇄정책의 영향으로 어려움을 겪으면서 지금까지 진행되어 왔다.

이런 가운데 2004년 8월 3일 임채정 의원이 대표 발의한 '남북관계발전기본법안'과 같은 해 11월 3일 정문헌 의원이 대표 발의한 '남북관계기본법안'이 각각 제250회 국회 정기회 통일외교통상위원회에 상정되었다. 이 두 법안은 공청회와 법안 소위를 거치면서 자구 수정을 통해 두 안을 통합하여 2005년 11월 제256회 국회 정기회 통일외교통상위원회에 보고되었다. 그 결과 2005년 12월 29일 ≪남북관계발전에 관한 법률안≫(남북관계발전법)[356]이 제정되고, 2006년 6월 30일 동법 시행령이 국무회의를 통과하여 시행되어 남북관계에 대한 법적인 접근이 정착되게 되었다.

동법 제1조는 "대한민국헌법이 정한 평화적 통일을 구현하기 위하여 남한과 북한의 기본적 관계와 남북관계의 발전에 관하여 필

---

355) 통일부, 「남북한 사이의 화해와 불가침 및 교류·협력에 관한 합의서」 전문(1991. 12. 13).
356) 남북관계발전법은 그동안 남북관계에 대한 국내법적 체계가 안보 측면의 국가보안법과 교류협력 측면의 남북교류협력법으로 대별되어 남북관계의 복잡한 현실을 제대로 포괄하지 못해 왔기 때문에 이를 보완하기 위해 제정한 것이다.

요한 사항을 목적으로 한다."고 규정하고 있다. 제2조 1항은 남북관계의 발전은 자주·평화·민주의 원칙에 입각하여 남북공동번영과 한반도의 평화통일을 추구하는 방향으로 추진되어야 한다고 기본원칙을 규정하고 있다. 제2항은 남북관계의 발전은 국민적 합의를 바탕으로 투명과 신뢰의 원칙에 따라 추진되어야 하며, 남북관계는 정치적·파당적 목적을 위한 방편으로 이용되어서는 안 된다고 규정하고 있다. 제3조 1항은 남한과 북한의 관계는 국가 간의 관계가 아닌 통일을 지향하는 과정에서 잠정적으로 형성되는 특수관계라고 규정하고 있다. 또 제2항은 남한과 북한 간의 거래는 국가 간의 거래가 아닌 민족 내부 거래로 본다고 규정하고 있다. ≪남북관계기본법≫은 그동안 남북한의 관계가 성명과 합의서 수준에 머물러 북한 측의 이행이 없으면 그 실효성에 의문이 제기됐던 것을 남한에서만이라도 명문화하고, 그 법적인 효력을 지닐 수 있게 됐다는 데 큰 의미가 있다고 하겠다.

하지만 같은 분단국가이지만 한국은 ≪남북관계기본법≫이라는 단일법에 의거하여 남북한 교류 등에 대한 법적인 문제를 처리하는 데 반해 중국과 대만은 각 부처에서 각 교류 부문별로 입법화하여 교류과정에서 발생하는 여러 가지 민사나 상사 문제를 해결하고 있다는 점이 차이라고 할 수 있다. 또 ≪남북관계기본법≫은 남한 내에서만 법적인 구속력을 가지는 데 반해 중국과 대만은 각자의 법률을 교류과정에서 서로 인정해 주는 것도 큰 차이라고 하겠다. 나아가 중국은 민법통칙을 제정하여 양안의 공민 모두에게 동일한 법적용을 하고 있다는 점도 남북한보다는 앞서 있는 부분이라 하겠다.

2007년 10월 2일에는 노무현 전 대통령이 북한을 방문해 정상회담을 갖는 등 지속적으로 정치적 교류를 해 왔다.[357] 그러나 이러한 남북한의 정상회담은 양안관계처럼 교류협력을 통한 상호 경제발전과 신뢰가 회복되지 않은 상태에서 회담이 이루어진 것이어서 정치적인 선언에만 그칠 뿐 경제협력이나 평화공존 등의 실질적인 효과는 미미한 것으로 평가된다. 그런 영향으로 남북한 관계는 2008년 2월 25일 출범한 이명박 정부가 대북정책의 기조를 바꾼 이후 긴장관계를 계속 형성해 오다 2008년 7월 금강산 여자관광객 피격사건으로 경색국면을 보인 후 북한은 김정일 위원장의 와병설 속에 탈북단체들의 전단 살포를 빌미로 남한과의 대화를 완전히 차단했다.

6·25 한국전쟁 이후 남북한 간의 통일논의는 무력통일 시기 등 여러 가지 굴곡의 과정을 거치며 진행되어 왔다. 북한의 핵 불능화 조치가 순식간에 폐기되고, 금강산 관광객 피격사건 이후 남북의 대화가 일순간에 막히는 한 남북한의 통일논의는 방법론과 북한의 진정성 측면에서 재고할 필요가 있다. 북한의 핵시설 재가동 등 벼랑 끝 전술은 미국의 북한에 대한 테러위험국 해제 등의 조치로 다시 핵 폐기로 돌아섰지만 북한의 국제적인 신뢰도는 그만큼 추락한 것은 분명하다.

따라서 양안처럼 남북한 관계가 진전되기 위해서는 첫째, 한국은 남북 고위급회담을 통한 경제회담과 군축회담 등의 회담을 상례화하고, 합의된 사항은 법적으로 이행될 수 있도록 제도화해 나가야 할 것이다. 그래서 혹시 비상 상황이 발생해도 회담과 협의는 계속

357) 법무부, 앞의 책(2008), pp.510－511.

진행될 수 있도록 하여야 한다. 둘째, UN 등 국제사회를 활용한 북한의 개방과 변화유도에 대한 노력에 힘을 쏟아야 한다. 한국은 북한보다 절대 우위에 있는 경제력을 바탕으로 국제사회에서 다양한 협력전략을 마련할 수 있다. 특히 반기문358) 前 외교통상부장관이 현재 UN사무총장으로 재임하고 있는 만큼 그의 역할을 적극 활용해야 한다. 셋째, 금강산관광의 활성화를 통한 남북한 주민의 상호 관광과 인적 교류의 물꼬를 트는 한편 개성공단에 대한 투자 활성화와 노동인력의 교환, 원자재 교역 등에 대한 법률제정도 추진되어야 한다. 넷째, 三通(通信, 通關, 通行)의 합의를 이끌어 내 상시적인 관광과 체육교류 등이 추진되어야 한다. 다섯째, 남북한의 교류증대로 발생할 수 있는 법률충돌 문제에 대한 해결방안도 상호 접촉을 통해 연구해야 한다.

이미 금강산 관광에서는 관광객 사망과 불법체포 등 여러 유형의 사건이 발생하고 있고, 개성공단에서도 북한 근로자들의 남한 근로자 폭행 등의 민형사 사건이 발생하고 있다. 이에 대한 수사기관과 법원의 관할지를 명확하게 법제화할 필요가 있다. 여섯째, 한국은 김정일 위원장의 와병설359)과 관련하여 미국, 중국 등과 공동으로 북한 권력체제의 변화와 난민들에 대한 대책도 마련해야 할 것이다.

최근 북한은 통수권자인 김정일 위원장이 와병으로 쓰러져 병상

---

358) 노무현 정부에서 외교통상부 장관으로 재임하다 2006년 11월 UN사무총장 선거에 도전하여 당선된 한국을 빛낸 인물로 2007년 1월 1일부터 UN사무총장직을 수행하고 있다.

359) 북한 김정일 위원장이 와병으로 장기 입원 중인 가운데 장남 김정남이 프랑스 공항에서 프랑스의 유명한 뇌졸중 전문의와 함께 북한으로 출발하려는 모습이 언론에 포착되어, 김 위원장의 병세가 심각한 상태임을 관측하게 하고 있다. MBC뉴스데스크(2008. 10. 28).

정치를 하고 있는 가운데 6자회담[360)에서 합의한 핵 불능화 조치를 폐기하고 다시 핵개발에 나서는 등 대외정책이 보수 강경으로 선회하고 있다. 또 후계자 문제로 인한 내부 권력투쟁으로 북한체제가 어느 방향으로 선회할지 불투명한 시점에 있어, 향후 한국은 더욱더 북한과의 교류협력을 통한 제도화에 집중할 필요가 있다. 양안의 경우는 공동발전을 위해 정치 측면을 제외하고 경제 등의 분야에서 서로 민법과 상법 등 일반 법률을 제정하여 양안 주민들의 교류에 불편이 없도록 하여 왔다.

하지만 남북한은 상호 간의 공동성명과 합의서는 있어 왔지만 양안처럼 그런 사례는 없었다. 그러다 보니 남북한 관계는 항상 흔들려 왔다. 법적인 구속력이 없는 공동성명이나 합의서는 언제라도 적정한 핑계를 대고 폐기할 수 있기 때문이다. 그런 결과 2008년 11월 24일 북한은 김정일 위원장의 병상 회복과 때를 맞춰 12월 1일부터 개성관광을 중단하고, 개성공단 내 남측 상주인력의 절반을 추방하는 조치를 일방적으로 통보했다. 이 통보서에는 문산역 – 봉동역 간 남북 경의선 열차 운행중단, 개성공단 내 남북경협사무소 폐쇄, 개성 내 현대아산 관련 업체 직원 70% 축소 등이 담겼다.[361) 이로 인해 개성공단에 상주하는 한국 기업들은 세계적 금융위기 속에 개성공단에서의 생산차질과 운송차질로 부도위기에 봉착하는 등 어려움에 직면해 있지만 정부는 북한을 상대로 뾰족한 대응책

---

360) 한국전쟁의 당사자인 남북한과 정전협정을 주도한 미국과 중국, 그리고 일본과 러시아를 합쳐 6개국의 한반도와 관련한 회담을 말한다.

361) 북한은 이날 남측 문무홍 개성공단 관리위원장과 문창섭 개성공단 입주기업 협회장과 80여 곳의 입주기업 법인장을 개성으로 불러 이와 같은 통지서를 전달했다. "북한, 내달부터 개성관광 차단", 중앙일보 1면(2008. 11. 25).

하나 내놓지 못하고 있는 실정이다.[362] 해빙시대 이후 처음으로 찾아온 남북한의 화해협력과 평화통일 분위기에 힘을 실어 주기 위해 10년 동안이나 공을 들여 온 개성공단사업이 하루아침에 무색해지고 있는 것이다. 지금까지 남북한 간의 만남이 합의서나 공동성명 수준에 그쳤을 뿐, 남북한 양측에 법적인 구속력을 행사하는 조약이나 국제사법적 수준의 결과를 끌어내지 못했기 때문이다.

이에 대해 양무진 경남대 북한대학원 교수는 "현 정부의 대북정책은 노무현 정부와의 차별화에 집착해 북한 길들이기에만 치중하는 모습"이라고 비판했다. 이조원 중앙대 정치외교학과 교수도 "김하중 장관 체제의 통일부가 이명박 정부의 대북정책 기조에 지나치게 경직되어 있다."고 지적했다. 그러니까 1992년 남북기본합의서를 포함하여 2000년 6·15 공동선언 등 이전의 합의에 대한 대범한 포용을 통하여 남북관계를 한 단계 업그레이드시킬 전략을 짜야 한다는 이야기다.[363]

결론적으로 남북한도 양안의 경우처럼 상설화된 반관반민기구뿐만 아니라 양측 지도자의 의견이 수시로 전달될 수 있는 남북 고위급회담의 정례화 등 다양한 채널의 대화창구가 가동되어야 한다. 그래야만 남북한 간에 대화가 가능해져 현안문제에 대한 양측의 입장을 수시로 전달하고 조율방안을 찾을 수 있는 것이다. 또한 김정일 위원장의 와병설 속에 과도기를 맞고 있는 북한 정권이 오판을 하지 못하도록 하는 데도 도움이 될 수 있기 때문이다. 그렇게

---

362) 북한의 조치와 관련하여 청와대는 정정길 대통령실장 주재로 안보관계장관회의를 개최하고 통일부 대변인 명의로 "유감 표명과 북한의 개성공단 차단 철회"를 촉구하는 성명을 발표했다. "북한, 내달부터 개성관광 차단", 앞의 신문.
363) "치밀한 북한 군부 …… 뒤통수 맞은 정부", 위의 신문 2면.

하려면 남북한이 맺어 온 합의서 수준을 국제조약 수준으로 한 단계 끌어올려 서로에게 법적 구속력을 갖도록 하여야 한다.[364] 그러기 위해서는 한국 사회가 남북한 통일논의를 체계화하는 데 힘을 기울여야 할 것이다.

3. 통일방안 체계화

통일논의가 어떤 방식과 순서로 이루어지는 것이 좋다는 정형은 없다. 하지만 한반도의 통일도 결국 민족 내부의 문제이고, 당사자 간의 합의와 이행만이 문제를 해결할 수 있는 열쇠가 될 수 있다. 그런 점에서 한국 사회는 아직까지도 남북한 통일문제를 냉전적 사고로 접근하면서 좌·우파 간에 서로 자기의 통일방식이 좋다고 하는 이념대결의 수준을 넘어서지 못하고 있다. 한국 사회가 이러한 통일 관념을 벗어나지 못하는 한 남북한의 통일은 지연될 수밖에 없고, 한국 또한 우위의 입장에서 통일논의를 이끌어 갈 수 없다고 하겠다. 북한은 한국 사회가 좌·우파 통일논쟁으로 분열되는 것을 바라고 있을 것이고, 그 틈새로 자신들의 통일논리를 남한에 전파하려는 의도가 다분히 있다고 하겠다. 최근 북한이 6자회담의 결과로 수용한 영변 핵시설 불능화 조치에 불복하고, 다시 핵시설을 복구하는가 하면 또 다른 핵시설을 구축하는 것도 바로 이러한

---

364) 한국 사회에서는 1991년 12월 체결된 남북기본합의서의 효력에 대해 국회 동의가 필요한 국제법상의 조약에 해당하느냐, 그렇지 않으면 국회동의가 필요 없는 신사협정이냐는 논란이 지금까지 계속되고 있다. 김계홍, "남북관계발전법······개선방안고찰", 「법제」(2008. 3), p.54.

통일전략의 하나로 분석된다.

이것은 북한의 최대 현안인 식량난을 해결하려는 의도도 있지만 근본적으로는 남북한 통일문제를 이념적 사고로 끌고 가겠다는 북한 군부의 의도로 분석된다. 북한의 核불능화 폐기조치와 관련한 정책결정과정에서 북한의 개방파가 군부 등 강경파에 밀린 것으로 분석하는 전문가의 시각도 있다.

지금까지 한국의 통일정책은 미래를 향한 일관된 방향도 없이 집권정부의 논리에 따라 우왕좌왕 여러 차례 변화해 왔다. 이 중에는 우파 강경노선의 흡수통일 정책도 있었고, 햇볕정책 등 좌파의 사회주의식 평등통일 주장도 있었다. 북한이 이러한 한국 통일정책의 한계를 알게 되면서 항상 한국 내 좌·우파 통일정책의 틈새를 겨냥한 발언과 정책으로 한국 사회의 갈등과 분열 상황을 부추기며, 이를 이용하거나 이익을 추구해 온 것도 사실이다.

남북한 간에 선언한 <남북합의서>의 예만 보더라도 국회동의 여부에 대한 판단을 순수하게 법리적인 측면에서 보는 것이 아니라 각 집단의 정치적인 입장을 먼저 고려하는 측면이 많기 때문으로 생각된다.[365]

한국정부가 통일논의를 하면서 간과해서 안 될 문제는 통일 후 남북한 간의 문화와 생활양식의 차이에 따른 문화적 충격에서 오는 후유증에도 대비해야 한다는 것이다. 1990년 동서독의 통일을 이룬 독일의 경우 동독주민들의 문화적 충격에 대비하여 사전에 민주교육과 시장경제에 대한 교육, 민주국가의 정치제도 등을 교육해 이러한 충격들을 완화시켰다.[366]

---

365) 김계홍, 앞의 논문, p.67.

한국의 통일정책은 미래를 향한 일관된 방향도 없이 집권정부의 논리와 각 정파의 입장에 따라 수시로 변화해 온 것이 큰 문제로 지적된다.[367] 국민적인 합의 도출은 도외시한 채 정부의 통일논의 과정만을 일방적으로 강조하고 진행시켜 온 것이다. 뿐만 아니라 독일과 같이 통일 후를 대비한 남북한 통합시나리오도 없고, 더욱이 통일비용에 대한 장기적인 프로그램도 없다.

그래서 본서에서는 정부의 통일방안 체계화에 대해 아래와 같이 제안하고자 한다. 첫째, 정부는 지금부터라도 국민이 납득할 수 있는 합리적이고 구체화된 통일정책을 만들어 북한과의 평화통일 방안에 대한 논의를 이끌어 내야 한다. 둘째, 정부는 국민의 신뢰를 얻어 낼 수 있는 체계적이고 일관성 있는 통일방안과 시나리오를 준비해 나가야 한다. 셋째, 정부는 한국 내에서 통일방안을 둘러싼 더 이상의 이념대결이나 불필요한 국론분열이 없도록 하기 위해 남북한이 서로 이행할 수 있는 統一條約의 제정에 노력해야 한다. 넷째, 남북한의 통일논의가 상호 법적 구속력을 갖고 연착륙이 가능하도록 구체적인 이행절차와 수순을 마련하여야 한다. 다섯째, 중국과 대만의 수십 년간에 걸친 교류과정에서 발생하는 헌정상의 충돌과 民商事상의 법률충돌 문제를 잘 파악하여 남북한에도 나타날 수 있는 여러 가지 법률충돌 문제에 대한 해결방안을 사전에 마

---

366) 行政院大陸委員會, 「統一後德國現況之研究」(1994), pp.67－71.

367) 김대중 전 대통령은 햇볕정책으로 대북지원사업을 지속한 결과 2000년 6월 13일부터 15일까지 남북정상회담을 이끌어 냈다. 노무현 전 대통령도 이를 이어받아 대북지원사업을 계속한 결과 2007년 10월 2일부터 4일까지 남북정상회담을 하였다. 그러나 현재 이명박 정부는 햇볕정책을 대북 퍼 주기 정책으로 주장하면서 1993년 김영삼 전 대통령시절 체결한 남북기본합의서를 대북정책의 기조로 주장하는 등 정권마다 각기 다른 개념의 통일정책을 시행하여 국민들을 혼란스럽게 만들고 있다.

련해야 할 것이다. 여섯째, 이러한 남북한 간의 통일논의와 준비과
정은 양안관계처럼 '호혜평등'과 '무력사용금지, 평화통일' 원칙을
준수해야 한다. 일곱째, 대만의 민의조사처럼 한국정부도 통일에
대한 국민 여론조사를 실시하고, 정확한 통일비용과 부담방식 등에
대해 국민적 이해를 구하는 데 인색하지 않아야 한다. 여덟째, 통
일 후 남북한의 공동시장개발과 단계별 왕래 등의 프로그램을 연
구해야 할 것이다.

제3절 소결

  중국과 대만은 분단 59년 만에 '三通'의 전면실시에 합의하는
등 양안 교류협력의 완성단계에 이르고 있다. 1979년 덩샤오핑의
개혁개방정책 이후 약 30년 만의 성과이다. 아직 대만 내부에서는
민진당 등의 반발이 있지만 중국과 대만은 통일을 위해 한 걸음 한
걸음 나아가고 있는 것은 분명하다. 다만 통일의 방식이 어떻게 이
루어질지는 예측하기 힘들다. 통일이란 과제가 예전과 같이 '國共
合作' 즉, 양안 정치지도자의 정치담판으로 이루어지기에는 현대사
회가 너무 발전해 있고, 민주적인 절차를 중요시하고 있기 때문이다.
  그런 점에서 양안의 지도자는 2008년 11월 4일 '三通'의 전면실
시 합의로 경제적인 통합에 더욱 관심을 갖게 됐으며, 정치문제는
서로가 의도적으로 회피할 것으로 예측된다. 중국 海協會 천원린
(陳云林) 회장의 대만방문 당시 정치문제를 배제한 것도 바로 이

때문이라 할 수 있다. 그래서 중국과 대만은 당분간 '三通'의 완성과 양안의 경제발전에 힘을 쏟을 것으로 보인다.

대만 경제학자들은 대만정부가 이번 '三通'의 전면실시 합의를 대만 경제발전의 기회로 삼아야 한다며 여러 가지 조언을 하고 있다. 첫째, 동아시아에서 3류 등급인 타오웬(桃園) 비행장의 확충과 항만 시설의 확충 등 공공기반 시설에 대한 투자를 집중하여야 한다. 둘째, 특구의 활성화를 통해 세계 華商들의 대만투자를 유도하고, 중국의 노동력 활용과 대만의 취업률을 높일 수 있는 산업을 육성하여야 한다. 셋째, 교육의 국제화와 고급 기술인력의 육성으로 시장경제를 효율적으로 작동하여야 한다. 넷째, 시대 변화에 맞는 법규범의 정비와 행정의 간소화로 주민들의 생활을 편리하게 하는 한편 상품의 표준화와 식품위생 등의 안전기준도 국제표준에 맞게 충실하게 준비해 나가야 한다[368]는 것 등이다.

지금까지 동북아에서는 한-일-대만 vs 중-북한의 세력구도였으나, 중국과 대만이 통일을 이루게 되면 이 세력구도는 미-일 vs 중-대만-북한의 구도로 크게 요동을 치면서 한국의 입지가 모호해질 것으로 우려된다. 한국 정부는 동아시아 국제질서가 최악의 구도로 변하지 않도록 노력해야 한다. 이 문제는 2008년 2월 취임한 이명박 정부가 최근 가까워진 중국과의 장기적인 관계설정을 잘해 나가고, 또 참여정부 이후 다소 소원해진 미국과의 동맹관계를 얼마나 복원하느냐에 따라 한국의 위상이 달라져 대북한 정책에 우위를 점할 수 있을 것으로 예측된다.

그런 점에서 이명박 대통령이 자원외교를 명분으로 중국과 '전략

---

368) 莊奕琦, "大三通的經濟戰略意義"(臺灣: 中國時報, 2008. 11. 5).

적 동반자' 관계를 설정하고, 러시아와도 협력관계를 모색한 것은 일단 방향적인 면에서는 올바른 선택이라고 하겠다. 이후 정부 각 부처에서 얼마나 구체적인 프로그램으로 이명박 정부의 자원외교를 뒷받침하느냐에 따라 한국의 국제적인 위상과 대북한 관계도 달라진다는 사실을 인식해야 하겠다.

미국 국가정보위원회(NIC)는 2008년 11월 20일 발표한 <2025년 세계적 추세 보고서>에서 2025년쯤 "한반도가 만약 단일국가로 통일되지 않는다면 느슨한 연방국가가 될 것"이라고 전망했다. 또 "북한의 비핵화를 위한 외교적 노력이 계속되겠지만 통일 시점에서 북한의 핵 시설 해체와 핵 개발 능력 제거는 불확실하다."고 덧붙였다. 그러나 통일한국은 "북한의 재건비용 부담 탓에 국제사회의 인정과 경제적 지원을 위하여 한반도 비핵화 전략을 펼 것이다."라고 예측하고 있다. 보고서는 또 "북한 같은 핵무기 보유국이 혼란스러운 정권 교체나 붕괴를 경험할 수 있다는 가능성 탓에 취약국가가 핵무기를 통제할 수 있는 능력에 대해 의문이 제기되고 있다."[369]고 밝혔다.

결국 한국은 동북아에서 '등거리 외교'를 구사하며, 실리를 극대화하는 전략이 필요하다. 그렇게 하려면 한국은 먼저 동아시아 국제질서에 영향을 미칠 수 있는 경제력이나 외교력을 갖춰야 한다. 또 한국이 지금 이상의 국제적 위상을 유지해 나가려면 중국과 대만의 통일 움직임보다 한발 먼저 남북한의 통일방안을 모색하고, 교류를 활성화하고 제도화해 나가는 것이 중요한 선결과제임을 알아야 하겠다.

---

369) "한반도 전망 – 통일되거나 느슨한 연방국가 가능성", 조선일보 A 4면(2008. 11. 22).

제6장

결 론

1. 양안의 과제

중국과 대만이 통일을 위해 현실적으로 해결해야 할 과제는 많이 있다. 양안의 교류협력 전 분야에서 나타날 수 있는 법률충돌 문제는 상호 합의하에 법률로 제정하면 해결이 되겠지만 실제로 중요한 것은 그동안 단절됐던 각종 문화와 제도, 생활양식의 차이를 극복하는 것이다. 이것은 중국과 대만이 동일한 中華思想의 뿌리를 갖고 있다는 점에서 매우 긍정적이다.

그러나 중요한 해결과제로는 첫째, 지금까지 서로 적대시해 온 자세를 변화시키는 것이다. 냉전시대는 이미 끝났다. 냉전을 이끌어 온 이데올로기 문제가 아직 상존하고는 있지만, 이제는 서로 적대시해 온 자세를 바꾸고 협력과 상생의 시대를 열어야 한다. 둘째, 그동안 양안이 통일의 토대를 쌓기 위해 추진해 온 관광, 학술, 문화교류는 통일 후에도 양안 주민의 화해를 위해 지속적으로 실시해야 할 대목이다. 셋째, 경제교류의 확대이다. 경제교류는 모든 교류의 기본으로 경제적인 협력이 이루어져야만 서로 이해할 수 있는 통로가 지속적으로 마련될 수 있을 것이기 때문이다. 양안의 경제는 남북한처럼 경제적인 격차가 크지 않고, 이제는 대만이 중국의 광대한 시장에 의존해야 하는 입장이어서 경제교류가 활성화되면 양측이 시너지효과를 크게 볼 수 있을 것으로 평가된다. 넷째, 해외 다른 나라로부터 신뢰를 얻는 것이다. 해외 다른 나라로부터 신뢰를 잃으면 중국의 국제이미지는 실추되고 진정한 세계대국이 되기 힘들다. 미국의 여론조사기관인 '퓨즈 서베이'가 2008년 8월 베이징올림픽을 앞두고 24개 나라를 대상으로 "중국은 앞으로 초강대국 미국을 대체할 것인가"라는 설문조사를 실시한 결과, '벌써 그래 왔다'와 '앞으로 그럴 것이다'라는 응답이 미국(36%)을 빼고는 모두 절반을 넘었다(프랑스 66%, 독일 61%, 스페인 57%, 영국 55%, 중국 58%). 하지만 흥미로운 사실은 세계 국가들은 '중국이 다른 나라를 고려하지 않는다'(프랑스 82%, 일본 79%, 영국 71%, 한국 68%)로 불만이 가득하다는 사실이다.[370]

중국은 이러한 세계국가들의 여론에 귀를 기울여야 한다. 사상과 이념의 잠에서 깨어나 성공 신화를 쓰고 있는 중국이 그동안의 실패에 대한 보상만 받으려 해서는 결코 대국이 될 수 없고, 잘못하면 세계국가들로부터 외교적으로 고립될 수도 있다는 사실에 주목해야 한다. 결국 중국이 대만과의 통일에만 집착하지 않고 외국의 다른 나라와도 화해와 협력, 공존의 시대를 만드는 데 앞장서면서 세계평화를 주도해야만 진정한 세계대국이 될 수 있다. 다섯째, 중국공산당과 대만 국민당 간에 협력의 시대를 여는 것이다. 전국인민대표대회에서 인민의 뜻을 받들어 모든 것을 결정하고 추인하는 중국의 지도체제는 20년이 넘는 사회주의 시장경제로의 개방과 교류확대에 힘입어 서서히 민주적으로 바뀌고 있다. 지방의 인민대회에도 중앙의 권한이 많이 이양되고 자치경제권이 인정되는 것도

---

370) 홍준호. "친절한 왕서방, 뻣뻣한 중국"(chosun.com, 2008. 8. 12).

바로 이 때문인 것이다.

여섯째, 중국이 대만의 정치적인 의견을 수용할 수 있도록 길을 열어 주는 방안을 검토해야 한다는 것이다. 즉, 중국 대륙 내 실질적인 다당제의 출현과 민주화에 발맞추어 국민당의 본토 진출을 허용하는 방안도 적극 검토해 볼 단계라고 판단된다. 그렇게 되면 양안의 통일문제는 자연스럽게 전체 중국의 내부 문제로 규정할 수 있고, 양안주민들의 민사상의 법률충돌 문제도 전국인민대표대회에서 보다 유연하게 조율하고 상호 간의 협력을 더욱 다져 나갈 수 있을 것이기 때문이다.

2. 양안통일의 전망

중국의 통일방안은 무엇인가? 중국은 대만에 대한 통일방안으로 평화통일과 무력해방 두 가지와 병행방식을 고려해 왔었다. 그래서 지금까지 중국은 평화통일의 기조에 중대한 문제가 발생했을 때 무력엄포 방식으로 대만과의 통일을 이루려 해 왔던 것도 사실이다. 그러나 오늘날 중국은 경제발전이 선진국 이상으로 이루어져 중국 인민들이 지금의 경제적인 향유를 깨뜨리면서까지 대만에 대한 무력해방 전쟁을 고집하지 않을 것은 분명하다. 특히 일당독재인 중국도 사회 민주화로 인하여 인민들의 여론을 일정부분 반영하지 않을 수 없는 사회에 도달해 있기 때문이다. 현재 중국의 경제력과 경제규모가 대만보다 월등하다는 점은 양안통일이 남북한 통일보다 훨씬 빨리 진행될 수 있는 가능성을 보여 주고 있다고 하겠다.

그 이유로는 첫째, 중국은 사회주의국가로서 자본주의 시장경제 체제를 받아들여 경제가 매우 활성화되고 있는 점을 들 수 있다. 그래서 대만과의 경제교류와 협력이 아무런 제약 없이 가능해졌다고 할 수 있다. 특히 중국 경제가 미국조차도 두려워할 만큼 강대해져, 이제는 오히려 대만이 중국의 경제규모를 어떻게 받아들이느냐가 관건이 될 것 같다. 최근에는 대만이 중국과의 경제교류 활성화로 인해 경제예속화가 이루어지면서 흡수통합이 되지 않을까 하는 두려움이 있는 것도 사실이다.

둘째, 양안의 지도부가 상호 간에 다른 체제문제의 융합에 대해 어떤 해결점을 찾아 나가느냐는 것이다. 양안 국민들은 수십 년 동안 냉전 상태에서 다른 체제와 문화, 생활양식 속에서 살아와 다소 어색한 점은 있겠지만 중국경제가 개방개혁의 흐름을 타고 비약적으로 발전하고 있고, 특히 대만과의 경제교류가 20년 이상 지속되어 왔기 때문에 통일로 인한 혼란과 충격은 우려하는 것보다 적을 것으로 전망된다.

셋째, 냉전시대 이후 양안의 정치체제는 극과 극을 달려 왔기 때문에 지금도 공동논의나 협의를 이끌어 낼 수 있는 입장이 아니지만 경제와 관련된 법과 제도는 얼마든지 가능하리라고 본다. 현재 중국과 대만은 상호 교류와 증진을 위해 ≪人的交流法≫과 ≪投資獎勵法≫ 등을 시행함으로써 교류규모도 해가 갈수록 커지고 있다.371) 때문에 향후 양안의 무역과 경제교류와 관련된 법률충돌 문제는 상사법과 무역법 등으로 얼마든지 상호 협력방안을 찾아 나

371) 王泰銓, 「香港基本法」(台北: 三民書局, 2002), pp.151 - 155.

갈 수 있을 것이다.[372] 다행히 2008년 3월 대만에서는 국민당의 마잉주가 총통으로 당선되면서 중국공산당과의 '제3차 국공합작'이라고 불릴 정도의 제안, 즉 '하나의 시장'을 위한 공동해결방안을 제안하고 나서 양안통일의 전망을 밝게 하고 있다. 이러한 분위기 속에 통일논의도 정치적인 문제인 '三通'이 해결되는 시점에 점차 활발하게 진행될 것으로 전망된다.

비록 지금은 체제가 다르고 국민들 사이의 사상과 이념의 차이가 크고 상호 이질적인 경제교류와 생활방식으로 인하여 여러 가지 법률적인 충돌이 있겠지만, 이 문제가 해결되면 양안의 통일은 9부 능선을 넘어선 것으로 판단된다. 현재 마잉주 총통과 후진타오 총서기 간에 추진 중인 '하나의 시장'이 상호 간 자유로운 경제활동으로 확대되었을 때 양안의 통일은 시간만 남은 문제로 평가된다.

마잉주 총통은 2005년 국민당 주석시절 "국민당 집권 후 2년 내 三通 완성을 지키겠다."는 의사를 표명한 바 있다. 마잉주 총통은 이와 관련하여 대륙정책을 보다 개방적이고, 상호 협력적인 방향으로 이끌어 가고 있다. 첫째, 현재 진행 중인 각종 교류업무가 각 지방정부에서도 불편이 없도록 양안의 사무연계를 강화하고 향후 정치협상에 지장이 없도록 준비한다. 둘째, 양안 간의 교육·문화 및 예술분야의 교류를 활성화하고 질적 향상도 도모한다. 셋째, 양안의 화폐교환 등 금융거래를 활성화하고 '小三通'의 왕래범위를 확대 조정한다. 넷째, 양안교류 질서를 위한 법제화를 실현하고 즉시 수정할 수 있도록 한다. 다섯째, 홍콩과 마카오 항만과의 교류를 활성화하고 비상시 서로 도울 수 있도록 한다. 여섯째, 인재를

---

372) 조동제, 앞의 책(2007), pp.322-323.

서로 파견하여 회계업무와 비서업무 등 좋은 제도는 교환하고 발전할 수 있도록 돕자는 것이다.[373] 다만 헌정상의 문제인 '하나의 중국'을 중국과 어떤 방식으로 해결하느냐가 과제로 남아 있다. 이 것은 대만보다 중국 대륙이 더 고민해야 할 과제로 판단된다. 중국 대륙과 대만의 통일은 매우 중대한 명제다. 이 문제는 세계의 주목을 받고 있고, 남북한 관계에도 큰 영향을 미칠 것은 분명하다. 통일을 이룬 중국이 과연 남북한의 통일에 얼마만큼 긍정적인 입장에서 중재자 역할을 하느냐는 것도 관심을 갖고 지켜볼 일이다. 미국과 일본, 러시아 등은 양안통일에 대해 이해득실을 따지며 변화과정을 지켜볼 것이다. 21세기 세계대국을 꿈꾸는 중국으로서는 미국과의 경쟁을 위해서라도 대만과의 통일논의는 지속적으로 진행하게 될 것이다.

양안은 2008년 11월 4일 대륙의 해협회 천윈린(陳雲林) 회장이 대만 해기회를 방문해 장빙쿤(張丙坤) 이사장과 '大三通'의 전면실시에 역사적인 합의를 했다. 또 이 합의는 12월 15일 양안 지도부의 열렬한 환호 속에 전격 실시됨으로써 중국과 대만은 이제 정치적 문제를 제외한 경제교류에 있어서는 일일 생활권 시대를 맞게됐다. '하나의 중국'에 대한 견해 차이는 있지만, 이제 대만에도 중국 대륙과 대화가 되는 마잉주 정부가 출범했기 때문에 서로 대화와 교류협력을 계속해 나가면 '一國兩制'에 의한 특별행정구든, 다른 어떤 방식이든 간에 우리가 생각하는 것보다 빠른 시일에 양안의 통일은 다가올 것으로 전망된다.

그러나 만약 중국이 자신의 힘만 믿고, 대만 국민들의 정서와 민

---

373) 大陸委員會, 「行政院大陸委員會 民國九十六年年報」(臺灣: 行政院, 2008.5), pp.30 - 37.

진당 당원들의 반발을 무시하거나, 주변국들의 여론 등 국제환경에 대한 고려를 등한시하여 국제사회로부터 외면을 당하는 일이 생긴다면 중국이 원하는 방향의 양안 통일과정은 보다 험난하고 늦어질 것으로도 예측된다.

〈표 6-1〉中國共産黨 各次全國代表大會와 中央領導人 一覽表

次別	場所	日時	産生的中央領導人 及其職務
1대	上海	1921년 7월 23일–31일	陳獨秀: 중앙집행위원회위원 겸 중앙국서기
2대	上海	1922년 7월 16일–23일	陳獨秀: 중앙집행위원회위원장
3대	廣州	1923년 6월 12일–20일	陳獨秀: 중앙집행위원회위원 겸 중앙국위원·위원장 毛澤東: 중앙집행위원회위원 겸 중앙국위원비서
4대	上海	1925년 1월 11일–22일	陳獨秀: 중앙집행위원회위원·중앙국위원·총서기 겸 중앙조직부주임
5대	武漢	1927년 4월 27일–5월 9일	陳獨秀: 중앙위원회위원 겸 중앙정치국위원·총서기 周恩來: 중앙위원회위원·중앙정치국위원·비서장 겸 중앙군사부부장
6대	모스크바 (莫斯科)	1928년 6월 18일–7월 11일	向忠發: 중앙위원회위원 겸 중앙정치국위원·상위·주석 周恩來: 중앙위원회위원·중앙정치국위원·비서장 겸 중앙조직부부장
7대	延安	1945년 4월 23일–6월 11일	毛澤東: 중앙위원회위원·중앙정치국위원·중앙서기처서기·주석 任弼時: 중앙위원회위원·중앙정치국위원·중앙서기처서기·중앙비서장
8대	北京	1956년 9월 15일–27일	毛澤東: 중앙위원회위원·중앙정치국위원·상위·주석 劉少奇: 중앙위원회위원·중앙정치국위원·상위·부주석 鄧小平: 중앙위원회위원·중앙정치국위원·상위·중앙서기처서기·총서기

次別	場所	日時	産生的中央領導人及其職務
9대	北京	1969년 4월 1일－24일	毛澤東: 중앙위원회위원·중앙정치국 위원·상위·주석 林彪 : 중앙위원회위원·중앙정치국위원 상위·부주석
10대	北京 北京	1973년 8월 24일－28일 1973년 8월 24일－28일	粉碎「사인방」前(1976년 10월 前) 毛澤東: 중앙위원회위원·중앙정치국 위원·상위·주석 粉碎「사인방」後(1976년 10월 後) 華國鋒: 중앙위원회위원·중앙정치국 위원·상위·주석 葉劍英: 중앙위원회위원·중앙정치국 위원·상위·부주석 鄧小平: 중앙위원회위원·중앙정치국 위원·상위·부주석
11대	北京	1977년 8월 12일－18일	「11차3중전회」(1978. 12. 18－22) 前 華國鋒: 중앙위원회위원·중앙정치국 위원·상위·주석 「11차3중전회」後「11차6중전회」前 華國鋒: 중앙위원회위원·중앙정치국 위원·상위·주석 胡耀邦: 중앙위원회위원·중앙정치국 위원·상위·중앙서기처서기·총서기 「11차6중전회」(1981. 6. 27－29) 後 胡耀邦: 중앙위원회위원·중앙정치국 위원·상위·주석 겸 중앙서기처서기·총서기 鄧小平: 중앙위원회위원·중앙정치국 위원·부주석·중앙군사위원회주석
12대	北京	1982년 9월 1일－11일	胡耀方: 중앙위원회위원·중앙정치국 위원·상위·총서기 鄧小平: 중앙위원회위원·중앙정치국 위원·중앙군사위원회주석 겸 중앙고문위원회주임 陳雲: 중앙위원회위원·중앙정치국 위원·중앙기율검사위원회제1서기
13대	北京	1987년 1월 25일－11월1일	「13차4중전회」(1989. 6. 23－24) 前 趙紫陽: 중앙위원회위원·중앙정치국 위원·총서기 중앙군사위원회 제1부수석 鄧小平: 중앙군사위원회 주석 陳雲: 중앙고문위원회 주임 喬石: 중앙위원회위원·중앙정치국 위원·중앙기율검사위원회서기 겸 중앙당교교장(1984. 4. 11 겸임)

次別	場所	日時	産生的中央領導人及其職務
			「13차4중전회」(1989. 6. 23－24) 後 江澤民: 중앙위원회위원 · 중앙정치국 위원 · 총서기 겸 중앙군사위원회 주석(1989. 11. 9 後 겸임)
14대	北京	1992년 10월 12일－18일	江澤民: 중앙위원회위원 · 중앙정치국 위원 · 상위 · 총서기 중앙군사위원회주석
15대	北京	1997년 9월 12일－19일	江澤民: 중앙위원회위원 · 중앙정치국 위원 · 총서기 중앙군사위원회주석
16대	北京	2002년 11월 8일－14일	「16차4중전회」(2004. 9. 16－19) 前 胡錦濤: 중앙위원회위원 · 중앙정치국 위원 · 상위 · 총서기 중앙군사위원회 주석 江澤民: 중앙군사위원회 주석 「16차4중전회」(2004. 9. 16－19) 後 胡錦濤: 중앙군사위원회위원 · 중앙정치국위원 · 상 위 · 총서기 중앙군사위원회주석
17대	北京	2007년 10월 15일－21일	胡錦濤: 중앙위원회총서기 · 국가주석 중앙군사위원회주석 국가중앙군사위원회주석

* 출처: 「中國研究導論」 下輯(臺灣: 行政院大陸委院會), 2007年 12月 참조.

<표 6-2> 中國－臺灣 交流協力 提議年表

(2008年 12月 現在)

중국	년도	대만
全人大 상무위, '三通四流' 제의	1979	장징궈(蔣經國) 총통 '三不政策' 천명
예젠잉(葉劍英) 전인대 상무위원장 '三通四流' 재촉구	1981	
대만동포의 경제특구 투자에 관한 특혜규정	1983	
	1984	1,000여 개 중국 상품에 대한 중개무역 개방. '중국, 台北' 명칭으로 국제체육대회 참가.
	1985	중국과의 간접무역 허가
대만동포 중국방문에 관한 통지 발표 대만학생 중국 내 학교 진학에 관한 규정발표	1987	계엄령 해제 대륙 내 친지방문 허용
대만동포 투자장려규정 제정	1988	민간, 간접, 일방적인 문화, 체육, 학술, 경제무역교류 허용
	1990	해협교류기금회 설치

중국	년도	대만
해협양안관계협회, 양안 경제교류 5원칙 발표 중국국민의 대만 왕래관리조례 제정	1991	대륙과의 직항에 대비, 지롱, 가오슝, 타이중, 화롄을 직항구로 지정
	1992	제3국 경유하지 않는 중국투자 허가 대만지구대륙지구 인민관계조례 제정
중국은행, 대만기업에 융자	1993	해협회－해기회 汪辜會談 개최
대만동포투자법 제정	1994	제3국 통한 直航 시험적 허용
江8點(江8條) 제의 푸젠 성 부시장, '小三通' 실현을 위해 30개 도서를 대만에 개방발표	1995	李6條 제의
양안 간 화물관리조례 제정 양안 간 화물운수대리업관리조례 제정	1996	'戒急用忍'정책발표 진먼현, 정부에 小三通 실시건의 타이중현, 직항추진대표단 푸젠 성에 파견
푸저우, 샤먼, 가오슝, 타이중港 직접교역항구로 개설합의	1997	
	2000	입법원, 전방도서에 한해 直航 허용 小三通 법안 통과 진먼현 의회대표단, 小三通 협의차 푸젠 성 샤먼 방문
	2001	행정원, 1월 1일부터 小三通 개방 발표
대만계 은행 중국 내 지점개설 인가 三通을 국가 내부사무로 취급 시 '하나의 중국' 不固守 제의	2002	
해협회, 해기회에 의료용품 제공 제의	2003	春節 기간 중 중국－대만 전세기 직항 허용
중국거주 대만인에 대한 중국－대만 왕래절차 간소화 조치	2004	진먼섬 인근 6개 섬 대만군인 철수 관광객에 개방계획 발표
대만 국민당 주석 롄잔(連戰) 중국 후진타오(胡錦濤) 주석 방문 '兩岸共同市場' 제안	2005	
	2006	천수이벤(陳水扁) 민주당 총통 '대만독립' 주장
천윈린(陳雲林) 해협회 회장 대만방문 60년 만에 國共 3차회담 개최 '三通' 전면실시 합의 및 시행	2008	롄잔 前 주석 베이징올림픽 방문 마잉주(馬英九) 국민당 총통 당선 親중국정책 선언 '三通' 전면실시 합의 및 시행

* 출처: 國務院台灣事務辦公室, 「中國台灣問題外事人員讀本」(九州出版社, 2006), pp.288－299. 참조.
최은석, 「남북한과 중국·대만의 교류협력법」(한국학술정보, 2006), p.407. 참조.

부 록

〈부록-1〉 중국의 대대만 교류협력 관련법규

[人的交流 法制]

1. 中華人民共和國公民出境入境管理法(1985. 11. 22)

2. 臺灣同胞祖國大陸親戚訪問旅行辦法(1987. 10. 16)

3. 臺灣同胞大陸親戚訪問旅行與具體的辦法與注意事項(1987. 10. 22)

4. 中國公民的臺灣地區往來管理辦法(1991. 12. 17)

5. 中華人民共和國公民出境入境管理法實施細則(1994. 7. 13)

[物的交流(經濟合作：通商)法制]

1. 告臺灣同胞書(1978. 1. 1)

2. 臺灣同胞的經濟特區投資特別優待辦法(1983. 4. 5)

3. 臺灣同胞投資獎勵的規定(1987. 10. 22)

4. 中華人民共和國臺灣同胞投資保護法(1994. 3. 5)

5. 中華人民共和國臺灣同胞投資保護法實施細則(1999. 12. 5)

[外國人投資 關聯法規]

1. 關於設立外商投資創業企業的暫行規定(2001. 9. 1)

2. 設立外商投印刷業企業暫行規定(2002. 1. 29)

3. 外國人投資方向指導暫定規定(※ 1995. 6. 20. 2002. 2. 26 廢止)

4. 外國人投資方向指導規定(2002. 4. 1)

5. 外國人投資獎勵的規定(1987. 10. 11)

6. 外商投資國際貨物運輸代理企業管理規定(2002. 1. 1)

7. 外商投資道路運輸業管理規定(2001. 11. 20)

8. 外商投資電信企業管理規定(2002. 1. 1)

9. 外商投資租貨公司審批管理暫定規定(2001. 9. 1)

10. 中外合資中外合作職業介紹機構設立管理暫行規定(2001. 12. 1)

11. 中華人民共和國外資企業法(1986. 4. 12)

12. 中華人民共和國中外合資經營企業法(1979. 7. 1)

13. 中華人民共和國中外合作經營企業法(1988. 4. 13. 2000. 10. 31)

14. 中華人民共和國中外合作經營企業法實施細則(1995. 9. 4. 1995. 8. 7 改正)

15. 中華人民共和國外資金融機構管理條例(2002. 2. 1)

16. 中華人民共和國外資保險公司管理條例(2002. 2. 1)

〈부록-2〉 대만의 대중국 교류협력 관련법규

[組織目]

1. 國家統一委員會設置要點(民國 86. 10. 3)
2. 行政院大陸委員會組織條例(民國 86. 1. 22)
3. 行政院大陸委員會諮詢委員遴聘及集會辦法(民國 80. 5. 10)
4. 行政院大陸委員會顧問遴聘辦法(民國 81. 1. 24)
5. 行政院大陸委員會會議規則(86. 12. 10)
6. 行政院大陸委員會業務協調會報設置要點(民國 80. 1. 28)
7. 大陸事務財團法人設立許可及監督基準(民國 80. 5. 10)
8. 財團法人海狹交流基金會組織規定(民國 80. 2. 26)
9. 財團法人海狹交流基金會捐助槪組織章程(民國 85. 12. 13)
10. 行政院大陸委員會辦事細則(民國 82. 9. 15)
11. 受託處理大陸事務財團法人訂定協議處理準則(民國 83. 1. 17)
12. 中華發展基金收支保管及運用辦法(民國 92. 4. 8)
13. 公務員轉任受託處理大陸事務機構轉任方式回任年資採計方式職等核敍及其他應遵行事項辦法
    (民國 93. 4. 27)
14. 行政院大陸委員會香港事務局組織規定(民國 91. 5. 8)
15. 行政院大陸委員會澳門事務處組織規定(民國 88. 4. 6)
16. 行政院大陸委員法政會報設置要點(民國 88. 10. 27)
17. 臺北市政府大陸小組設置要點(民國 90. 8. 2)
18. 高雄市政府大陸小組設置要點(民國 92. 3. 24)
19 臺中市外的與大陸配偶照顧輔導措施專案小組設置要點(民國 92. 11. 14)
20. 金門縣外籍與大陸配偶照顧輔導專案小組設置要點(民國 93. 2. 25)

[基本法規目]

1. 臺灣地區與大陸地區人民關係條例(民國 92. 10. 29)
2. 臺灣地區與大陸地區人民關係條例實施細則(民國 92. 10. 29)
3. 行政院大陸委員會專案研究作業要點(民國 85. 1. 12)
4. 香港澳門關係條例(民國 92. 10. 29)
5. 香港澳門關係條例實施細則(民國 92. 10. 29)
6. 行政院大陸委員會香港事務局辦事細則(民國 86. 7. 1)
7. 行政院大陸委員會澳門事務處辦事細則(民國 89. 1. 13)
8. 國家統一綱領(民國 80. 3. 14)
9. 支援大陸民主運動措置(民國 78. 6. 15)
10. 行政院委託民間團體辦理大陸事務要點(民國 79. 11. 26)

11. 滯留大陸臺籍前國軍人員及眷屬返臺定居申請作業規定(民國 78. 11. 10)

12. 國軍退除役官兵死亡暨遺留財物處理辦法(民國 71. 3. 3)

13. 滯留大陸臺籍同胞返臺探親申請作業規定(民國 80. 5. 9).

14. 現階段政府機關技工, 工友 清潔隊員及申公營事業機構工人越大陸地區探親申請要點(民國 79. 2. 2)

15. 因作戰惑執行特種任務被俘前國軍官兵及眷屬申請來臺定居作業規定(民國 79. 5. 16)

16. 臺灣地區各級民意代表越大陸地區探親及訪問申請作業規定(民國 79. 5. 31)

17. 臺灣地區各級民意代表越大陸地區探親及訪問申請要點(民國 80. 8. 15)

18. 現階段公務人員在大陸親屬來臺探親申請作業規定(民國 79. 5. 26)

19. 現階段公務人員越大陸地區探病・奔喪申請作業規定(民國 79. 9. 6)

20. 現階段公務人員越大陸地區探病・奔喪申請作業要點(民國 80. 3. 21)

21 核准來臺大陸同胞填報脫離原參加組織規定(民國 79. 7. 12)

22. 大陸地區專業人事來臺從事專業活動許可辦法(民國 91. 6. 20)

23. 大陸地區專業人事來臺從事專業活動邀請單位及應備具之申請文件表(民國 92. 10. 23)

24. 大陸地區人民及香港澳門居民強制出境處理辦法(民國 93. 3. 15)

25. 香港澳門居民進入臺灣地區及居留定居許可辦法(民國 91. 6. 10)

26. 香港澳門專業人事上申請在臺灣地區居留資格審核表(民國 88. 8. 18)

27. 大陸地區人民及香港澳門居民入出境許可證件規費收費標準(民國 90. 11. 15)

28. 大陸地區人民及香港澳門居民收容處所設置及管理辦法(民國 93. 3. 15)

[交通(通航)規定目]

1. 改進郵寄大陸地區信件措置(民國 78. 6. 15)

2. 郵寄大陸地區函件處理要點(民國 79. 3. 27)

3. 開放臺灣地區與大陸地區民眾間接通話(報)措置(民國 78. 6. 7)

4. 開放開放臺灣地區與大陸地區民眾間接通話(報)實施辦法(民國 78. 11. 21)

5. 臺灣地區與大陸地區民用航空運輸業間接聯運許可辦法(民國 93. 2. 28)

6. 大陸信件處理要點(民國 82. 1. 27)

7. 金門縣旅行業接待大陸地區人民組團進入金門地區旅行管理辦法(民國 91. 7. 12)

[兩岸及香航協議目]

1. 兩會聯繫與會談制度協議(民國 82. 5. 24)

2. 汪辜會談共同協議(民國 82. 5. 24)

3. 金門協議(民國 79. 9. 12)

4. 兩會商定會務人員入出境往來便利辦法(民國 83. 8. 24)

5. 兩岸公證青使用查證協議(民國 82. 5. 24)

6. 兩岸掛號函件查詢補償事宜協議(民國 82. 5. 24)

7. 行政院大陸委員會駐港澳機構與國內各機關行文作業要點(民國 90. 11. 23)

8. 行政院大陸委員會派駐港澳同仁定期回國述作職實施要點(民國 93. 1. 2)

*출처: 臺灣 行政院大陸委員會,「大陸事務法規編」修訂7판(2007) 참조.
최은석, 앞의 책, pp.398 – 406. 참조.

〈부록-3〉 북한의 대남교류협력 관련법규

(2005년 7월 31일 기준)

[對南交流協力 關聯法規]
1. 조선민주주의인민공화국 북남경제협력법(2005. 7. 6)
2. 조선민주주의인민공화국 개성공업지구법(2002. 11. 20)
3. 조선민주주의인민공화국 개성공업지구 개발규정(2003. 4. 24)
4. 조선민주주의인민공화국 개성공업지구 기업창설 운영규정(2003. 4. 24)
5. 조선민주주의인민공화국 개성공업지구 세금규정(2003. 9. 18)
6. 조선민주주의인민공화국 개성공업지구 로동규정(2003. 9. 18)
7. 조선민주주의인민공화국 개성공업지구 관리기관 설립운영규정(2003. 12. 11)
8. 조선민주주의인민공화국 개성공업지구 출입·체류·거주규정(2003. 12. 11)
9. 조선민주주의인민공화국 개성공업지구 세관규정(2003. 12. 11)
10. 조선민주주의인민공화국 개성공업지구 외환관리규정(2004. 2. 25)
11. 조선민주주의인민공화국 개성공업지구 광고규정(2004. 2. 25)
12. 조선민주주의인민공화국 개성공업지구 부동산규정(2004. 7. 29)
13. 조선민주주의인민공화국 개성공업지구 보험규정(2004. 9. 21)
14. 조선민주주의인민공화국 개성공업지구 기업재정규정(2005. 6. 28)
15. 조선민주주의인민공화국 개성공업지구 회계규정(2005. 6. 28)
16. 조선민주주의인민공화국 금강산관광지구법(2002. 11. 13)
17. 조선민주주의인민공화국 금강산관광지구 개발규정(2003. 5. 12)
18. 조선민주주의인민공화국 금강산관광지구 기업창설규정(2003. 5. 12)
19. 조선민주주의인민공화국 금강산관광지구 관리기관 설립운영규정(2004. 4. 29)
20. 조선민주주의인민공화국 금강산관광지구 세관규정(2004. 4. 29)
21. 조선민주주의인민공화국 금강산관광지구 출입·체류·거주규정(2004. 4. 29)
22. 조선민주주의인민공화국 금강산관광지구 로동규정(2004. 5. 6)
23. 조선민주주의인민공화국 금강산관광지구 외환관리규정(2004. 5. 6)
24. 조선민주주의인민공화국 금강산관광지구 광고규정(2004. 5. 6)
25. 조선민주주의인민공화국 금강산관광지구 부동산규정(2004. 9. 21)

[經濟開放法規]
1. 조선민주주의인민공화국 자유경제무역지대법(1993. 1. 31)
2. 조선민주주의인민공화국 라진-선봉경제무역지대법(1999. 2. 26)
3. 조선민주주의인민공화국 신의주특별행정구기본법(2002. 9. 12)
4. 조선민주주의인민공화국 라진-선봉경제무역지대 중계임자대리업무규정(1999. 3. 21)
5. 조선민주주의인민공화국 라진-선봉경제무역지대 통계규정(1999. 3. 6)
6. 조선민주주의인민공화국 외국기술도입규정(1996. 8. 11)
7. 조선민주주의인민공화국 외국인투자기업 부기검증규정(1996. 7. 15)
8. 조선민주주의인민공화국 외국인투자기업 등록규정(1999. 3. 21)
9. 조선민주주의인민공화국 외국인투자기업 로동규정(1999. 5. 8)
10. 조선민주주의인민공화국 외국인투자기업 명칭제정규정(1999. 3. 13)
11. 조선민주주의인민공화국 외국인투자기업 부기계산규정(1995. 12. 4)
12. 조선민주주의인민공화국 외국투자은행 부기계산규정(1996. 7. 15)
13. 조선민주주의인민공화국 임대토지부착물의 이전보상규정(1996. 12. 30)
14. 조선민주주의인민공화국 자유경제무역지대 가격규정(1996. 9. 1)
15. 조선민주주의인민공화국 자유경제무역지대 가공무역규정(1996. 2. 14)

16. 조선민주주의인민공화국 자유경제무역지대 가내편의봉사업규정(1997. 4. 12)
17. 조선민주주의인민공화국 자유경제무역지대 건물양도 및 저당규정(1995. 8. 30)
18. 조선민주주의인민공화국 자유경제무역지대 경계통행검사규정(1996. 7. 15)
19. 조선민주주의인민공화국 자유경제무역지대 공업지구개발 및 경영규정(1996. 4. 30)
20. 조선민주주의인민공화국 자유경제무역지대 관광규정(1996. 7. 15)
21. 조선민주주의인민공화국 자유경제무역지대 광고규정(1996. 4. 30)
22. 조선민주주의인민공화국 자유경제무역지대 국경검역규정(1996. 6. 18)
23. 조선민주주의인민공화국 자유경제무역지대 국내투자기업창설 및 운영규정(1997. 5. 17)
24. 조선민주주의인민공화국 자유경제무역지대 기업소관리운영규정(1996. 11. 23)
25. 조선민주주의인민공화국 자유경제무역지대 세관규정(1995. 6. 28)
26. 조선민주주의인민공화국 자유경제무역지대 외국기업 상주대표사무소규정(1997. 2. 21)
27. 조선민주주의인민공화국 자유경제무역지대 외국인체류 및 거주규정(1994. 6. 14)
28. 조선민주주의인민공화국 자유경제무역지대 외국인출입규정(1993. 11. 29)
29. 조선민주주의인민공화국 자유경제무역지대 외국인투자기업 공인조각 및 등록규정(1993. 11. 29)
30. 조선민주주의인민공화국 자유경제무역지대 외국투자가대리인규정(1996. 7. 15)
31. 조선민주주의인민공화국 자유경제무역지대 자동차등록규정(1996. 7. 15)
32. 조선민주주의인민공화국 자유경제무역지대 조선원대부규정(1997. 4. 12)
33. 조선민주주의인민공화국 자유경제무역지대 중계무역규정(1996. 7. 15)
34. 조선민주주의인민공화국 자유경제무역지대 청부건설규정(1996. 7. 15)
35. 조선민주주의인민공화국 자유경제무역지대 화폐류통규정(1996. 7. 15)
36. 조선민주주의인민공화국 자유무역규정(1994. 4. 28)
37. 조선민주주의인민공화국 토지・건물의 출자규정(1996. 12. 30)

〈부록-4〉 남북관계발전에 관한법률

[제정 2005. 12. 29 법률 제7763호]

제1장 총칙
제1조(목적) 이 법은 「대한민국헌법」이 정한 평화적 통일을 구현하기 위하여 남한과 북한의 기본적인 관계와 남북관계의 발전에 관하여 필요한 사항을 규정함을 목적으로 한다.

제2조(기본원칙) ① 남북관계의 발전은 자주·평화·민주의 원칙에 입각하여 남북공동번영과 한반도의 평화통일을 추구하는 방향으로 추진되어야 한다.
② 남북관계의 발전은 국민적 합의를 바탕으로 투명과 신뢰의 원칙에 따라 추진되어야 하며, 남북관계는 정치적·파당적 목적을 위한 방편으로 이용되어서는 안 된다.

제3조(남한과 북한의 관계) ① 남한과 북한의 관계는 국가 간의 관계가 아닌 통일을 지향하는 과정에서 잠정적으로 형성되는 특수관계이다.
② 남한과 북한 간의 거래는 국가 간의 거래가 아닌 민족 내부의 거래로 본다.

제4조(정의) 이 법에 사용되는 용어의 정의는 다음과 같다.
① '남북회담대표'라 함은 특정한 목적을 위하여 정부를 대표하여 북한과의 교섭 또는 회담에 참석하거나 남북합의서에 서명 또는 가서명하는 권한을 가진 자를 말한다.
② '대북특별사절'이라 함은 북한에서 행하는 주요 의식에 참석하거나 특정한 목적을 위하여 정부의 입장과 인식을 북한에 전하거나 이러한 행위와 관련하여 남북합의서에 서명 또는 가서명하는 권한을 가진 자를 말한다. ③ '남북합의서'라 함은 정부와 북한 당국 간에 문서의 형식으로 체결된 모든 합의를 말한다.

제5조(다른 법률과의 관계) 이 법 중 남북회담대표, 대북특별사절 및 파견공무원에 관한 규정은 다른 법률에 우선한다.

제2장 남북관계 발전과 정부의 책무
제6조(한반도 평화증진) ① 정부는 남북화해와 한반도의 평화를 증진시키기 위하여 노력한다. ② 정부는 한반도 긴장완화와 남북한 간 정치·군사적 신뢰구축을 위한 시책을 수립·시행한다.

제7조(남북경제공동체 구현) ① 정부는 민족경제의 균형적 발전을 통하여 남북경제공동체를 건설하도록 노력한다. ② 정부는 남북경제협력을 활성화하고 이를 위한 제도적 기반을 구축하는 등 남한과 북한 공동의 이익을 증진시키기 위한 시책을 수립·시행한다.

제8조(민족동질성 회복) ① 정부는 사회문화 분야의 교류협력을 활성화함으로써 민족동질성을 회복하도록 노력한다. ② 정부는 지방자치단체 및 민간단체 등의 교류협력을 확대·발전시켜 남북한 간 상호 이해를 도모하고 민족의 전통문화 창달을 위한 시책을 수립·시행한다.

제9조(인도적 문제해결) ① 정부는 한반도 분단으로 인한 인도적 문제해결과 인권개선을 위하여 노력한다. ② 정부는 이산가족의 생사·주소확인, 서신교환 및 상봉을 활성화하고 장기적으로 자유로운 왕래와 접촉이 가능하도록 시책을 수립·시행한다.

제10조(북한에 대한 지원) ① 정부는 인도주의와 동포애 차원에서 필요한 경우 북한에 대한 지원을 할 수 있다. ② 정부는 북한에 대한 지원이 효율적이고 체계적이며 투명하게 이루어질 수 있도록 종합적인 시책을 시행한다.

제11조(국제사회에서의 협력증진) 정부는 국제기구나 국제사회 등을 통하여 필요한 재원을 안정적으로 확보하기 위하여 노력한다.

제12조(재정상의 책무) 정부는 이 법에 규정된 정부의 책무를 이행하기 위하여 필요한 재원을 안정적으로 확보하기 위하여 노력한다.

제13조(남북관계발전 기본계획의 수립) ① 정부는 남북관계발전에 관한 기본계획(이하 '기본계획'이라 한다.)을 5년마다 수립하여야 한다.
② 기본계획은 통일부장관이 남북관계발전위원회의 심의를 거쳐 이를 확정한다. 다만, 수반되는 기본계획은 국회의 동의를 얻어야 한다.
③ 기본계획에는 다음 각 호의 사항이 포함되어야 한다.
1. 남북관계 발전의 기본방향
2. 한반도 평화증진에 관한 사항
3. 남한과 북한 간 교류·협력에 관한 사항
부에 남북관계발전4. 그 밖에 남북관계발전에 필요한 사항
④ 통일부장관은 관계 중앙행정기관의 장과 협의를 거쳐 기본계획에 따른 연도별 시행계획을 수립하여야 한다. ⑤ 기본계획 및 연도별 시행계획을 수립한 경우 통일부장관은 이를 국회에 보고하여야 한다.

제14조(남북관계발전위원회) ① 기본계획, 그 밖에 남북관계발전을 위한 중요사항을 심의하기 위하여 통일
위원회(이하 "위원회"라 한다.)를 둔다.
② 위원회는 위원장 1인을 포함하여 25인 이내의 위원으로 구성하며, 제3항 제2호의 위원의 임기는 2년으로 한다.
③ 위원장은 통일부장관이 되고, 위원은 다음 각 호의 자가 된다. 다만, 제2호의 위원 중 7인은 국회의 장이 추천하는 자로 한다.
1. 대통령령이 정하는 관계중앙행정기관의 차관급 공무원
2. 남북관계에 대한 전문지식 및 경험이 풍부한 자 중에서 위원장이 위촉하는 자
④ 위원회에 간사 1인을 두되, 간사는 통일부 소속 공무원 중에서 위원장이 지명하는 자가 된다.
⑤ 위원회의 구성·운영 등에 관하여 필요한 사항은 대통령령으로 정한다.

제3장 남북회담 대표 등
제15조(남북대표회담의 임명 등) ① 북한과 중요한 사항에 관하여 교섭 또는 회담에 참석하거나 중요한 남북합의서에 서명 또는 가서명하는 남북대표회담의 경우에는 통일부장관이 관계기관의 장과 협의한 후 제청하고 국무총리를 거쳐 대통령이 임명한다.
② 통일부장관은 북한과의 교섭 또는 회담 참석, 남북합의서의 서명 또는 가서명에 있어 남북회담대표가 된다.
③ 제1항 및 제2항의 경우를 제외한 남북회담대표는 통일부장관이 임명한다.
④ 대북특별사절은 대통령이 임명한다.
⑤ 2인 이상의 남북대표회담 또는 대북특별사절을 임명할 경우에는 서열을 정하고 수석남북회담대표 또는 수석대북특별사절을 지정하여야 한다.
⑥ 그 밖에 남북회담대표 및 대북특별사절을 임명 등에 관하여 필요사항은 대통령령으로 정한다.

제16조(공무원의 파견) ① 정부는 남북관계의 발전을 위하여 필요한 경우 공무원을 일정기간 북한에 파견하여 근무하도록 할 수 있다.
② 공무원의 파견과 근무 등에 관하여 필요한 사항은 대통령령으로 정한다.

제17조(정부를 대표하는 행위금지) 이 법에 의하지 아니하고는 누구든지 정부를 대표하여 다음 각 호의 어느 하나에 해당하는 행위를 할 수 없다.
1. 북한과 교섭 또는 회담하는 행위
2. 북한의 주요 의식에 참석하는 행위
3. 북한에 정부의 입장과 인식을 전달하는 행위
4. 남북합의서에 서명 또는 가서명하는 행위

제18조(지휘·감독 등) ① 통일부장관은 남북대표회담 및 파견공무원의 임무수행, 남북회담 운영에 관하여 필요한 지휘·감독을 한다.
② 남북회담대표 및 파견공무원의 임무수행, 남북회담 운영 등 그 밖에 필요한 사항은 대통령령으로 정한다.

제19조(공무원이 아닌 남북회담대표 등에 대한 예우) 정부는 공무원이 아닌 자를 남북대표회담 또는 대북특별사절로 임명한 때에는 대통령령에 의하여 예우를 하고 수당을 지급할 수 있다.

제20조(벌칙 적용에 있어서의 공무원 의제) 공무원이 아닌 자가 남북대표회담 또는 대북특별사절로 임명되어 이 법에 의한 직무를 수행하는 때에는 「형법」 제127조 및 제129조 내지 132조의 적용에 있어서는 이를 공무원으로 본다.

제4장 남북합의서 체결
제21조(남북합의서의 체결·비준) ① 대통령은 남북합의서를 체결·비준하며, 통일부장관은 이와 관련된 대통령의 업무를 보좌한다.
② 대통령은 남북합의서를 비준하기에 앞서 국무회의 심의를 거쳐야 한다.
③ 국회는 국가나 국민에게 중대한 재정적 부담을 지우는 남북합의서 또는 입법사항에 관한 남북합의서의 체결·비준에 대한 동의권을 가진다.
④ 대통령은 이미 체결·비준한 남북합의서의 이행에 관하여 단순한 기술적·절차적 사항만을 정하는 남북합의서는 남북대표회담 또는 대북특별사절의 서명만으로 발효시킬 수 있다.

제22조(남북합의서의 공포) 제21조의 규정에 의하여 국회의 동의 또는 국무회의 심의를 거친 남북합의서는 「법령 등 공포에 관한 법률」 제21조 규정에 따라 대통령이 공포한다.

제23조(남북합의서의 효력범위 등) ① 남북합의서는 남한과 북한 사이에 한하여 적용한다.
② 대통령은 남북관계에 중대한 변화가 발생하거나 국가안전보장, 질서유지 또는 공공복리를 위하여 필요하다고 판단될 경우에는 기간을 정하여 남북합의서 효력의 전부 또는 일부를 정지시킬 수 있다.
③ 대통령은 국회의 체결·비준 동의를 얻은 남북합의서에 대하여 제2항의 규정에 따라 그 효력을 정지시키고자 하는 때에는 국회의 동의를 얻어야 한다.

부칙〈제7763호, 2005. 12. 29〉
① (시행령) 이 법은 공포한 후 6개월이 경과한 날부터 시행한다.
② (경과조치) 이 법 시행 전에 국회의 동의를 받아 체결·비준한 남북합의서는 이 법에 의한 남북합의서로 본다.

참 고 문 헌

1. 국내문헌

가. 단행본

강구진, 북한법의 연구, 서울: 박영사(1975).

김원길, 21세기 중국 사로잡기, 인천: 참벗(2003).

김학준, 한국전쟁 – 원인·과정·휴전·영향, 서울: 박영사(1989).

김희영, 이야기 중국사 제3권, 서울: 청아출판사(1991).

라서경·려정조,   서안사변과   주은래동지,   북경: 민족출판사(조선
    판)(1979).

문흥호, 양안관계연구, 서울: 나남출판(2000).

양승윤 외, 동남아 중국관계론, 서울: 한국외대출판부(2003).

윤진기, 중국중재제도, 경남대학교출판부(1998).

이계희, 중국정치학과 중국정치, 서울: 풀빛(2002).

이상우, 중공의 새진로, 서울: 법문사(1986).

이익희·임대근 등, 한권으로 읽는 중국, 서울: 일빛(2004).

정인갑, 중국문화, COM, 서울: 다락원(2003).

정재호, 중국정치연구론, 서울: 나남출판(2000).

조동제, 중국 – 경영법률과 실무, 서울: 한국재정경제연구소(2006).

중국학회, 중국 체제개혁의 정치경제, 서울: 21세기 북스(1999).

나. 연구논문

강석찬, 中國의 一國家 二制度論과 臺灣의 新大陸政策, 中國研究 第
　　7卷, 건국대학교 중국문제연구소(1988).

고일동, 남북경협 활성화를 위한 정책대안 모색, 북한경제리뷰, KDI 북
　　한경제팀(1999. 4).

김현우, 兩岸法律衝突問題와 兩岸關係法, 法制研究, 한국국제연구원
　　(1994).

나복혜, 대만해협양안과 한반도 통일문제 소견, 연세대 통일연구(2002).

마중가, 중국 정치체제개혁 연구, 중소연구 제19권 3호(1995).

문준조, 중국과 대만의 인적교류법제, 한국법제연구원(2001).

문흥호, 中·臺灣關係의 현황과 발전방향, 민족통일연구원(1993).

＿＿＿, 中·臺灣의 통일정책 비교연구, 中·蘇研究 제20권 제1호
　　(1995).

민족통일연구원, 중·대만관계의 현황과 발전방향(1993).

박인성, 중국의 경제특구 운영경험연구, 통일정책연구 제11권 11호
　　(2002).

박정동, 북한과 중국의 경제특구, 제4차 국제학술대회, 서울: 명지대
　　(2002).

신상진, 민진당 집권이후 중·대만관계, 통일정책연구 제9권 1호(2002).

오명호, 신권위주의와 중국의 정치발전모델, 중소연구 제18권 3호
　　(1994).

장명봉, 중국의 1999년 헌법개정의 분석, 공법연구 제29집 제1호(2000).

＿＿＿, 남북경제교류협력 활성화를 위한 법제도 개선방안, 평통회의
　　(2001).

조동제, 중국 외국인투자기업의 개념과 특징에 관한 소고, 法曹(2002.
　　5).

＿＿＿, 중국 외국인투자기업 경영법률과 실무, 한국재정경제연구소
　　(2007).

조동제·문준조, 중국사회주의시장경제법제개혁연구, 한국법제연구원
　　(2004).

최의철 · 신현기, 남북한교류협력과 통일정책 - 동 · 서독, 중국 · 대만 사례와의 비교, 백산자료원(1993).

다. 학위논문

최명길, 남북교류협력법제 개선에 관한 연구: 중국 · 대만교류법제의 비교를 중심으로, 국민대학교 대학원 박사논문(2004).

라. 행정간행물 · 각종 보고서

법무부, 중국과 대만의 통일 및 교류협력법제(1995).
법무부, 홍콩 · 마카오 特別行政區基本法 解說(2003).
법제처, 중국과 대만의 교류법제 법제자료 제162집(1992).
법제처, 중국의 개방관련 법제자료집 제1집(2001).
사법연수원, 중국법, 연수자료집(2001).
삼성경제연구소, 남북경협 가이드라인(2001).
양문수 외, 「경제분야 통일인프라 구축 및 개선방안」, 통일연구원 (2004).
오승렬 외, 「남북교류 · 협력과 북한의 변화 - 중국과 대만의 경험을 중심으로」, 통일교육원(2003).
윤기관, 「남북한 무역경제」, 충남대학교 출판부(2001).
이규태, 兩岸의 汪辜會談硏究, 통일문제연구, 평화문제연구소(1993).
통일부, 통일백서(2004 - 2008).

마. 번역서

박정동, 21세기 중국, 서울: 한국경제신문사(1996).
바리치다네스, 등소평, 한글판, 북경: 민족출판사(1991).

2. 중국문헌

가. 단행본

姜新立, 國家統一的 論基礎與治哲學, 台北: 行政院大陸委員會(1992).

_____, 兩岸의 民主統一與 一國兩制, 國立臺灣大學政治學系研討會 (1999).

江澤民, 江澤民的中國特色與社會主義, 特輯, 北京: 中央文獻出版社 (2003).

_____, 加快改革開放和現代化建設步伐, 北京: 新華月報(1992. 11).

國立台灣大, 當前美國對兩岸的政策與可能變化－展望跨世紀兩岸關 係, 國立台灣大學政治學系 學術研討會(1999. 10. 16).

國立台灣大, 第3次國共政治談判－背景·需求·問題, 展望跨世紀兩 岸關係, 國立台灣大學政治學系 學術研討會(1999. 10. 16).

國務院臺灣事務辦公室, 中國臺灣問題外事人員讀本, 北京: 九州出版 社(2006).

管歐, 中華民國憲法論, 台北: 三民西局(2004).

高英茂, 分裂國家的統一問題, 中國時報, 台北(1996).

曲慶彪, 現代視覺中心國學, 遼寧師範大學出版社(2007).

國務院臺灣事務辦公室, 中國臺灣問題外事人員讀本, 北京: 九州出版 社(2006).

紀欣, 一國兩制 在臺灣, 台北: 海峽學術出版社(2004).

_____, 反分裂國家法 立法大震撼, 臺北: 海峽學術出版社(2005).

金曉如, 一個中國, 一國兩制的 現實, 中國時報, 台北(1999).

鄧小平, 建設有中國特色的社會主義, 香港: 三聯書局 分店(1987).

梅仲協, 國際私法新論, 台北: 三民書局(1974).

朴國炯, 論＜台灣關係法＞與台海危機, 海峽評論, 台北: 海峽評論雜誌 社(1996).

方棚程, 臺灣海基會的思考, 臺北: 臺灣商務(2005).

毛鑄倫, 一國兩制 漫談, 臺北: 海峽學術出版社(2004).

文敬, 法院審判業務管理, 北京: 法律出版社(1992).

史明, 臺灣社會發展四百年史, 台北: 前衛出版社(2003).

石之瑜, 兩岸關係概論, 台北: 昱泓圖書公司(1998).

_____, 當代臺灣的中國意識, 台北: 正中書局(1993).

_____, 兩岸關係飛龍在天, 台北: 世界書局(1995).

邵宗海, 兩岸關係, 台北: 五南圖書出版(2005).

_____, 兩岸關係論叢－乙亥之己卯年, 台北: 華泰文化事業公司(2000).

_____, 兩岸協商과 談判, 台北: 新文京開發出版公司(2004).

_____, 大陸政策과 兩岸關係, 台北: 華泰書局(1996).

宋國誠, '江八點'與後鄧時期的兩岸關係, 台北: 中國大陸研究 第38券
  (1995. 5).

宋方青, 臺灣涉外投資法研究, 北京: 中國民主法律出版社(2005).

蕭蔚雲, 一國兩制與香港基本法律制度, 北京: 北京大出版社(1990).

藩錫堂, 兩岸關係與 陸政策, 台北: 新文京開發出版公司(2003).

潘淑明, 一國兩制與 灣問題, 北京: 人民出版社(2003).

兩岸經貿, 台北: 財團法人海峽交流基金會(2005. 6).

楊永明, 亞太安全情勢變化和岸關係, 國立大學 學術論文(1999).

梁慧星, 民法總論, 北京: 法律出版社(1996).

余先予, 衝突法資料選編, 北京: 法律出版社(1990).

沈己堯, 香港回歸的歷史教訓, 台北: 海峽評論雜誌社(1996. 6).

吳傑主, 憲法教程, 北京: 法律出版社(1993).

吳新興, 整合理論與兩岸官階之研究, 台北: 五南圖書(1995).

吳磊主, 中國司法制度, 北京: 中國人民大學出版社(1988).

吳祖謀·李双元, 新編法學概論, 湖北: 武漢大學出版社(2007).

王國琛, 一個中國與兩岸統一, 台北: 環宇出版社(1995).

王綺年, 兩岸關係女總統大選, 台北: 國家發展研究文交基金會(1996).

王銘義, 兩岸和談: 臺灣與中國的對話, 台北: 財訊出版社(1997).

王文杰, 中國大陸法制之變遷, 台北: 元照出版社(2002).

王玉玲, 由兩岸關係探討台灣的統獨問題, 台北: 桂冠出版(1997).

王天擇, 中國統一之路, 台北: 文史哲出版社(1991).

王泰升, 臺灣法律史概論, 台北: 元照出版社(2001).

王泰銓, 當前 兩岸法律問題分析, 台北: 五南圖書出版社(1997).

王泰銓・陳月端, 兩岸關係法律, 台北: 大中國圖書公社(2000).

王泰銓, 香港基本法, 台北: 三民書局李念祖(2002).

于飛, 海峽兩岸民商事法律衝突問題研究, 商務印書館(2007).

熊先覺, 中國司法制度, 北京: 中國政法大學出版社(1986).

李家泉, 兩岸之路:試論 一國兩制的臺灣模式, 北京: 中國友誼出版公
　　司(2000).

李達, 一國兩制與臺灣, 香港: 廣角鏡出版社(2004).

李銘義, 兩岸關係與中國研究, 台北: 新文京開發出版(2006).

李炳南, 憲政改革之研究, 台北: 揚智(1997).

李英明, 全球化時大的台灣和兩岸關係, 台北: 生智文化事業公司(2001).

李之文, 後冷戰時代美國的亞太戰略, 台北: 嘹藝公司(1997).

李昌麒, 經濟法學, 北京: 中國政法大學出版社(1994).

李必達, 中國律師制度研究, 北京: 法律出版社(1992).

任品生, 論臺灣國統綱領與兩岸關係發展, 台北: 中華會(1992. 12).

林欣・李瓊英, 中國國際私法通論, 北京: 法律出版社(1996).

張國福, 中華民國法制簡史, 北京: 北京大學出版社(1986).

庄金鋒, 海峽兩岸民間交流政策與法律, 上海社會科學院出版社(1991).

張万明, 涉台法律問題總論, 北京: 法律出版社(2003).

張雅君, 中國與美日的亞太海洋權競爭, 臺北: 中國大陸研究(1998. 5).

章亞中, 兩岸主權論, 台北: 生智文化事業公司(1998).

＿＿＿, 兩岸統合論, 台北: 生智文化事業公司(2002).

章亞中・李英明, 中國大陸과 兩岸關係概論, 台北: 生智文化事業公司
　　(2003).

張宏毅, 中國的發展與美國的對華政策走向, 台北: 海峽評論雜誌社(1996. 5).

張海鵬, 蔣介石也主張過一國兩制, 台北: 海峽評論雜誌社(1995. 11).

齊雯, 中國要覽, 北京: 外文出版社(1985).

趙國强, 마카오特別行政區基本法, 北京: 五洲傳儘出版社(1999).

曹伯一, 中國與中國之適應與衝突, 台北: 政大東亞研究所(1985).

曹治洲, 一國兩制與中國統一, 北京: 海峽兩岸關係學術研討會論文
　　(1996).

朱福惠, 憲法與制度創新, 北京: 法律出版社(2000).

中國憲法敎程, 中國法律과 國家法 比較, 北京: 北京大學出版社(1996).

中華民國司法院, 中國大陸法制研究, 台北: 司法院司法行政廳(2008. 1).

中華民國司法院, 中國大陸法制研究, 台北: 蔚泰有限公司(1998).

中華民國行政院大陸委員會, 統一後德國現況之研究, 台北: 大陸委員會(1994).

陳安主·陳勳副, 海峽兩岸交往中的法律問題研究, 北京大學出版部(1997).

陳鴻瑜, 政治發展李論, 台北: 桂冠圖書(1992).

肖蔚云, 我國現行憲法的誕生, 北京: 北京大學出版社(1986).

_____, 一國兩制와 香港基本法律制度, 北京: 北京大學出版社(1990).

_____, 香港基本法, 北京: 北京大學出版社(2003).

彭万林, 民法學, 北京: 中國政法大學出版社(1994).

馮大同, 國際私法講義, 北京: 人民大學出版社(1988).

廈勇, 走向權利的時代, 北京: 中國政法大學出版社(1995).

賀衛方, 中國法律敎育之路, 北京: 中國政法大學出版社(1997).

韓大元, 中國憲法學: 20世紀的回顧與21世紀展望, 北京: 法律出版社(1998).

行政院大陸委員會, 大陸工作 參考資料, 台北: 大陸委員會(1998).

行政院大陸委員會, 兩岸人民關係相關許可辦法, 台北: 大陸委員會(1998).

許世銓, 激湍中的臺灣問題, 北京: 九州出版社(2007).

許崇德, 中國憲法 修正版, 北京: 中國人民大學出版社(1996).

_____, 中國憲法學, 天津: 天津出版社(1986).

許惠祐, 兩岸交流 政策與法律, 台北: 華泰文化(2007).

黃昆輝, 大陸政策與兩岸關係, 台北: 行政院大陸委員會(1993. 10).

黃國昌, 中國意識與臺灣意識, 台北: 五南圖書出版(1995).

黃衛平, 政治體制改革縱橫談, 北京: 中央編譯出版社(1998).

黃進, 中國的區際法律問題研究, 北京: 法律出版社(2001).

_____, 區際衝突法, 台北: 永然文化出版(1996).

나. 학술논문

徐杰, 論經濟法的立法宗旨, 海峽兩岸經濟研討會 論文集(2001).

邵宗海, 原則－反國家分裂法的分析與評估, 遠景基金會 季刊(2006. 4).

蕭全政, 兩岸經貿形勢之變化, 國立台灣大學 學術研討會 論文(1999).

汪渡村, 兩岸以訴訟外方式解決, 中國大陸研究 第37券, 台北: 國立政
　　治大學國際關係研究中心(1995. 6).

王泰銓, 大陸對臺政策與兩岸政治關係分析, 台北企業經理協議會 論
　　文(2005).

柳金財, 臺灣法律地位問題與一個分治中國之探討, 中共黨問題研究
　　第25券 3号 台北: 共黨問題研究中心(1999).

李大光・尤小東, 東北亞地區的安全形勢及基走向, 國防(1997. 6).

李念祖, 兩岸人民關係條例中三項基本憲法問題初探, 理論과 政策 7
　　券(1993).

張惠玲, 兩岸政治談判的困境與未來, 台北: 共黨問題研究 論文(2000. 7).

全麗虹, 三個代表理論的提出與基影響, 共黨問題研究 第28券 論文
　　(1991).

趙建民, 第3次國共政治談判, 台灣大學政治學系 學術研討會 論文
　　(1999).

趙東濟, 大陸公司法制, 台北: 亞太綜合研究院(2002).

中國大陸研究學會, 主權問題與兩岸關係 台北: 中國大陸研究學會
　　(1995).

蔡瑋, 從國際關係理論探討解決兩岸困境之道, 中國大陸研究 第41卷
　　(1998).

다. 학위논문

何彤梅, 中韓政治外交關係研究, 延邊大學校 大學院 博士論文(2008).

라. 행정간행물 · 각종 보고서

兩岸經貿, 台商轉型升級 創造第二曲線, 台北: 海峽交流基金會(2008. 9).

兩岸經貿, 第2次「江陳會談」, 台北: 海峽交流基金會(2008. 11).

行政院大陸委員會, 堅持－四個原則的兩岸關係, 台北: 行政院(2008).

行政院大陸委員會, 臺灣地區與大陸地區人民關係條例, 台北: 行政院
　　　(2005. 12).

行政院大陸委員會, 台商大陸投資手冊, 台北: 行政院大陸委員會(2007).

行政院大陸委員會, 大陸台商經營管理手冊, 台北: 行政院大陸委員會
　　　(2007).

行政院大陸委員會, 大陸台商金融實務手冊, 台北: 行政院大陸委員會
　　　(2007).

行政院大陸委員會, 大陸台商財經法令手冊, 台北: 行政院大陸委員會
　　　(2007).

行政院大陸委員會, 民國九十六年年報, 台北: 行政院大陸委員會(2008. 5).

行政院大陸委員會, 政府大陸政策重要文件, 台北: 行政院大陸委員會
　　　(2008).

行政院大陸委員會, 中國－研究導論, 台北: 行政院大陸委員會(2007).

2. 일본문헌

福島正夫, 社會主義 社會的矛盾與法, 東京: 東洋文化研究所(1966).

＿＿＿＿＿, 社會主義 國家的裁判制度, 東京: 東京大學出版(1965).

滋賀秀三, 靑代中國의 法과 裁判, 東京: 創文社(1984).

＿＿＿＿＿, 中國法文化의 考察, 日本法哲學會編 法哲學年報(1986).

鈴木 賢, 現代中國法入門, 東京: 有斐閣(1998).

中村茂夫, 靑代刑法研究, 東京: 東京大學出版社(1973).

大木雅夫, 比較憲法論, 東京: 東京大學出版會(1992).

木間正道, 中國裁判制度的原則, 東京: 帝京國制文化 9号(1996).

＿＿＿＿＿, 現代中國的法與民主主義, 東京: 勁草書房(1995).

高見澤磨, 現代中國的紛爭與法, 東京: 東京大學出版會(1998).

高木圭藏, 鄧小平, 한글판, 서울: 도서출판(1979).

張勇, 中國行政法의 生成과 展開, 東京: 信山社(1996).

陳治世等, 現代國際法, 台北: 三民書局(1992).

王亞新, 中國民事裁判研究, 東京: 日本評論社(1995).

藍天主, '一國兩制' 法律問題總論, 北京: 法律出版社(1997).

3. 서구문헌

Alan M. Wachman, "Taiwan: Parent, province, or Blackballed State?", Journal of asian and african studies(spring 2000).

Andrew J. Nathan, "What's Wrong with American Taiwan Policy", The Washington quarterly(2000).

Bonnin, Michel and Yves Chevrier. "The Intellectual and the State: Social Dynamics of Intellectual Autonomy During the Post – Mao Era." The China Quarterly, no.129(September, 1991).

Broadman. H. G., ed. 1996. Policy Options for Reform of chinese State – Owned Enterprises, World Bank Discussion Paper 335.

Brown, Archie. "Political Science in the Soviet Union: A Stage of Development." Soviet Studies, vol.36, no.3(July)(1984).

David M. Lampton and Gregory C. "Managing U. S. – China Relation In The Twenty – First Century", Wanshington: The Nixon Center(1999).

David Shambaugh, "Taiwan's Security: Maintaining Deterece Amid Political Accountability", The China Quarterly(1994).

David Shambaugh, chinese Hegemony over East asia by 2015, The Korea journal of Defense analysis, Vol.9, No.1(Summer 1997).

Edward S. Steinfeld, Forging Reform in China – The of State – Owned Industry, Cambridge University Press(1999).

Fukuyama, Francis, The End of History, New York: The Free Press(1992).

Gu, Edward X. "Cultural Intellectuals and the Politics of the Cultural Public Space in Communist China"(1979 − 1989)(1999).

Harding, Harry, "Toward a Modus Vivendi in the Taiwan Strait", International Conference on U. S. − Taiwan Relations: Twenty years after The Taiwan Relations Act(April 1999).

Huntington, Samuel P. "The Wave: Democratization in the Late Twentieth, Norman and London", University of Oklahoma Press(1995).

Jungsuk Youn, Japanese Attitute to the Question of Korean Unification, East Asian Review, Vol.ⅳ. No.1(1992).

Kathryn Bernhardt and Philip C. C. Huang, Civil Law in Qing and Republican China, Stanford University Press(1994).

Kenneth Lieberthal and Michel Oksenberg, Policy Making in China: Leaders, Structures, and Process, Princeton, N. J.: Princeton University Press(1988).

Linda Chao and Ramon H. Myers, The Divided China Problem: Conflict Avoidance and Resolution, Stanford University, Hoover Institution, No.101(2000).

N. J. Miners, The Government and Politics of Hong Kong, Oxford University Press(1982).

Petracca, Mark P. and Mong Xiong. "The Concept of Chinese Neo − Athoritarianism: An Explanation and Democratic Critique." Asian Survey 30, no.11(November)(1990).

Philip C. C. Huang, Civil Judictice in China: Represention and Practice in the Qing, Stanford University Press(1996).

Pierson, C. Socialism and Communism, Cambridge: Polity Press(1995).

Pye, Lucian W. Asian Power and Politics, Cambridge: Harbard University(1985).

The Government Information Office, Taipei − Washington Relation and the Pragmatic Diplomacy, Taiwan Government(1995). Transcript: Clinton − Jiang Septemper 11 Photo Opportunity Remarks, USIS

Washington File(September 13)(1999).

4. 기타 자료

가. 신문 및 정기간행물

臺灣 聯合報, 2008년 11월 5일
위클리조선, 2008년 6월 16일(2009호)
조선일보, 2008년 11월 5일
中國 人民日報 海外版, 2008년 11월 5일
중앙일보, 2008년 11월 25일
한겨레신문, 2008년 11월 14일
한국일보, 2002년 12월 3일

나. Internet 자료

臺灣 高雄市 政部 홈페이지, http://www.kcg.gov.tw
臺灣政府 홈페이지, http://www.taiwan.gov.tw
臺灣 行政院大陸委員會 홈페이지, http://www.mac.gov.tw
臺灣 聯合報 홈페이지, http://www.udn.com
中國 人民日報 홈페이지, http://www.people.com.cn

이 책을 지금까지 저를 아끼며 지켜봐 주신 知人들과 가족·친지, 그리고 故人이 되신 부모님께 바칩니다.

이종훈 —————————————————————

▌약 력

부산 혜광고등학교 졸업
서강대학교 신문방송학과 졸업
부산대학교 행정대학원(석사)
동아대학교 대학원(법학박사)
부산문화방송 사회부장,
정경부장, 보도제작부장 역임
現 부산MBC 라디오 시사프로그램
'지방시대 부산' 앵커

▌논 문

지방정부와 신뢰(석사)
중국대만의 교류협력 정책 및 법제에 관한 연구(박사)

▌경력사항

동의대 · 동아대 강사
동아대 법학연구소 특별연구원

양안 통일이 시작되었다

초판인쇄 | 2009년 11월 13일
초판발행 | 2009년 11월 13일

지은이 | 이종훈
펴낸이 | 채종준
펴낸곳 | 한국학술정보㈜
주 소 | 경기도 파주시 교하읍 문발리 파주출판문화정보산업단지 513-5
전 화 | 031) 908-3181(대표)
팩 스 | 031) 908-3189
홈페이지 | http://www.kstudy.com
E-mail | 출판사업부 publish@kstudy.com
등 록 | 제일산-115호(2000. 6. 19)

ISBN   978-89-268-0473-5 93340 (Paper Book)
        978-89-268-0474-2 98340 (e-Book)

내일을여는지식 ▌은 시대와 시대의 지식을 이어 갑니다.